公私协力与价值共创
养老服务合作生产的运转机制与类型比较

钟慧澜 ◎ 著

吉林出版集团股份有限公司

图书在版编目（CIP）数据

公私协力与价值共创：养老服务合作生产的运转机制与类型比较 / 钟慧澜著. —长春：吉林出版集团股份有限公司，2021.12

ISBN 978-7-5581-8046-0

Ⅰ.①公… Ⅱ.①钟… Ⅲ.①养老—社会服务—研究—中国 Ⅳ.①D669.6

中国版本图书馆CIP数据核字（2021）第277243号

GONGSI XIELI YU JIAZHI GONGCHUANG：YANGLAO FUWU HEZUO SHENGCHAN DE YUNZHUAN JIZHI YU LEIXING BIJIAO

公私协力与价值共创：养老服务合作生产的运转机制与类型比较

著　　者	钟慧澜
责任编辑	朱万军
封面设计	中北传媒
版式设计	中北传媒
出　　版	吉林出版集团股份有限公司
发　　行	吉林出版集团青少年书刊发行有限公司
地　　址	长春市福祉大路5788号
邮政编码	130118
电　　话	0431-81629800
传　　真	0431-81629812
印　　刷	廊坊市海涛印刷有限公司
版　　次	2023年1月第1版
印　　次	2023年1月第1次印刷
字　　数	228千字
开　　本	710mm×1000mm　1/16
印　　张	17.5
书　　号	ISBN 978-7-5581-8046-0
定　　价	58.00元

版权所有　翻印必究

摘　要

当前，中国老年人口基数大且增长速度快、高龄化与空巢化并行快速发展、带病生存与失能化现象显著、未富先老与未备先老交织存在，为应对人口老龄化问题增加了难度。传统的国家——家庭二元核心的养老服务保障体系已经难以满足日益增长的老年照料需求，养老服务的供给之责亟须向国家、社会、市场、家庭等多方共担模式转变，而这种转变的外在表征就是不同主体进行有效合作，协力生产养老服务，进而形成政府托底、市场运作、社会参与，多业态、多层次的新型养老服务供给体系。自从我国提出社会养老服务体系建设目标以来，各地政府都在积极采用公建民营、民建公助等形式将社会力量引入到养老服务提供当中，以期增加养老服务供给，满足不断增加的社会养老需求。虽然政府、企业、社会组织合作提供养老服务扩大了社会养老服务的惠及面，但是也存在一些现实问题的困扰。一些养老服务合作供给实践并没有达到预期效果，如社区助餐点运营不佳、日间照料设施空置率较高等。在理论上可行的社会福利多元供给，为什么在养老服务多元供给实践中没有产生与之相符的理想效果呢？为了探寻答案，本文用合作生产这一学术术语对养老服务多元供给实践进行概念化，在文献回顾与概念思辨基础上，将上述实践难题细分为三个研究问题：一是在养老服务社会化体系下，养老服务合作生产是如何在复杂环境中产生的？二是政府与企业、社会组织之间进行养老服务合作生产的内在逻辑是什么？三是不同类型的养老服务合作生产适用什么情形及可行条件？

为此，本文以组织管理理论为起点，以福利多元理论、政策工具理论和网络治理理论为支点，建构了一个包括合作设计、合作运行、合作评估三个流程阶段、九个数据分析维度的整体性分析框架，探寻养老服务合作生产得以完成且稳定运转的内在逻辑，并由此建立类型划分的维度，对养老服务合作生产模式进行类型学比较分析。在研究方法上，本文主要使用SPS案例研究方法，对来自上海、北京、浙江的四个典型案例进行分析，通过半结构化访谈、焦点小组法获得一手数据，并结合搜集的二手数据进行三角互证。通过个案分析和案例比较，本文得出以下结论。

1.关于合作生产的内涵。（1）从组织角度来看，经案例分析表明，合作生产的本质是不同类型组织间的分工与协作。合作生产是一种始于技术理性、长于开放空间、归于稳定理性的组织间协作活动，外化为利益关系的局部均衡状态，其根本目标是消除组织未来发展的不确定性，提高集体生存的可能性。合作生产具有主体的多样性、目标的共识性、过程的互动性、利益的互惠性四个显著特点，这个定义为分析多元主体合作生产养老服务提供了新的方向指引。（2）经案例分析表明，相较于其他公共服务，养老服务合作生产具有资产专用性强、持续性久的特点。如果在合作设计阶段将养老服务设计成一个短期项目，当项目结束后，政府可能会因服务商变更面临较高的沉没成本，因为社区养老服务设施通常是根据服务商需求进行量身定制，不同的服务商会对服务设施提出不同的要求。

2.关于养老服务合作生产的内在逻辑。养老服务合作生产的内在逻辑是由合作生产的出现机制、调适机制和存续机制组成。从合作生产的出现机制来看，在合作设计阶段，不同组织基于技术理性分工的逻辑，采用聚合策略，对潜在的合作伙伴进行识别，其结果是合作主体兼容度得到增强、合作匹配性得以提高、集体参与得到实现，从而将分属不同领域的公、私组织紧密聚合在养老服务领域，养老服务合作生产由此出现。从合作生产的调适机制来看，合作运行阶段，不同组织基于伙伴关系建构的逻辑，采用协调策略，对合作伙伴关系进行建构与维护，其结果是合作利益均衡度得到改善、合作协同性得到提高，降低了合作成本，协同发展得以实现。从存续机制来看，在合作评估阶段，不同组织基于行为结果控制的逻辑，采用封装策略，对合作成员的行为进行约束，其结果是合作行动稳定度得到提高、合作持续性得到增强，集体生存得以保障。由此，基于技术理性分工发展了合作主体兼容度、基于伙伴关系建构发展了合作利益均衡度、基于行为结果控制发展了合作行动稳定度，合作生产的主体与利益、主体与行动、利益与行动彼此之间建立良性循环关系，养老服务合作生产在公私协力下实现了价值共创。

3. 关于养老服务合作生产模式。通过案例分析发现，治理权威影响程度和治理资源集中程度影响了养老服务合作生产。由此，本文将养老服务合作生产模式划分为四种类型：一是行政吸纳型合作生产，特点是治理权威影响高、治理资源集中度高，其适用条件是养老服务发展不成熟，整个区域养老服务需要进行宏观部署，合作伙伴实力弱、选择少的情形；二是权威感召型合作生产，特点是治理权威影响高、治理资源集中度低，其适用条件是政府负责人社会网络关系发达，合作伙伴具有较强专业的服务运作实力的情形；三是优势互补型合作生产，特点是治理权威影响度低、治理资源集中度低，其适用条件是服务具有可以衡量的市场标准或具有可以比拟的市场标的物，可以准确评估服务结果，合作伙伴具有很强的专业服务实力的情形；四是分享协助型合作生产，其特点是治理权威影响度低、治理资源集中度高，适合养老服务发展到一定阶段，服务需要转型升级或合作伙伴有一定专业服务实力但缺乏关键资源的情形。

4. 关于国家权力在养老服务合作生产中的作用。在现有文献的基础上，本文发展了授能型政府的内涵，即在合作生产实践中，政府通过把高高在上的国家治权向多元主体下沉，为参与者创造一种授能环境，授予不同主体行动能力，获取相应资源，使主体间能力得以匹配，减少合作的不确定性，进而实现集体参与。与授能型政府相近的概念是赋权型政府，本文认为授能型政府和赋权型政府两个概念在假设前提和预期效果方面有着明显区别。

从假设前提来看，赋权型政府假设政府、市场和社会享有平等治权，权力是结果，政府通过职能转移方式将政府部分治权交给非政府治理主体来行使；而授能型政府假设前提是市场、社会发育不足，三者并不具备天然的平等治权，权力是中介，政府并不是简单盲目地将政府治权赋予非政府主体来行使，而是审慎地将政府治权看作一种催化剂或中介物，政府有效使用治权创造市场、社会力量有序参与公共服务的制度环境，使任务特征与执行任务的组织能力之间良好匹配，培育多元主体协同治理能力。

从预期效果来看，赋权型政府目标是增加非政府主体的自主权，发挥市场自发生产、社会志愿服务的优势，弥补政府官僚机器僵化与效率低下的不足。但是作为行动者的组织倾向于通过对不确定性的掌控来扩大自己的行动自主权，行动者通过自身拥有的控制权，既可以控制不确定性，也可以生产不确定性。这也意味着赋权并不一定会产生良好效果，可能还会因为赋权对象的机会主义行为放大合作生产的不确定性。而授能型政府是着力解决治理主体能力不匹配的问题，在数量和质量上改进公共服务供给，审慎权力使用会减少不同治理主体生产不确定性的机会。

当下中国，市场经济发展尚不成熟、社会组织发育不足，简单引入赋权型政府理念指导公共服务合作生产并不一定能达到改善公共服务的目的，而授能型政府理念更适合指导中国养老服务合作生产实践。在授能型政府理念下，国家权力在养老服务合作生产中的作用表现在：一是方向引领，责任共识；二是集体参与，合作生产；三是提升能力，创新发展。这三个作用是在地方分权、市场放权、社会赋权交互作用下得以实现。首先，地方分权使地方政府获得治理裁量权，激发其主动作为的能动性，提高官僚机器运转的灵活性。市场放权破除养老服务市场准入障碍，引导资源有序流动。其次，地方分权使基层政府资源调动能力增强，能够搭建合作平台，拓展治理空间容纳能力。社会赋权让社会力量参与养老服务具有了主体合法性，便于得到社会认同。同时，地方政府的部分公共服务职能向其转移，形成分工，为集体参与打下坚实基础。再次，市场放权是为了培育不太成熟的养老服务市场，使市场资源配置的基础性作用得到充分发挥，用市场竞争催化服务模式创新。最后，社会赋权还可以培育社会组织的治理能力，增进政社主体间能力匹配度。

关键词：养老服务、合作生产、运转机制、类型比较

目录 contents

第一章 绪 论

一、选题背景 ·· 001
　　（一）人口老龄化日趋严峻 ··· 001
　　（二）家庭养老功能日渐式微 ··· 007
　　（三）社会组织蓬勃发展 ··· 010
　　（四）国家治理走向现代化 ··· 013

二、研究价值 ·· 016

三、关键概念界定 ·· 018
　　（一）养老服务 ·· 018
　　（二）合作生产 ·· 021

四、研究问题 ·· 032
　　（一）现实问题的表现 ·· 032
　　（二）学术问题的提出 ·· 033

五、研究内容 ·· 035

六、研究方法·· 036
  （一）SPS 案例研究方法·· 036
  （二）数据获取方法·· 039

七、研究创新·· 041

第二章　养老服务合作生产的研究动态

一、关于养老服务合作生产的形成机制研究····························· 046

二、关于养老服务合作主体的参与动因研究····························· 056

三、关于养老服务合作主体的角色关系研究····························· 061

四、关于养老服务合作生产的运行模式研究····························· 068

五、关于养老服务合作生产的问责绩效研究····························· 073

六、简要评价与研究展望··· 077

第三章　养老服务合作生产的理论溯源与分析框架

一、理论选择及融合逻辑··· 080

二、组织管理理论与合作生产·· 084
  （一）人性假设：组织间合作的缘起······································ 084
  （二）诱导—贡献平衡：组织间合作的动因···························· 087
  （三）理性、冲突与环境：组织间合作的审视维度················· 089
  （四）理论启示·· 097

三、福利多元理论与合作生产·· 097
  （一）比较优势：福利多元主体的角色和功能························ 097

（二）流程再造：多中心合作治理的微观聚焦 …………………… 101
　　（三）理论启示 ……………………………………………………… 108

四、政策工具理论与合作生产 ……………………………………………… 108
　　（一）政策工具：合作治理的技术保障 …………………………… 108
　　（二）工具建构：合作生产的制度化 ……………………………… 111
　　（三）理论启示 ……………………………………………………… 116

五、网络治理理论与合作生产论 …………………………………………… 117
　　（一）超越科层和市场：公私合作网络 …………………………… 117
　　（二）合作成本管理：网络治理中的政府 ………………………… 124
　　（三）理论启示 ……………………………………………………… 126

六、养老服务合作生产的分析框架 ………………………………………… 127

第四章　养老服务合作生产的政企场域

一、政府与国有企业：上海光明村老年配餐中心 ………………………… 131
　　（一）案例介绍 ……………………………………………………… 131
　　（二）合作设计阶段分析：服务供给分工 ………………………… 133
　　（三）合作运行阶段分析：伙伴关系建构 ………………………… 140
　　（四）合作评估阶段分析：行为结果控制 ………………………… 148
　　（五）光明村助餐服务合作生产的运转机制小结 ………………… 152

二、政府与民营企业：上海长桥助餐中心 ………………………………… 154
　　（一）案例介绍 ……………………………………………………… 154
　　（二）合作设计阶段分析：服务供给分工 ………………………… 156
　　（三）合作运行阶段分析：伙伴关系建构 ………………………… 162
　　（四）合作评估阶段分析：行为结果控制 ………………………… 168
　　（五）长桥助餐服务合作生产的运转机制小结 …………………… 173

第五章　养老服务合作生产的政社场域

一、政府与官办社会组织：天目社区居家养老照料中心…………… 175
　　（一）案例介绍………………………………………………………… 175
　　（二）合作设计阶段分析：服务供给分工………………………… 177
　　（三）合作运行阶段分析：伙伴关系建构………………………… 184
　　（四）合作评估阶段分析：行为结果控制………………………… 191
　　（五）天目社区养老服务合作生产的运转机制小结……………… 195

二、政府与民办社会组织：易来福养老驿站………………………… 197
　　（一）案例介绍………………………………………………………… 197
　　（二）合作设计阶段分析：服务供给分工………………………… 200
　　（三）合作运行阶段分析：伙伴关系建构………………………… 209
　　（四）合作评估阶段分析：行为结果控制………………………… 219
　　（五）易来福养老驿站合作生产的运转机制小结………………… 224

第六章　结论与讨论

一、从养老服务看合作生产的内涵延伸……………………………… 227

二、养老服务合作生产的内在逻辑与理论模型建构………………… 229

三、养老服务合作生产模式类型及其适用条件……………………… 231

四、授能型政府：国家权力在养老服务合作生产中的作用………… 234

五、研究不足与未来展望……………………………………………… 237

参考文献………………………………………………………………… 239
附　录…………………………………………………………………… 259
后　记…………………………………………………………………… 263

第一章 绪 论

一、选题背景

（一）人口老龄化日趋严峻

人口老龄化是指由于人口生育率降低和人均寿命延长导致的国家或地区总人口中年轻人口占比减少、老年人口占比相应增加，使整个社会人口结构呈现老年化状态。目前，中国已经进入人口老龄化社会。截至 2017 年底，全国 60 岁及以上老年人口 24 090 万人，占总人口的 17.3%，其中 65 岁及以上人口 15 831 万人，占总人口的 11.4%[①]。

与世界上已经成为老年型的国家相比，我国人口老龄化具有来势猛、进程快、基数大、高龄化、需要照顾的时间更长等特点，这使得我国的养老问题较西方国家更复杂，社会压力也更大。具体而言，我国人口老龄化日趋严峻主要表现在以下几个方面。

一是老年人口"规模日趋庞大"且"增长速度快"。如表 1-1 所示，1953 年第一次人口普查显示，中国 60 岁以上老年人口比重是 7.3%。到 1964 年第二次人口普查时，这一比重有所下降，为 6.1%。但是到 1982 年第三次人口普查时，老年人口比重达到 7.6%，之后这一比重不断增加。2000 年第五次全

---

① 国家统计局. 2017 年国民经济和社会发展统计公报 [EB/OL]. http://www.stats.gov.cn/tjsj/zxfb/201802/t20180228_1585631.html.

国人口普查数据显示，60岁及以上人口有1.3亿人，占总人口的10.2%。2010年第六次全国人口普查数据显示，60岁以上人口为1.78亿人，占总人口的13.26%，比2000年人口普查时上升了2.93个百分点[①]。可以说，21世纪前10年是我国人口老龄化速度不断加快的10年。

表1-1　历次人口普查总人口与老年人口数量

年份	总人口		60岁+			80岁+		
	数量（万人）	年均增长（%）	数量（万人）	年均增长（%）	占总人口比重（%）	数量（万人）	年均增长（%）	占60岁及以上人口比重（%）
1953	56745	—	4154	—	7.3	185	—	4.5
1964	69458	1.83	4225	0.16	6.1	181	-0.10	4.3
1982	100391	2.02	7664	3.21	7.6	505	5.25	6.6
1990	113051	1.48	9697	2.93	8.6	768	5.17	7.9
2000	126583	1.13	13012	2.92	10.3	1200	2.73	9.2
2010	133973	0.57	17765	3.09	13.3	2096	3.32	12.0

资料来源：姜向群，杜鹏. 中国人口老龄化和老龄事业发展报告2014 [M]. 北京：中国人民大学出版社，2015：2-3.

联合国对中国老年人口趋势测算显示（见表1-2），预计到2050年，60岁以上人口将达到4.38亿人，占总人口的比重将增加到31.1%。中国已成为全世界唯一一个老年人口数量超过上亿人口的国家，也是老年人口总量最多的国家。

表1-2　联合国关于中国老龄人口的预测

年份	总人口（亿人）	60岁以上人口（亿人）	占总人口比重（%）	65岁以上人口（亿人）	占总人口比重（%）
2000	12.70	1.28	10.1	0.87	6.9
2005	13.13	1.44	11.0	1.00	7.6
2010	13.52	1.69	12.5	1.13	8.4

---

① 姜向群，杜鹏. 中国人口老龄化和老龄事业发展报告2014 [M]. 北京：中国人民大学出版社，2015:2-3.

续表

年份	总人口（亿人）	60岁以上人口（亿人）	占总人口比重（%）	65岁以上人口（亿人）	占总人口比重（%）
2015	13.89	2.10	15.1	1.34	9.6
2020	14.21	2.43	17.1	1.69	11.9
2025	14.46	2.90	20.1	1.97	13.6
2030	14.58	3.48	23.9	2.36	16.2
2035	14.58	3.93	27.0	2.86	19.6
2040	14.48	4.07	28.1	3.22	22.2
2045	14.31	4.18	29.2	3.28	22.9
2050	14.09	4.38	31.1	3.34	23.7

资料来源：张迺英，王辰尧. 我国政府购买机构养老服务的政策分析［J］. 经济体制改革，2012（2）：22.

除了老年人口基数庞大外，中国人口老龄化增速明显。首先，我国从成年型人口年龄结构转入老年型仅用了18年，相比之下，法国则用了115年，美国用了60年，作为人口老龄化程度很高的国家代表日本也用了25年[①]。其次，根据联合国人口数据显示（见表1-3），对中国和世界主要国家的老龄人口比例和老龄人口赡养比的进程比较可发现：(1) 中国在2000年前后进入老龄化社会（7%），比西方发达国家晚30多年；(2) 中国在2025年进入深度老龄化（14%）阶段，且出现老龄人口赡养比5∶1，比西方国家的速度快，仅用25年；(3) 中国进入超度老龄化阶段仅用10年，速度快于西方国家。这些数据表明我国老龄化发展十分迅猛。

---

① 凤凰网. 中国探索"政府引导 社会参与"模式破解养老难题［EB/OL］. http://finance.ifeng.com/news/special/laolinghua/20101016/2722634.shtml.

表1-3　世界主要国家人口老龄化进度表　　　　　　（单位：年）

	中国	美国	英国	瑞典	印度	世界	发达国家	不发达国家
进入老龄化（7%）	2000	1950	1950	1950	2010	2005	1950	2050
发展所需时间	25	65	25	25	25	35	50	40
深度老龄化（14%）	2025	2015	1975	1975	2055	2040	2000	2090
老龄人口赡养比5∶1	2030	2015	1970	1970	2055	2035	1995	2085
发展所需时间	10	20	55	40	20	35	25	10
超级老龄化（20%）	2035	2035	2030	2015	2075	2075	2025	2100

资料来源：根据联合国《世界人口展望（2010）》编制

二是"高龄化"与"空巢化"并行快速发展。根据第六次全国人口普查数据，2010年我国人口平均预期寿命达到74.83岁，比2000年的71.40岁提高3.43岁[①]。伴随着人口平均预期寿命不断提高，老龄人口中80岁以上高龄人口也在快速增长。如表1-1所示，1953年第一次人口普查时，80岁以上老年人口占60岁及以上人口比重为4.5%，到2010年第六次人口普查时，这一比例迅速增长到12%。从1982年到1990年，我国80岁以上高龄老年人口年平均增长速度达到5%，大于同期60岁及以上老年人口增速。从1990年到2010年，80岁以上高龄老年人口年平均增长速度为4.1%，高于发达国家平均水平和世界平均水平。高龄老人的增多意味着未来需要更多的生活照料和更长时间的康复护理。

另一方面，从户居方式分布来看（主要指老年人与什么人住在一起生活），2000—2010年城乡老年人户居方式变化趋势总体上保持一致，即二代户所占比例降低，单身户、夫妻户所占比例均有不同程度的增长。如表1-4所示，2000年城市、镇老年人以二代户为主要户居方式，2010年夫妻户成为城市老年人的主要户居方式，占到33.2%，核心化趋向明显。相比之下，2000年农村老年人以三代及以上户为主，占33%，到2010年三代及以上户仍为农村老年

---

① 国家统计局. 我国人口平均预期寿命达到74.83岁［EB/OL］. http://www.stats.gov.cn/tjsj/tjgb/rkpcgb/qgrkpcgb/201209/t20120921_30330.html.

人主要户居方式,占到39.5%,同时夫妻户所占比例增幅较大,增加了3.4个百分点。总的来看,目前我国老年空巢家庭率已达50%以上,大中城市高达70%[①]。

表1-4 2000—2010年中国城乡老年人的户居状况 （单位：%）

	城市		镇		乡村	
	2000年	2010年	2000年	2010年	2000年	2010年
单身户	8.5	9.5	9.5	10.1	8.2	9.2
夫妻户	28.9	33.2	28.8	30.5	23.1	26.5
一代户	0.2	1.0	0.3	0.8	0.4	0.5
二代户	40.1	19.0	31.4	15.8	30.8	18.4
隔代户	4.7	3.6	4.7	4.6	4.5	4.8
三代及以上户	17.7	32.2	25.3	36.8	33.0	39.5
其他		1.5		1.4		1.2

资料来源：姜向群,杜鹏.中国人口老龄化和老龄事业发展报告2014[M].北京：中国人民大学出版社,2015:32.

三是"带病生存"与"失能化"现象显著。目前,我国2.3亿60岁以上的老年人中,有近1.5亿患有慢性病,高血压、糖尿病、心脏病、中风及脑血管疾病、关节炎、血脂异常、风湿病是老年人的常见慢性病,91.2%的已故老人死于慢性病[②]。有超过五成的老年人至少患一种常见慢性病,中低龄老年人慢性病患病率高达55.57%[③],我国老年人"带病生存、多病共存"现象普遍。

另一方面,我国失能老人数量正在不断增长。据统计,2015年全国城乡失能、半失能老年人占老年人口的比例达到了18.3%,总数约为4063万人,

---

① 央广网.老龄委：大中城市老年空巢家庭率已达70%[EB/OL].http://finance.cnr.cn/gundong/20151109/t20151109_520438564.shtml.
② 新浪网.卫计委官员：全国2.2亿老人1.5亿患有慢性病[EB/OL].http://finance.sina.com.cn/roll/2016-10-31/doc-ifxxfysn8240986.shtml.
③ 姜向群,杜鹏.中国人口老龄化和老龄事业发展报告2014[M].北京：中国人民大学出版社,2015:19.

每年全国走失老人约有 50 万人，照料者缺乏和失智是老人走失的主因①，预计到 2050 年，失能老人将达到 9750 万。总体来看（表 1-5 所示），我国老年人生活自理能力状况较差，基本自理与不能自理的比例超过 20%。随着年龄的增长，老年人完全自理的比例将逐步下降，对于 85 周岁以上老年人，完全自理的比例已经不足 40%，高龄老人的生活照料问题更为突出。

表1-5 中国老年人分年龄生活自理能力状况

	完全自理	基本自理	不能自理
60+ 岁	78.80%	11.81%	9.38%
60～64 岁	87.66%	7.56%	4.77%
65～69 岁	82.60%	10.37%	7.03%
70～74 岁	80.72%	11.20%	8.80%
75～79 岁	67.85%	18.01%	14.15%
80～84 岁	56.52%	18.00%	25.47%
85+ 岁	39.49%	31.85%	28.66%

资料来源：杨贞贞. 医养结合：中国社会养老服务筹资模式构建与实证研究［M］. 北京：北京大学出版社，2016：32.

四是"未富先老"与"未备先老"交织存在。世界上发达国家基本都是在经济发展良好、社会保障体系比较成熟的条件下进入老龄社会，即"先富后老"或"富老同步"。而我国是在社会主义经济发展的初级阶段提前进入老龄化社会，呈现明显的"未富先老"特征。具体而言，美国 1940 年进入老龄化社会时人均 GDP 为 8832 美元；英国 1930 年进入老龄化社会时人均 GDP 为 22 429 美元，日本 1970 年进入老龄化社会时人均 GDP 为 15 162 美元；中国 1999 年进入老龄化社会时人均国内生产总值只有 840 美元②。虽然现在我国人均 GDP 已超过 7500 美元，但是应对老龄社会的经济供养能力还比较弱。同时，我国养老、医疗等社会保障制度尚不健全，城镇职工养老金依然处于"空账运行"，

---

④ 腾讯网. 我国失能半失能老人 4 千万平均每天千名老人走失［EB/OL］. http://news.qq.com/a/20161010/001820.htm.

① 和讯网. 中国人口老龄化分析［EB/OL］. http://news.hexun.com/2015-12-16/181225628.html.

个人账户空账规模不断增长。根据《中国社会保险发展年度报告2015》，全国养老金个人账户空账率已超九成，部分地区历年滚存结余的医保基金面临着收不抵支的支出压力，社会照料服务长期发展迟滞，农村老年社会保障制度发展更是滞后，与老年人息息相关的各项老龄社会保障制度都处在"未备先老"状态。

（二）家庭养老功能日渐式微

一是家庭规模正朝向小型化、核心化发展。在20世纪50年代前，中国家庭户平均人数基本保持在5.3人水平。自20世纪70年代末计划生育政策推行以来，随着我国生育率逐渐降低，家庭规模日趋小型化。根据《中国家庭发展报告2015》，我国家庭平均规模为3.35人，2到3人的小型家庭占六成以上，成为主流家庭，4到6人的家庭（户）所占比例已低于小型家庭。家庭代数的构成以2代人为主，占50.6%[①]。此外，家庭中孩子数量也在变少，四成家庭是"单身贵族"或"二人世界"，2000—2010年，1人户数量翻番，2人户数量增加68%。2000年这两类家庭户占全部家庭户的1/4，到2010年已接近40%，共计1.6亿户。与此同时，有65岁以上老人的家庭已超过8800万户，占全国家庭户的比重超过20%[②]。中国家庭正经历着"家在变小、孩子变少、长者增多"的时代变迁，家庭结构逐渐变成"4—2—2"或"4—2—1"的倒金字塔形状。另一方面，1990年我国老年人口抚养比为8.3%，2000年，老年人口抚养比为9.9%，到2010年，老年人口抚养比已经达到11.9%，预计到2030年老年人口抚养比将达到25%[③]。老年人口抚养比不断上升意味着家庭照料者的养老负担逐渐加

---

① 人民网.我国家庭平均规模为3.35人［EB/OL］. http://politics.people.com.cn/n/2015/0514/c1001-26997204.html.
② 网易.我国已成家庭平均规模较小国家［EB/OL］. http://news.163.com/14/0515/07/9S94S2Q600014AED.html.
③ 中宏数据库.从人口结构变化看我国城市居家养老服务体系的发展［EB/OL］.http://edu.macrochina.com.cn/skins/1/edu/article.shtml?text_id=s0383036000002000009&key_word= 老年人口抚养比．

重，再加上日趋小型化的家庭结构，使传统的家庭养老负担变得沉重，特别是当老人患病或者失能、半失能时，家庭养老更是捉襟见肘。

二是人口流动削弱了家庭赡养能力。随着改革开放深入推进，快速的工业化、高位的城市化进程使中国人口流动迁移数量不断增加。根据《中国流动人口发展报告2016》，2015年，中国流动人口规模达2.47亿人，占总人口18%；流动人口在流入地的家庭规模为2.61人；流动人口在现居住地的平均居住时间超过4年，有一半人在当地居住的时间超过3年。未来打算在现住地长期居住的比例超过半数[①]。中国人口流动呈现出家庭小型化、居住稳定化特征。根据国家卫计委流动人口动态监测数据显示（表1-6），流动家庭占比由2010年的68.99%上升到2013年的80.8%，远远高于同期单人流动比例，中国人口流动家庭化迁移趋势明显。

表1-6　2010—2013年中国流动人口家庭化趋势

时间(年)	流动人口样本量(个)	单人流动(个)	单人流动占比(%)	家庭流动(个)	家庭流动占比(%)
2010	108420	33623	31.01	74797	68.99
2011	128000	34611	27.04	93389	72.96
2012	158556	29071	18.33	129485	81.67
2013	198795	38166	19.20	160629	80.80

资料来源：聂倩，齐立云. 中国流动家庭类型分析[J]. 未来与发展，2016（1）：43.

从流动家庭类型来看（图1-1），夫妻型流动家庭占核心家庭的6.71%，夫妻及子女型流动家庭占93.29%，绝大多数流动家庭核心成员尚未扩展到父母这一代人，这体现出成年流动人口对上一代老年长辈的割裂而居，对子女一代携带而居的特性。成年子女与老年长辈之间的异地生活使传统上以家庭内部成员血缘关系为核心的非正式网络对老年人的代际支持被不断削弱，单纯依靠家庭成员之间的伦理亲情关系来赡养余生越来越不具有现实可行性。

---

① 人民网. 中国流动人口达2.47亿呈现稳定化、家庭化、多元化趋势[EB/OL]. http://health.people.com.cn/n1/2016/1019/c398004-28791745.html.

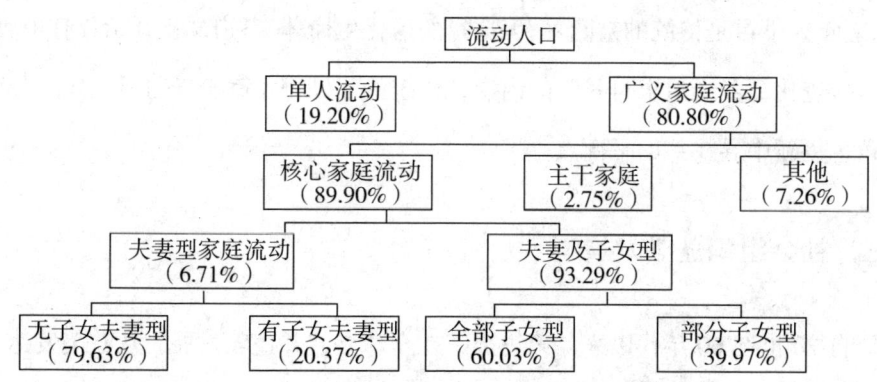

图1-1 2013年中国流动家庭不同类型分布情况

资料来源：聂倩，齐立云.中国流动家庭类型分析［J］.未来与发展，2016（1）：44.

三是生活方式转变冲击着传统孝道文化。孝道是我国传统文化的重要内容之一，也是我国家庭养老的伦理基础。然而随着中国由农业社会向工业社会转型发展，市场经济带来的利益博弈、全球化带来的多元文化冲突使传统的孝道文化在当代中国出现一定程度的变异和严重的失落。诸如"弟子入则孝，出则悌，谨而言，泛爱众，而亲仁""今之孝者，是谓能养""事父母，能竭其力""老吾老，以及人之老"等孝道经典纲要在《爸爸去哪儿》《奔跑吧，兄弟》《我的青春谁做主》《我的前半生》《三生三世十里桃花》等家庭影视娱乐视线中日益逊色寡淡。在"称爸为哥，称妈为姐"的新型长幼平等家庭文化中，传统家庭中的长辈权威在瓦解，子孙成为家庭成员的焦点，爷爷奶奶、爸爸妈妈成为子孙的仆人。在物欲利益的刺激下，敬老、侍老、尊老等正常的孝行却与金钱、私利形成畸形链接，感恩、行孝等孝道意识淡薄，弃老、虐老等不孝行为时有发生，以孝道文化为根基的家庭伦理关系及稳态的社会秩序正在被侵蚀破坏。此外，互联网技术对家庭生活的渗透也在不断形塑着老年父母与成年子女虚拟相处的方式，老年人可以在微信中获得更大范围的精神交流，也可以在游戏中获得独立角色认同，信息技术相应地增强了老年人的自己负责、自我养老的意识，老年人不再是传统的被赡养、无选择的退化生命体，孝道文化开始具有了"角色虚拟进化，养老追求自我"的内涵，传统的互助型家庭养老需要在代际分割与角色更新中寻找新的平衡点。

(三) 社会组织蓬勃发展

自 20 世纪 60 年代以来，第三部门在全球兴起并蓬勃发展，从欧美发达国家到亚非拉发展中国家，人们纷纷建立各种社团等非营利组织以提供各种社会服务，从反贫困与反社会排斥、维护世界和平与稳定，到倡导性别和种族平等、保护公民权利，再到创新社会发展实践、促进区域经济发展，由第三部门主导的社会运动遍及人类社会发展的多个主题。正如萨拉蒙所言，人类正处于"一场全球性的结社革命之中。历史将证明，这场革命对 20 世纪后期世界的重要性丝毫不亚于民族国家的兴起对于 19 世纪后期世界的重要性。其结果是，出现了数量众多的自我管理的私人组织，它们不是致力于分配利润给股东或董事，而是在正式的国家机关之外追求公共目标（莱斯特·萨拉蒙，2002）"。中国的社会组织伴随改革开放而生，"十一届三中全会实现的拨乱反正是社会组织得以起源的体制起点（王名，2008）"。面对千疮百痍且已部分失灵的国家管理体制，一批社会组织被承认和鼓励发展，学会、研究会、协会、基金会等各种类型的社会组织得以恢复或新建并承担部分社会管理职能，结社运动把成千上万农民的积极性和知识分子的创新性结合起来，把自上而下的体制改革释放的赋权空间与自下而上的公民参与力量结合起来，把"拨乱"中盲从流动的个体与实现"反正"所需的组织化力量整合起来，进而使社会组织成为解决旧有体制痼疾、加强制度创新的新载体。由此，中国的社会组织兴起与发展成为全球"结社革命"历史的重要篇章。除了政治体制因素外，我国社会组织发展还与计划经济体制改革、政府职能转变、社会问题复杂化和多样化、全球化冲击等多种因素相关。由计划转向市场的经济体制改革，改变了中国资源和财富分配结构，释放了被国家挤压的市场需求，为社会组织发展注入了源动力；国家职能由统治向服务转变，使公共权力向市场和社会下沉，为社会组织发展提供了合法性基础；20世纪八九十年代新公共管理浪潮、新自由主义全球化蔓延，政府及时有效地更新了治国执政理念，重视社会力量在社会治理、公共服务提供中的作用，为社会组织参与公共事务提供了重要契机。而环境保护、留守儿童、医患纠纷、养老负担等一系列新的社会问题出现，使政府在高负荷运转中不断透支着公共权力，亟须社会力量来分担、共谋，缓解单一部门治理的社会压力，形成多元共治的局面，基于此，国家从战略上对社会组织发展进行了全面部署。党的十六届六中全会对健全社会组织、增强服务社会功能进行了系统、全面的阐述。党的十七大进一步确定了要建立"党委领导，政府负责，社会协同，公众参与"的社会管理体制。党的十八大高度重视社会建设，提出形成政社分开、权责明确、依法自治的现代社会组织体制。政策方面，1998年颁布的《社会团体登记管理条例》《民办非企业单位登记管理暂行条例》和2004年颁布的《基金会管理条例》使我国社会组织具有了合法身份，而且2014年以后，城乡社区服务类、科技类、行业协会商会类、公益慈善类四类社会组织可以依法直接向民政部门申请登记，第三部门正逐渐成为具有与政府、市场平等关系的社会管理主体。

我国社会组织在上述多重动力推动下获得蓬勃发展。截至2016年底，全国共有社会组织70.2万个，接受各类社会捐赠786.7亿元，全国共有社会团体33.6万个，各类基金会5559个，民办非企业单位36.1万个[①]。从涉老服务领域

---

① 民政部.2016年社会服务发展统计公报［EB/OL］. http://www.mca.gov.cn/article/sj/tjgb/201708/20170800005382.shtml.

来看，在机构养老方面（见表1-7），截至2014年底，我国编制登记养老机构13 558个，拥有床位数16 41 744张，民政登记养老机构14 739个，拥有床位数1 527 567张，工商登记养老机构有151个，拥有床位数37 007张，民政登记的养老机构正逐渐成为我国机构养老的重要载体。

表1-7 2014年我国养老机构发展概况

	编制登记养老机构	民政登记养老机构	工商登记养老机构
机构数（个）	13558	14739	151
床位数（张）	1641744	1527567	37007
固定资产（万元）	5493807.7	2419724.4	213049.2
运营收入（万元）	3606527.1	682803.2	23885

资料来源：中国资讯行. 中国2014年养老机构和设施情况统计，摘编自《中国民政统计年鉴2015》[EB/OL]. http://www.bjinfobank.com/DataList.do?method=DataList.

在社区居家养老方面（见表1-8），2014年，社区服务指导中心918个，社区养老服务机构和设施18 927个，日间照料床位数增加到759 655张，老年活动室349 040个，老年学校54 458个，社区服务机构和设施覆盖率（含养老设施）达到45.5%，我国基本建立了以社区居家养老服务指导中心为管理中枢，以社会组织负责运营的社区助老服务社、社区老年助餐点、社区日间照料中心、老年活动室、老年学校等为主要服务载体的社会化养老服务供给体系。社会组织日益成为我国社会化养老服务体系建设的组织基础。

表1-8 "十二五"期间我国社区服务及社区老龄事业发展概况

指标（单位：万、个、人、张）	2014年	2013年	2012年	2011年
社区服务指导中心	918	890	809	——
社区服务中心	23088	19014	15497	14391
社区服务站	120188	108377	87931	56156
社区服务机构和设施覆盖率	45.5	36.9	29.5	23.6
日间照料床位	759655	417686	163390	91539
老年医院（床位数）	3169（131378）	3288（136900）	3344（123192）	3454（117982）

续表

指标 （单位：万、个、人、张）	2014年	2013年	2012年	2011年
老年临终关怀医院 （年底在院人数）	802 （16725）	713 （14947）	807 （14517）	846 （16706）
老年人协会 （参加人数）	438742 （46775222）	419202 （44485278）	399725 （44271584）	1136631 （45466338）
老年学校 （在校人数）	54458 （7331490）	53821 （6920219）	49560 （6252990）	48116 （6031645）
老年活动室 （参与人数）	349040 （46547094）	359896 （45571722）	345914 （44871711）	413358 （67450411）
其他老年社团组织 （参加人数）	44359 （4371699）	40501 （4624543）	37659 （4263724）	36198 （4325272）

资料来源：中国资讯行．摘编自《中国民政统计年鉴2011-2015》［EB/OL］.http://www.bjinfobank.com/DataList.do?method=DataList

（四）国家治理走向现代化

党的十八届三中全会指出："全面深化改革的总目标是完善和发展中国特色社会主义制度，推进国家治理体系和治理能力现代化。"国家治理能力现代化首次进入官方话语并成为治理研究的新方向。"国家治理"是随着人类政治活动不断向前发展而产生的新概念，与"国家统治""国家管理"既有紧密联系，又有明显不同。大体而言，这三个概念有以下不同之处：一是主体不同。国家统治、国家管理的主体主要是政府部门，国家治理的主体是多样的，包括政府部门、私营企业、志愿组织等组织。二是权力来源不同。国家统治和国家管理的权力来自统治阶级授权，通过委托民选官员代理公众管理公共事务，是自上而下单向度的线性权力链条，而国家治理权力不仅来源于传统的公共权威，还来源于市场竞争形成的制度性权力和社会参与形成的契约性权力，政府、市场和社会都具有治理公共事务的合法性，是多中心、多级化的网状权力链条。三是运作措施不同。国家统治、国家管理主要通过等级权威——命令控制的方式对公共事务管理做出安排，强制有力、整齐划一，侧重封闭性的内部运作，国家治理则通过协商、交流、共享等方式形成公共事务治理合力,民主互动、包容并蓄,强调开放性的内外并重式运作。从国家统治、国家管理到国家治理的话语转变可以看作"是一场国家、社会、公民从着眼于对立对抗到侧重于交互联动再到致力于合作共赢善治的思想革命;是一次政府、市场、社会从配置的结构性变化引发现实的功能性变化再到最终的主体性变化的国家实验;是一个改革、发展、稳定从避免两败俱伤的负和博弈、严格限缩此消彼长的零和博弈再到追求和谐互惠的正和博弈的伟大尝试①"。在国家治理能力现代化视野下,传统的国家——家庭养老服务保障体系开始具有了多元供给的内涵,养老责任不再仅仅是国家、家庭之责,也是社会之责,养老服务的提供也不再囿于国家和家庭两个主体,市场企业、志愿性部门、非正式部门都可以成为供给主体,公、私部门之间可以建立各种合作形式,共担责任一起提供养老服务,使养老服务从"单中心"国家供给走向"多中心"混合供给。

养老服务多元供给理念在政策层面得到充分回应。十八届三中全会明确提出"积极应对人口老龄化,加快建立社会养老服务体系和发展老年服务产业"的目标。国务院出台《关于政府向社会力量购买服务的指导意见》,将政府购买公共服务明确为政社合作的重要机制,为社会力量参与公共服务供给厘定了制度性框架。《国务院关于加快发展养老服务业的若干意见》强调充分发挥市场在资源配置中的基础性作用,逐步使社会力量成为发展养老服务业的主体。而且,2017年习近平总书记提出"坚持党委领导、政府主导、社会参与、全民行动相结合,坚持应对人口老龄化和促进经济社会发展相结合,坚持满足老年人需求和解决人口老龄化问题相结合,努力挖掘人口老龄化给国家发展带来的活力和机遇,努力满足老年人日益增长的物质文化需求,推动老龄事业全面

---

① 江必新. 推进国家治理体系和治理能力现代化[N]. 光明日报,http://epaper.gmw.cn/gmrb/html/2013-11/15/nw.D110000gmrb_20131115_6-01.htm,2013-11-15.

协调可持续发展"[①]。通过对国家层面有关养老事业发展的典型政策文件进行梳理，可以发现这些政策暗含着一条逻辑主线：养老服务多元供给（主体）—政府购买养老服务，培育市场（手段1）—鼓励民间资本进入，壮大市场（手段2）—建立社会化养老服务体系（目标）。这就为多元主体合作生产养老服务提供了重要契机：一是从养老供给主体来看，社会组织、企业可以成为政府购买养老服务的承接主体，养老服务多元化供给具备组织基础；二是从服务供给方式来看，公建民营、民办公助等服务安排降低了社会力量参与养老事业发展的成本；三是从管理实践来看，服务标准、质量监管、合同约束等一系列的制度规范出台为多元主体合作治理养老问题提供了法制保障。

人口老龄化压力迫使政府转变养老福利供给职能，创新养老服务发展政策，政府的职能转变和政策创新将人口老龄化压力转化为鼓励社会力量投身养老事业发展的推力。同时，人口老龄化压力促使养老市场消费结构发生变化，这种变化使"银发产业"蕴含巨大商机，对企业、社会组织产生了强大的吸力。而且由于人口老龄化压力产生的养老市场竞争态势还会倒逼企业、社会组织进行商业模式创新。这样，在人口老龄化压力、政策利好推力和养老市场吸力的作用下，社会组织、市场企业具备了进军养老产业一展身手的动力，政府与市场、社会的合作也就有了施展空间。事实上，无论是国有企业，还是民营企业，乃至社会组织，都纷纷涉足养老服务业，在不同方向上探索新的社会化养老服务模式，出现了诸如泰康养老社区、天地健康城、亲和源养老公寓、中兴智慧养老云平台、阿里巴巴智联网养老等富有影响力的实践样本。

[①] 新华网．习近平：推动老龄事业全面协调可持续发展［EB/OL］．http://news.xinhuanet.com/politics/2016-05/28/c_1118948763.htm.

二、研究价值

中国的人口老龄化与高龄化、空巢化、失能化、少子化交互影响，给解决人口老龄化问题增加了新难度，传统的国家—家庭养老服务保障体系难以为继，养老责任二元负担模式亟须向国家、社会、家庭等多方共担模式转变。而这种转变的现实表征就是不同主体进行有效合作，合力生产养老服务，既能满足老年人的基本公共养老服务需求，又能满足不同老年人的差异化养老需求，从而形成政府负责、市场化、社会化、多层次的养老服务发展模式。因此，站在政府立场，对公、私主体在养老服务领域开展合作生产的实践进行理论审视，探寻养老服务合作生产形成的内在逻辑，对发展治理理论，提高政府公共事务治理能力，总结实践经验，形成可复制、可推广的多元主体合作生产养老服务的新路径，具有重要意义。

（1）理论价值。自从"公有地悲剧"被提上学术议题之后，合作生产的概念就随着公共池塘资源如何有效管理的深入讨论而逐渐成熟，并最终在20世纪70年代，由埃莉诺·奥斯特罗姆首次给出了合作生产的定义，合作生产逐步成为一种新的公共服务供给工具。早期关于合作生产的研究主要立足于公民公共服务生产能力的挖掘，从个体角度将合作生产主体分为专业的传统公共官僚和作为消费者的公民，着力分析公民如何产生合作意愿、二者如何形成合作关系，产生有效的合作生产实践。由此，从个体角度研究合作生产成为公共服务合作生产研究的焦点。例如，《国际行政科学评论》2016年第3期以"合作生产"为主题，对公共服务合作生产研究进行了专门介绍，入选的论文研究焦点主要是从个体角度分析公共服务代理机构与市民用户在提供公共服务上的合作。此后，一些研究者将合作生产的主体范围扩大，认为不仅个人是合作对象，群体或组织也是合作对象。但是，从组织视角研究公共服务合作生产的文献相对偏少，理论饱和度还不足。而且，无论是微观视角还是中观视角，对养老服务合作生产研究都还不成熟。因此，本文从中观视角研究养老服务合作生产能够进一步丰富多元场景下的公共服务合作生产理论。另一方面，从理论范式变革来看，治理范式的到来在一定程度上促使着合作生产成为公共服务变革的重要工具之一，治理与合作生产具有内在的密不可分的联系，治理强调多中心的主体结构，改善传统等级式官僚组织的运行低效局面，合作生产就是要求多元主体进行有效互动，降低公共服务提供成本。所以，对养老服务合作生产的研究可以进一步明确合作治理在中国语境下的适用范围和适用条件，从而丰富治理理论的内涵。

（2）实践价值。第一，从历史轨迹来看，官方主导、民间自愿配合提供养老服务在中国封建社会时代就已经出现，那时候给老年人提供的养老服务通常是与贫穷、鳏寡、救济等主题词相联系，养老保障具有明显的慈善济贫色彩，是一种带有政治赏赐性烙印的社会行为。在计划经济时期，我国老年社会福利主要由政府举办的敬老院、光荣院等服务载体来提供，覆盖面窄、服务项目数量少、服务水平整体不高，长期停留在"老有所养"阶段，距离"老有善养"还有很大距离。如今，在我国社会养老服务体系政策指引下，企业、社会组织逐步进入原先由国家独占的老年福利空间，政府与企业、社会组织在养老服务领域进行了有益的合作尝试，但这些尝试背后凝结的规律或经验尚缺乏深入分析，比如政府如何配合或在多大程度上配合企业、社会组织，如何既能充分动员多方力量，又能尽可能做到廉价，建立合理的成本分摊机制等都还有待探讨。因此，在不同场景下分析养老服务合作生产的运转机制，从宏观层面抽象总结出养老服务合作生产的共性或规律，就是对上述问题的及时回应，而且研究结论还可以为养老服务政策制定、实践操作提供有益启示。

第二，在我国公共服务变革中引入治理理念面临的最大特殊国情就是中国社会组织发育不足，特别是养老服务组织不仅数量少而且力量弱。如果政府和社会组织开展养老服务合作生产实践，这就势必涉及社会组织治理能力是否匹配的问题，社会组织治理能力不足，就会影响到养老服务合作生产的效果，进而影响到社会养老服务体系的目标实现。而从政府与社会组织合作背景下对养老服务合作生产进行深入研究，可以清楚地观察养老服务社会组织的治理能力现状，更加清醒地认识到合作生产的优点和局限性，为促进养老服务社会组织发展、国家治理能力现代化建设提供一些有益的思考。

第三，自 2014 年 9 月财政部、国家发改委、民政部、全国老龄工作委员会办公室联合发布《关于做好政府购买养老服务工作的通知》以来，各级政府都在积极尝试向社会力量购买养老服务，但是政府购买养老服务并不是一桩生意买卖，因为养老服务本身具有连续性和持续性的特点，这就意味着政府购买养老服务常常会是一个服务周期较长的合同，因此，政府购买养老服务不仅仅是一种市场交易的完成，更是一种合作关系的培育。合作关系的培育需要政府转变职能，及时更新公共事务知识和技能，而这都来源于实践经验的总结和升华。对养老服务合作生产的研究能够深描公、私部门合作网络的缔结、伙伴关系培育和维系过程，发现内在的因果机制，从而为政府转变职能，更好地向社会力量授能，更高效地履行"掌舵"之责提供有益的启发。

三、关键概念界定

（一）养老服务

养老服务是指以满足老年人基本服务需求，提升老年人生活质量为目标，面向所有老年群体，提供与经济社会发展水平相适应的生活照料、康复护理等相关帮助的一切正式和非正式的安排，主要包括居家养老、社区养老和机构养老三种形式。居家养老是指居住在家的老年人通过市场手段或社会支持机制寻求上门照料，满足养老需求的活动，与传统的家庭养老最大区别是照料成员的来源不同，传统家庭养老照料成员主要是集中在家庭直系亲属之间，居家养老还包括非家庭成员。社区养老是指老年人走出家庭到社区照料机构，如日间照料中心、老年活动室、助餐点等享受养老服务的活动。由于社区养老与居家养老之间联系紧密，都是在社区内部获得养老资源，故两者通常称为社区居家养老。机构养老是指将老年人安置在养老院进行集中赡养的活动。

根据公共物品理论研究先驱萨缪尔森的观点，公共物品是指每个人对某种产品的消费不会导致其他人对该产品消费的减少，具有非竞争性与非排他性。非竞争性是指每增加一个产品消费者的边际成本为零；非排他性是指要将他人排除在享受产品之外是不可能的。但是现实中，能够完全达到非竞争性和非排他性的纯公共物品极少，大多数公共物品是准公共物品，具有部分的非竞争性和非排他性。纵观各国法律，养老服务都被认为是老年人依法享受的基本权利之一，每一位老人都有享受此项服务的权利，不能将任何一个老人排除在外，这就是养老服务的非排他性。但是由于老年人口数量庞大、养老服务的资源有限，并不是每一位老年人都能享受到养老服务，每多一位老人享受养老服务，就会导致投入的成本上升或其他老人享受到的服务减少，这就使得这项服务具有部分的竞争性。因此，养老服务具有非排他性和部分的竞争性，属于准公共物品。

作为一种准公共物品，养老服务是满足老年人差异性需求，提升老年人的生命价值，将老年人生存寿命进行延长的过程，体现出如下特征：（1）完整性。老年期时间跨度大，从60岁到百岁以上，需要经过"低龄老年期（60～74岁）""老年期（75～89岁）"和"长寿期（90岁及以上）"。完整性要求养老服务能覆盖所有老年人群,并能为他们提供全方位的服务。(2)多样性。由于老年人经济状况、身体状况等自身条件不同,即使是同一种养老需求,也可以有多种多样服务方式可供选择。因此,养老服务的供给应该多元化,以便老年人根据自己的意愿、条件选择适合的、满意的养老服务方式。(3)持续性。照顾长者是一个长期的过程。随着年龄的增大,老年人会逐渐失去或全部失去自理能力,为了保障生活质量,安享晚年,为老年人提供的服务应该是一个始于起居生活照料、终于临终关怀的持续照顾过程。养老服务应当为不同年龄、不同健康状况、不同经济状况和不同意愿的老年人提供持续照料服务。(4)经济性。养老服务的经济性是指老年人获得一定数量和质量的产品或服务时所耗费的资源最少。提供基本养老服务是政府的责任,需要投入,但政府应该对资源投入和使用过程中成本节约的水平和程度及资源使用的合理性进行重点关注。

对于本文,由于机构养老主要是在融资层面开展政府与社会力量合作,无法深度观察多元主体合作生产养老服务的内在运作机制,而社区居家养老服务在主体角色、功能职责、关系建立、服务设计、服务交付等多个层面都提供了观察多元主体合作生产养老服务的切入点。并且,无论是北京市提出的"9064"养老格局,还是上海提出的"9073"养老格局,社区居家养老都要覆盖本地区90%以上的老年人。可见,社会养老服务体系建设的重点领域应该是社区居家养老服务,社区居家养老服务发展好坏直接关系到老年人最直接的养老福利。同时,从服务提供者来看,机构养老一般需要投入数额较大的固定资产才能运营,实力弱小的组织很难有效运营养老院,这就导致机构养老大都是实力较强的大型企业或实力较强的社会组织运营,样本选择比较单一。而社区居家养老服务通常是轻资产运营,无论是小的社会组织,还是大的企业,都能介入,这就为研究提供了丰富的组织样本。因此,本文将养老服务限定在社区居家养老服务领域。

（二）合作生产

1. 公共服务合作生产的产生

合作生产并不是一个新颖的概念，实际上在私人领域，企业之间就很早进行了产品的合作生产。公共服务领域使用"合作生产"产生于 20 世纪七八十年代[①]。合作生产是相对于传统公共服务提供方式的特征且随着治道理念变革出现的概念。在合作生产之前，传统的公共服务生产模式特点是公共部门管理者全权负责设计和提供优质服务，公民是被动接受者，他们相信公共部门的服务工作人员都是利他主义的"骑士"，会遵从职业道德行事而非自私自利的"无赖"[②]。但是，公共服务人员动机文献揭示出，这些公共服务专业人士既不是完美的骑士也不是彻底的无赖，而是两者的混合体。即便公共服务专业人士是完美的骑士，依赖骑士动机也存在问题。首先，骑士动机并不总是意味着高效率。做点好事，并不一定是最大的好事，会阻碍创新。而且缺乏绩效测量，他们可能意识不到自己工作的不足。其次，骑士们有自己的偏好，可能表现出专制的家长作风，与政府、用户本身的需求偏好并不一定一致，为用户提供的是骑士认为用户需要的服务，而不一定是用户认为自己需要的服务。再次，骑士不受冷漠的官僚主义信任，因为破坏政府政策。所以，单纯依赖公共服务专业人士不可能实现提供良好的公共服务目标。应该结合其他服务提供模式，共同构成所需的系统，这样，合作生产就应运而生。但是，关于公共服务合作生产的研究在 20 世纪七八十年代经过高潮后随即陷入"沉寂"，处于"等待它的生命到来"状态（李文钊，2017）。合作生产研究中断的主要原因是当时新公共管理

[①] 芬姆克·D. 威尼可，等. 医疗保健中的合作生产：说辞与实践 [J]. 闫佳馨，译. 国际行政科学评论，2016，82（1）：147.
[②] 朱利安·勒·格兰德. 另一只无形的手：通过选择与竞争提升公共服务 [M]. 韩波，译. 北京：新华出版社，2010：17.

改革席卷全球，效率至上的管理主义导向强调重构政府与市场之间的关系，政府与社会的关系受到冷落。随着新治理理念的兴起，社会力量开始走入政府公共事务管理改革与创新实践的视野，民主价值和公民作用开始受到重视，具有公共性、回应性、有效性的高质量公共服务呼声使公共服务合作生产研究复苏。

2. 公共服务合作生产的概念

20世纪70年代，埃莉诺·奥斯特罗姆创造了合作生产这个概念。所谓合作生产主要是指一种过程，在这一过程中，个人会贡献一些用于生产物品或服务的投入，这些投入不属于同一组织。要进行合作生产，双方需要相互依赖，双方都应该拥有对方需要的东西[①]。这一定义包含三个要素：专业生产者、公民和合作关系。随后，越来越多的人开始重视合作生产的公共价值，将公民独享的知识和经验引入公共服务生产过程中，用以降低公共服务成本、提高公共服务质量和效率成为公共服务合作生产的期望（Bovaird and Loeffler, 2013）。

合作生产早期典型定义是服务使用者和提供者贡献资源以提高产品或服务的数量或质量，或在某种情况下服务使用者和提供者共同确保某种服务能够被提供[②]。目前，关于合作生产定义的界定存在三种不同视角。

（1）民主决策视角。持民主决策视角的学者对合作生产的界定有很明显的意识形态特征，认为合作生产的目标是为了使决策民主化，更能体现民众诉求，即公民有权参与有关自己生活的决策，而且应当给予公民机会影响公共决策（Van de Bovenkamp, 2010）。人们把合作生产视为在公共服务供给中专业提供者与客户或消费者之间共同、联合的行动[③]。博维尔德和莱夫勒（Bovaird

---

① Ostrom E. Crossing the Great Divide: Coproduction, Synergy, and Development [J]. World Development, 1996, 24（6）: 1073-1087.
② Brudney JL. The Evaluation of Coproduction Programs [J]. Policy Studies Journal, 1983, 12（2）: 376-385.
③ Farr MC. Understanding Participation and Power within Collaborative Processes: Jointly Involving Staff and Citizens in Changing Public Services [D]. University of Bath, UK, 2012.

and Loeffler, 2013)将合作生产用于描述公共服务专业人士和顾客共同从事的决策活动。

（2）公民参与视角。持公民参与视角的学者改变了传统的将公民视为被动接受者的角色，认为作为消费者的公民自身有可挖掘的潜力用来改进公共服务，并将参与公共服务供给过程的主体分为常规生产者（Regular Producer）和作为消费者的生产者（Consumer Producer）。一般来说，常规生产者是政府机构，公民是作为消费者的生产者，公共服务合作生产的过程需要政府机构和公民都投入一定的资源。Alford（2012）认为合作生产是指一种让人参与的理念。Percy（1984）认为合作生产的概念将公共服务使用者或公民作为公共服务代理人，使其在公共服务生产中发挥积极作用。Levine and Fisher（1984）强调在公共服务供给过程中的公民直接参与，而不仅仅是让公民对服务的设计和改进提出意见，将合作生产界定为政府部门和服务消费者共同提供公共服务[1]。公共服务合作生产使很多由公民消费的服务或产品具有了公民参与特征，合作生产形成了公共服务供给多元主体间的复杂关系[2]。Verschuere et al（2012）将合作生产界定为混合型的公共活动，由公共服务专业人士和公民共同参与提供某种公共服务，公民参与合作生产的动力源于个体或群体自愿为提高服务质量和效益做出一些尝试或努力[3]。合作生产强调伙伴关系及协调合作，并且被认为是提升公共服务质量、提高公众满意度和信任感方面具有明朗前景的概念。

（3）治道变革视角。合作生产的概念反映出公共服务供给理念的转变，即

---

[1] Levine CH and Fisher G. Citizenship and Service Delivery: The Promise of Coproduction [J]. Public Administration Review, 1984, 44（1）: 178-189.
[2] Pestoff V. Citizens and Co-Production of Welfare Services: Childcare in Eight European Countries [J]. Public Management Review, 2006, 8（4）: 503-519.
[3] Verschuere B, Brandsen T and Pestoff V. Co-production: The State of the Art in Research and the Future Agenda [J]. Voluntas, 2012, 23（4）: 1083-1101.

从"为公众提供公共服务"向"由公众提供公共服务"转变[①]。治理国际组织（governance international）将合作生产定义为专业人士与公民更好地利用各自优势、资源及贡献从而使公共服务的效率更高、效果更好[②]。合作生产至少可以解决传统公共行政和新公共管理的某些相关问题——传统公共行政中公民是被动的，不得不听命于服务提供者；新公共管理中客户被视为市场中的消费者，有能力在服务提供者间进行选择，但是不主动参与服务的提供[③]。在新公共治理视域下，合作生产赋予了公民一个新的角色：公共服务的代理人。公民作为公共服务的使用者实际上也是利益相关者，而不是被动消费者；政府与公民之间不再是家长式关系，而是相互合作关系；公共服务的合作生产关注服务的协作过程与产出，而不是只关注服务的最终结果[④]。新公共治理的重要特征是服务提供者范围广泛、服务提供过程多样化且更强调与终端用户合作来共同提供服务[⑤]。这样，合作生产就突破了公民参与的视角，具有了活动过程的观察视角。卡罗拉·范·艾克和特鲁·斯蒂恩认为合作生产表达了公共服务生产中许多不同的活动，如共同规划、共同管理、共同执行以及共同评估等，这些活动的共同指向是公共部门专业人员与社会公民在委托和提供公共服务过程中的参与[⑥]。公共服务合作生产是指公共服务的使用者参与到公共服务决策、供给、

---

① Bovaird and Loffler. From Engagement to Co-production: The Contribution of Users and Communities to Outcomes and Public Value [J]. VOLUNTAS: International Journal of Voluntary and Nonprofit Organizations, 2012, 23 (4): 1119-1138.

② 治理国际官网. http://www.govint.org/our-services/co-production/ [EB/OL].

③ Torfing J and Triantafillou P. What's in a Name? Grasping New Public Governance as a Political-Administrative System [J]. International Review of Public Administration, 2013, 18 (2): 9-25.

④ Fotaki M. Co-Production Under the Financial Crisis and Austerity: A Means of Democratizing Public Services or a Race to the Bottom? [J]. Journal of Management Inquiry, 2015, 24(4) 433-438.

⑤ Lindsay C, Osborne SP and Bond S. The New Public Governance and Employability Services in an Era of Crisis: Challenges for Third Sector Organizations in Scotland [J]. Public Administration, 2014, 92 (1): 192-207.

⑥ 卡罗拉·范·艾克，特鲁·斯蒂恩. 为什么参与公共服务的合作生产？理论与经验证据的结合 [J]. 崔玲，译. 国际行政科学评论，2016 (3): 27.

评估等环节之中，由此，形成政府、非营利组织、志愿者、公民等之间相互协作的合法化关系[①]。

综上所述，关于合作生产的概念界定存在微观视角和中观视角的差异。在微观视角下，部分学者聚焦于公民个体生产能力使用或潜力开发来界定合作生产的内涵。在中观视角下，部分学者聚焦于有组织的公民群体，从公共服务专业机构与非政府组织生产能力匹配的角度来界定合作生产的内涵。就养老服务而言，从微观个体角度来研究养老服务合作生产并不合适，因为随着身体机能下降，老年人不一定能够成为有能力的公共服务生产者，这也意味着养老服务领域中的合作生产实现需要借助一些养老服务组织成为老年人的代理人，完成相应任务。于是，本文采用中观视角，站在政府立场，聚焦有组织的公民群体，将养老服务合作生产伙伴界定为社会组织、私人企业，对政府与社会组织、企业如何有效开展养老服务合作生产的内在逻辑进行解析。

3. 公共服务合作生产的类型

为了更加深入地分析合作生产在公共服务供给实践中的不同形态，很多学者对公共服务合作生产进行了类型学研究。总的来看，对合作生产类型的划分主要有三种不同的思路。

一是聚焦公民个体，从公民贡献和公民意识态度上进行分类。首先，从公民贡献来看，因为合作生产需要公民投入资源方可实现，而资源的投入势必会产生相应的收益，这样，从合作生产的资源投入和收益出发，据资源投入是否由个体供给、资源投入产出的收益是否由个体享用，可以将合作生产从公民个体层面和集体层面进行区分。Brudney and England（1983）就将合作生产划分为个体合作生产、群体合作生产和集体合作生产。个体合作生产的特征是公民

[①] Bovaird T. Beyond Engagement and Participation: User and Community Coproduction of Public Services [J]. Public Administration Review, 2007, 67(5):846-860.

投入的资源和所得的收益都停留在个体层面，公民选择权很少，只能参与到自上而下的服务中，比如社会服务的咨询建议，或公民在享用服务过程中采取积极配合的行为，如上缴违法枪支等。群体合作生产是一些公民积极自主地参与公共服务供给，但在专业服务机构与公民群体之间会存在协调机制，如邻里协会，公民的投入是集体的，但是收益大部分是由个体享用。集体合作生产是指合作生产产出是一种集体产品，其收益由集体分享。由于群体合作生产和集体合作生产都涉及公民共同工作付出产生集体性产品和收益，明确区分意义并不大，所以，有学者将两者都视为集体合作生产，这就将合作生产划分为个体合作生产（指没有联合实施的行动）和集体合作生产（指为支持公共服务和达到预期效果而采取的联合行动）两大类（托尼·博维尔德等，2016）。然而，这种简单的类型划分在实践中遇到了困扰，因为一些合作生产活动既有个体投入资源也有群体投入资源，产生的收益既由直接参与的个体享用，也可在更大范围内分享，这就使合作生产出现混合类型。为此，博维尔德等学者在资源投入和产出基础上，从合作生产福利性质出发进一步将合作生产划分为4类：（1）资源投入和产出收益都由个体享用的私有化个体合作生产；（2）集体投入资源、个体享用收益的私有化集体合作生产；（3）个体投入资源、集体享用收益的慈善性个体合作生产；（4）集体投入资源、集体享用收益的慈善性集体合作生产。其次，在公共服务合作生产过程中，公民意识会影响合作生产结果，这就从结果上可以将合作生产分为消极合作生产和积极合作生产（Rich，1981）。消极合作生产是指公民有意或无意地不作为导致不利的局面；积极合作生产是有意识地产出有利结果的行动。同时，从参与态度上，又可以将合作生产划分为主动合作生产和被动合作生产。值得注意的是，这两种形式都可能产生正面或负面的结果，所以，主动合作生产又可以分为主动的积极合作生产（如志愿服务等）、主动的消极合作生产（如违法停车）、被动的积极合作生产（如遵守公共秩序等）、被动的消极合作生产（如视火灾隐患而不顾等）。

二是聚焦于主体互动，从角色认知和诉求期望来进行分类。首先，根据公民参与合作生产的角色不同，有学者将合作生产划分为公民作为设计者的合作生产、公民作为执行者的合作生产、公民作为倡议者的合作生产三种类型（Voorberg WH，Bekkers VJJM，Tummers LG，2015）。在这个分类框架下，有很多学者开展了相应的研究。Wipf 等（2009）将公民视为合作设计者探讨了地方政府如何邀请公民参与户外休闲设施的设计和维护。Benari（1990）将公民视为合作执行者研究了垃圾分类合作生产中公民有效参与机制。Rossi（2004）将公民视为合作倡议者研究了重新开放那不勒斯历史中心过程中，政府如何采纳公民提出的纪念碑建设倡议。Alford（2002）在公民与政府机构互动上，按照公民参与合作生产的承载责任程度不同，将公民角色划分为客户、志愿者和社区成员，这样合作生产被划分为三种组合，即政府机构与客户合作生产、政府机构与志愿者合作生产、政府机构与社区成员合作生产。相应地，Bovaird（2007）根据政府公共服务专业提供者与服务使用者之间关系，将合作生产划分为七种类型（见表 1-9）。按照这个分类框架，Williams 等（2016）在校园安保服务合作生产中，研究了警务人员与学生对合作生产的角色认知差异。其次，Whitaker（1980）根据公民与政府机构的诉求期望差异，提出了合作生产的宽泛分类：（1）公民需要政府机构提供协助，如安全救助、火灾报警等；（2）公民向政府机构提供援助，如志愿关爱老人等；（3）公民与政府机构互动以调节双方的期望与行动。

表1-9 政府专业人员与公民互动视角下合作生产的类型

	专业人员为独立的服务设计者	服务使用者和社区作为合作设计者	无专业人员参与的服务规划
专业人员为独立的服务设计者	传统的专业人员提供服务	传统的专业人员提供由使用者和社区共同规划和设计的服务	—
专业人员和使用者或社区为合作提供者	使用者与专业人员共同递送由专业人员规划的服务	使用者与专业人员合作生产服务	使用者或社区共同递送几乎没有专业人员规划和设计的服务
使用者或社区为独立提供者	使用者或社区递送由专业人员规划的服务	使用者或社区递送共同规划和共同设计的服务	传统的自组织社区提供服务

资料来源：Bovaird T. Beyond Engagement and Participation: User and Community Coproduction of Public Services［J］. Public Administration Review, 2007, 67 (5):846-860.

三是聚焦于合作生产本身，从公民介入合作生产的流程环节来进行分类。Osborne 和 Strokosch（2013）将合作生产划分为战略层面参与式合作生产、运作层面消费者合作生产和服务层面强化式合作生产。战略层面参与式合作生产强调服务使用者参与公共服务的规划过程，提出更好建议，提高公共服务的回应性和有效性。运作层面消费者合作生产关注公共服务递送过程中的公民积极行为，把合作生产视为整个公共服务递送的一个重要环节，强调的是公民参与公共服务的管理。服务层面强化式合作生产关注的是合作生产的创新，根据战略层面和运行层面的信息反馈，将公民的主观能动性再造公共服务递送流程，形成以顾客需求为导向的公共服务供给新系统。此后，Farr（2016）进一步发展了这一分类框架，提出了三种不同类型合作生产的构成要素（见表1-10）。

总体来说，关于合作生产的类型学研究是在西方政治文化背景下开展的，学者们提出的划分依据对指导我国公共服务合作生产研究具有借鉴意义。但是，上述划分标准是否适用于我国社会养老服务体系建设，还有待观察。值得注意的是，虽然西方公共服务合作生产领域广泛，但聚焦养老服务领域的研究暂时不足，在其他领域划分出不同类型的合作生产模式是否适用于养老服务，暂时还没有一致性的结论。数量较多且有实力的社会组织存在为西方国家公共服务合作生产奠定了基础，相反，我国养老服务领域并不具备西方国家开展公共服务合作生产良好的组织基础，当前养老服务领域中的社会组织数量较少、实力有限，一定程度上影响了社会组织参与养老服务合作生产的主动性和协商能力。这样，聚焦主体，从合作生产参与者角度进行分类的思路可能不适用于我国养老服务领域；而且，由于我国社会养老服务体系建设尚处于初级阶段，政府在推动社会养老服务发展过程中的主导作用不可忽视，这也意味着政府的公权力可能会影响着养老服务合作生产实践，从而可能会产生多样化的养老服务实践样本，这是现有合作生产文献分析不足的地方，有待进一步研究。

表1-10 基于流程分类的合作生产

类型	参与式合作生产	消费者合作生产	强化式合作生产
视角	公共行政	服务管理	公共行政与服务管理相结合
层面	战略层	运行层	服务层
内容	产生于服务生产过程的战略计划和设计阶段，通过参与机制来改善公共服务质量	产生于生产与服务的不可分离性，服务聚焦于运作阶段的消费者参与，平衡服务期望与实践，目标是使用者授权	产生于合作生产战略与运作层的结合，以挑战现存服务递送范式。目标是使用者导向的服务创新

资料来源：Farr M. Co-Production and Value Co-Creation in Outcome-Based Contracting in Public Services [J]. Public Management Review, 2016, 18(5)：654-672.

4. 公共服务合作生产的研究路径

合作生产的核心议题是如何促进参与者积极地投身公共服务提供。针对这一问题，现有文献做出的回应和解释可以粗略划分为两条研究路径。

第一条研究路径是立足于合作生产的主体特征，从合作生产参与者的不同特征上寻找促进合作生产得以实现的影响因素，即合作生产主体论。合作生产主体论又可从组织层面和个体层面进行切入（Voorberg et al, 2015）。在组织层面，以下特征因素影响公共服务合作生产：（1）政府组织结构与公民参与空间是否兼容。如果公共组织没有调整或重新设计组织结构，那也就意味着公民参与合作生产的空间是不存在的，或者公共组织的新结构和服务供给程序无法打通公民参与通道、无法创造良好的沟通条件，那么公民将缺乏参与生产的动力（Meijer，2012；Andrews and Brewer，2013；Davidsen and Reventlow，2011）。（2）政府组织中的官员态度影响合作生产的发生范围，政治家或官员不愿意失去现有控制力和地位是其不愿意支持合作生产的原因（Roberts et al，2013）。（3）规避风险的官僚文化把公民视为一种不可靠的资源或不被信任的伙伴，政府长期将公民视为被动的服务接受者，缺乏一个邀请公民参与公共服务合作生产的制度空间（Maiello et al，2013）。（4）政府部门的目标模糊性使合作生产难以产生具有明确信号的激励，从而挫伤了公民参与公共服务合作生产的积极性。相较于清晰的企业利润目标，受限于利益钳制、信息不完备性等因素影响，政府往往很难制定明确的目标，这就意味着对于政府来说，采用合作生产能在多大程度上改善公共服务是不清楚的，使管理者看不到合作生产的有用性。Kleinhans（2017）在分析荷兰政府与社区企业合作生产社区服务发生机制时检验了上述四个命题，取得了一致结论。

在个体层面，以下公民个体特征因素影响公共服务合作生产：（1）公民的身份特征影响公民参与公共服务合作生产的意愿。Sundeen（1998）指出公民受教育程度会影响合作生产参与意愿，受教育程度越高越能意识到社区需要并能清楚表达诉求，拥有能力去参与合作生产。（2）公民主观认知能力影响公民参与公共服务合作生产，公共责任感、改善政府的愿望会影响公民参与意愿（Wise et al，2012）。卡罗拉·范·艾克等（2016）将政治学文献中的自我效能感引入合作生产的研究中，将自我效能感分为内在效能感和外在效能感。内在效能感是公民自身能力的感受，外在效能感是相信政府会积极回应公民诉求，研究发现内在效能感和外在效能感与公民参与合作生产意愿具有正相关关系。（3）个体社会资本会影响公民参与合作生产。社会资本反映出公民个体的社会关系网络，而社会关系网络会传递参与合作生产的可能性、激发公民对合作生产的兴趣和关注。邻里守望组织案例分析结论证实了这一点（卡罗拉·范·艾克等，2016）。（4）信任程度会影响公民参与合作生产的意愿。这里的信任既包括公民对政府的信任，也包括公民对专业服务人员的信任，信任度越高，公民参与合作生产的意愿也越高。

第二条研究路径注意到合作生产不同阶段任务的差异性，立足于公共服务周期，将合作生产划分为不同阶段，在不同阶段从组织或个体层面探讨公共服务合作生产的运转机制，即合作生产周期论。合作生产周期论具有两种分析视角，即单一阶段视角和全周期视角。单一阶段视角下，合作生产被狭义地界定为公共服务周期的某个阶段的专业活动或一次性交付活动，如服务交付（Alford，2009）、合作决策（Eijk and Steen，2014）等。大多数合作生产的案例研究都采用单一阶段视角，合作生产只覆盖了公共服务周期的一个阶段，无法解释合作生产是如何在公共服务整个周期进行扩散得以存在下去（玛利亚弗兰西丝卡·西西莉亚等，2016）。在全周期视角下，合作生产的范围宽泛，包括从服务规划、设计、管理到交付、监督、评估等阶段，是一个连续性的活动，"公共服务的供给应该由纵向和横向交织的组织合作承担（玛利亚弗兰西丝卡·西西莉亚等，2016）"。玛利亚弗兰西丝卡·西西莉亚等（2016）将合作生产划分为合作规划、合作设计、合作交付、合作评估四个阶段，从主体、动因、组织问题、管理技能和实施工具对意大利伦巴第区域自闭症服务合作生产每个阶段的运行机制进行了案例分析，结论是不同阶段，不同组织所发挥的作用不同。而在多层级治理环境中，政府要推动合作生产，就必须确保公共服务周期中的所有阶段都要遵循同一逻辑。无论是采用单一阶段视角还是采用全周期视角，这都要取决于公共服务的性质。对于养老服务来说，养老服务本质上是一个全生命周期的关爱过程，所以，用全周期视角更适合观察养老服务合作生产的产生过程。

总体来说，现有文献呈现出"合作生产主体论"研究较多、"合作生产周期论"较少的特点，特别是在公共服务全周期视角下对合作生产如何逐步推进乃至确保合作生产稳定进行并最终产生应有的社会价值，学界关注不足，无法反映公共服务合作生产中的复杂性和技术性，这也是合作生产研究亟须拓展的方向。

四、研究问题

（一）现实问题的表现

从发展现状来看，当前，各地政府都在努力通过采用公建民营、民建公助等形式将社会力量引入养老服务提供当中，增加养老服务供给总量，满足日益增加的社会养老需求。以上海为例，在机构养老方面，截至2016年底，全市养老机构702家、床位13.28万张，其中，由社会投资开办的有347家、床位5.94万张，上海民办养老机构数量已经将近50%，逐渐成为机构养老服务的主要载体；在社区居家养老方面，截至2015年底，社区日间照料机构数达到442个、社区助老服务社（含居家养老服务中心）达到365个、社区助餐服务点634个、老年活动室6396个，主要社区养老服务机构和设施覆盖率达到17.98%，日间照料、社区助老服务社、社区助餐点服务人数累计达39.32万人，占60岁及以上老年人口比例为9%，这也意味着超过7%的上海老年人口依靠社区来满足养老需求。同时，在嵌入式养老服务实践创新方面，2016年上海市新建成32家社区综合为老服务中心，73家嵌入式、多功能、小型化"长者照护之家"。社区日间照料中心、社区助餐点、社区综合为老服务中心等机构大多是由政府直接投资或以奖代补、社会组织来负责具体运营,已经涌现了一批诸如"海阳""友康""福寿康""爱照护"等具有一定区域知名度、发展潜力良好的社会组织,少数服务机构是由专业的养老服务企业来运营。然而,在政社、政企如火如荼地推动社会养老服务发展过程中,虽然政府部门发挥了主导作用,诸如提供专项资金、制定优惠政策、降低准入门槛等,但是一些养老服务合作生产实践却并没有产生预期效果,如社区助餐点"叫好不叫座"等,折射出养老服务多元供给实践存在效率不高、效益不佳的现实问题。在理论上可行的社会福利多元供给,为什么在养老服务多元供给实践中没有产生与之相符的理想效果?而且,从政府治理技术来说,政府究竟怎样与社会组织、企业合作有效提供养老服务,是当前推动养老服务多元化、多层次发展亟须解决的重大现实问题。

(二)学术问题的提出

将现实问题转化为学术研究问题,需要对现实问题的来源进行学理分析。从学理思辨角度来看,在公共事务治理过程中,引入一个新的工具意味着建构一种新的秩序(安东尼·吉登斯,2000),良序产生良治,失序产生乱世。本来在合作生产过程中,公共组织、私人组织应该按照契约各司其职,秩序井然,但是合作并不是静态的,在内外多种因素作用下,公共组织、私人组织在共同领域的行动可能会出现盲动、机会主义倾向,一旦秩序失调,那么合作生产均衡局面就会被打破,失序的组织集体行动进而会影响到共同目标的实现。而维持正常的社会秩序一直是公共事务管理不变的研究核心,良序既可以通过统治手段获得,也可以通过治理手段获得。在计划经济时期,我国养老服务生产情境是通过行政命令、单位制来提供服务,并取得一定效果,到了社会主义市场经济时期,我国养老服务生产情境开始变为多元主体协作来提供服务。这样,当前养老服务提供就置于多元主体合作的场景下,既包括政府与社会组织(包括民办和官办)也包括政府与企业(包括民营企业和国有企业)合作。在不同的合作场景下,养老服务合作生产的分析重点就是如何确保公共组织和私人组织能够形成有序规范的集体行动,使合作生产得以实现、存续并产生价值,最终满足社会养老需求(如图1-2所示)。

因此,本文的学术问题就是:在多元主体合作的基础上,养老服务合作生产是如何在复杂环境中产生的?不同组织之间进行养老服务合作生产的内在逻辑是什么?这两个中心问题外化为四个具体问题:一是在不同阶段,企业、社会组织是如何参与养老服务合作生产?二是合作生产是如何在不同阶段间传播的?三是驱使政府、企业、社会组织走向稳定合作的动力机制是什么?四是国家权力在养老服务合作生产中要发挥什么作用?对于这些问题,组织管理理论、福利多元理论、政策工具理论和网络治理理论分别给出相应的理论解释,为本文研究指引了方向。

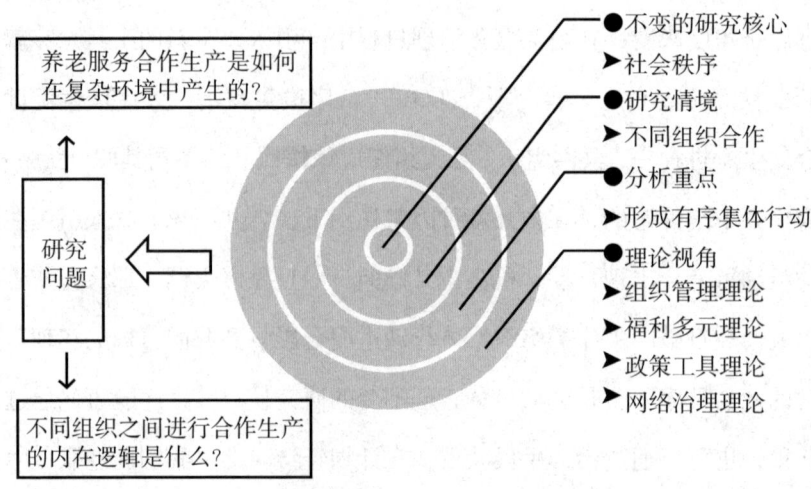

图 1-2 本文研究问题的提出过程

五、研究内容

本文首先通过文献综述对养老服务合作生产的研究现状进行了梳理，以此体现本文选题的学术价值以及需要进一步深入研究的具体问题。在文献综述基础上，本文搭配组织管理、福利多元、政策工具和网络治理理论构建案例分析框架，将养老服务合作生产分为合作设计阶段、合作运行阶段、合作评估阶段，遵循案例研究的可复制逻辑，从四个不同案例分析中探寻合作生产的主体—利益—行动三者之间关系，从而推导出养老服务合作生产理论模型，进而对养老服务合作生产的内在逻辑进行理论解释，并发展治理和公共服务合作生产理论（如图1-3所示）。各章基本内容如下。

第一章是绪论。本章主要介绍了选题背景、研究对象、研究问题、研究意义、研究方法以及数据搜集方法。

第二章是文献综述。本章从"养老服务合作生产的形成机制""养老服务合作主体的参与动因""养老服务合作主体的角色关系""养老服务合作生产的运行模式""养老服务合作生产的问责绩效"五个主题来回顾当前养老服务合作生产的研究现状，以此说明选题的学术价值，并为理论视角选择提供指引。

第三章是理论视角选择与案例分析框架提出。本章以组织管理理论为起点，福利多元理论、政策工具理论和网络治理理论为支点，建构了一个包括三个流程阶段、九个数据分析维度的整体性分析框架来探寻养老服务合作生产的内在逻辑。

第四章是政府与企业合作生产养老服务。本章以两个社区助餐点为案例，从合作设计阶段、合作运行阶段和合作评估阶段，分别对政府与国有企业、政府与民营企业合作生产老年助餐服务进行了过程分析，并总结老年助餐服务合作生产的运转机制。

第五章是政府与社会组织合作生产养老服务。本章以两个社区居家养老服务中心为案例，从合作设计阶段、合作运行阶段和合作评估阶段，分别对政府与官办社会组织、政府与民办社会组织合作生产社区居家养老服务进行了过程分析，并总结社区居家养老服务合作生产的运转机制。

第六章是结论和讨论。本章根据四个案例分析，对合作生产的内涵、养老服务合作生产的运转机制、养老服务合作生产模式类型、国家权力在养老服务合作生产中的作用进行了归纳。同时，对本文研究不足进行了反思，对合作生产的未来研究议题进行了总结。

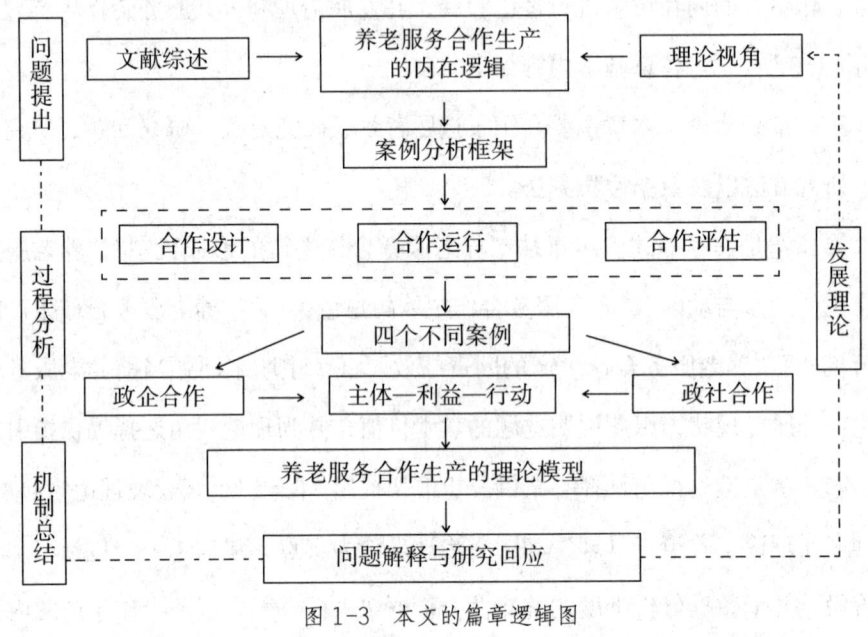

图 1-3　本文的篇章逻辑图

六、研究方法

（一）SPS 案例研究方法

一般而言，研究方法的选择要与研究问题匹配起来。案例研究是一种社会研究方法，用以对某一个体/群体/组织/事件等进行描述性、探索性或解释性的分析，其焦点在于理解某种单一情境下的动态过程，它是运用一个或多个案例，根据案例中的实证数据创建理论构念、命题或中层理论的一种研究策略，核心在于复制性逻辑[1]。案例研究最适合回答两类问题：过程（how）和原因（why），有如下优点：（1）案例研究能够有效解构复杂现象，深刻的内在规律常常难用简单的截面数据或时序数据进行解构。案例研究方法能够有效地描述已经发生的复杂事件，有利于真实、客观地反映事物的内在规律。（2）案例研究能够深度分析个体，案例研究重视个体案例的独特性，核心在于其复制性逻辑，即每个案例都可以被视为一个独特的实验，是自成一体的一个分析单元，对其进行个性化的、深入的研究。这样的研究方法尤其适用于对一些特殊的、不易获得的组织现象的研究。（3）案例研究致力于建构知识体系。每一项案例都是全新的复杂系统，即使采用同一理论对不同案例进行解读，得到的东西也会不同。因此，每一个好的学术案例完成过程都是一个全新的知识体系的构建过程。鉴于此，结合本文的研究问题——探究养老服务合作生产的内在逻辑，属于过程问题（how），因此，本文将采用案例研究方法对不同组织合作生产养老服务进行分析。在具体操作方面，SPS案例研究方法为本文提供了一个可操作性的标准方案。

SPS（Structured-Pragmatic-Situational）案例研究方法就是利用概念模型（conceptual model）来表达案例中隐藏的逻辑，强调案例研究可以很结构化，需要配合不同情境去设计[2]。具体而言：（1）结构化（Structured）。首先，构思结构化，在进入案例调研现场之前，就事先构思好理论的基础。在既有的理论基础上，有创造力地与情境加以搭配，以期在现有理论基础上取得新的发

---

[1] Eisenhardt KM. Building Theories From Case Study Research [J]. Acadamy of Management Review, 1989, 1（4）：532-550.
[2] 潘善琳，崔丽丽. SPS案例研究方法：流程、建模与范例 [M]. 北京：北京大学出版社，2016：3.

现；其次，写作结构化，不长篇大论地对案例故事进行描述，而是有针对性地用一些案例"数据"来解释结论。（2）实用化（Pragmatic）。注重方法运用的实用性，简单、操作性强，同时不会影响学术研究所要求的严谨性。（3）情景化（Situational）。去现场把现场有趣的东西原汁原味地带回来，并上升到学术层面进行研究讨论[①]。SPS案例研究方法的基本流程分为八个步骤（如图1-4所示）。本文将遵循SPS案例研究方法，根据文献综述与前期选定的理论视角先对政府与社会组织、企业合作生产养老服务的现象进行概念化，建立一个初始框架予以指导案例资料的搜集，然后构建本文的理论分析模型，将案例数据与理论模型、案例数据与理论视角、理论模型与理论视角进行相互验证。

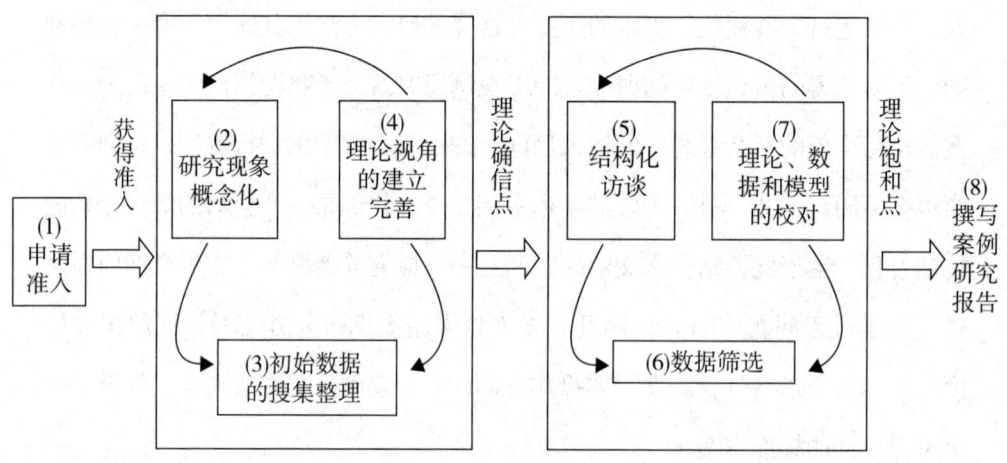

图1-4 SPS案例研究方法的基本流程

资料来源：Shan L. Pan and Barney Tan. Demystifying case research: A structured‐pragmatic‐situational (SPS) approach to conducting case studies [J]. Information and Organization, 2011, (21): 164.

① 潘善琳，崔丽丽. SPS案例研究方法：流程、建模与范例 [M]. 北京：北京大学出版社，2016：14.

（二）数据获取方法

案例研究在数据选择上采取的是理论抽样的方法，目的是选择符合发展理论所需要的组织样本，以拓展新型的理论或填补现有理论的分类等。只要一个案例非常适合说明和扩展不同的理论构念间的相互关系与逻辑，即拓展现有理论，就可被选来进行案例研究。因而，所选案例是根据满足理论发展的需要而选取。关于案例的数量，关键不在于两个案例是否优于一个案例，合适的案例数量取决于多少信息是已知的、多少信息可以从增加的案例中获得。如果一个案例所循环的信息足以说明构念之间的相互关系和逻辑，那么就没有必要增加更多的案例来重复做证，除非增加的案例能够扩展更多的理论。

为此，本文站在政府立场，根据合作伙伴的组织性质不同，将案例样本划分为四类：政府+国有企业、政府+民营企业、政府+官办社会组织、政府+民办社会组织。考虑到我国东部、中部、西部地区养老服务合作生产发育程度差异较大，东部地区经济基础较好的城市及大城市养老服务业发展比较成熟，因此，将东部地区城市及大城市优先列为案例选择区域。另一方面，当前社区居家养老服务发展还处于初级阶段，经营模式比较单一，同一地区的相近社区居家养老服务项目往往容易出现模式相同的现状，不利于进一步挖掘案例分析中的未知信息。同时，按照方便调研的原则，结合案例调研联系人所在地的人际关系，本文最终确定了四个案例样本：上海市黄浦区光明村老年配餐中心（政府+国有企业）、上海市徐汇区长桥助餐中心（政府+民营企业）、浙江省安吉县天目社区居家养老照料中心（政府+官办社会组织）、北京顺义区易来福居家养老服务中心（政府+民办社会组织）。从大环境来看，北京、上海和浙江都是我国社会养老服务探索实践先行区，在政策理念层面具有相似性，养老服务发展的大方向上差异不大，四个案例可以在控制部分地区差异变量的条件下进行同类观察研究。

这样取样的优点在于：一是案例场景的丰富化。社区助餐点、社区居家养老服务中心是目前社区居家养老服务业的主要发展形态，具有不同的运营特点，能够为养老服务合作生产研究带来广阔的思考空间。二是案例选择的典型性。入选的四个案例都是在当地成立时间较早、合作比较成熟、具有一定社会影响力的养老服务项目。而且上海市、北京市一直走在全国养老服务发展前列，两个超一线城市养老服务发展经验对大城市如何发展养老服务具有良好的借鉴作用。虽然安吉县不是地级市，但是浙江省长时间实施的是县域经济发展战略，县与地级市差异较小，而且安吉县还是浙江省养老服务发展先进地区，安吉县的养老服务发展经验可以对其他地级市发展养老服务业提供重要的参考。三是案例之间的可比性。来自上海的两个案例都属于专门的社区助餐服务机构，北京顺义区易来福居家养老服务中心和浙江安吉县天目社区居家养老服务照料中心都属于综合性社区居家养老服务机构，既便于做同类比较，又利于进行不同行业比较，能够为本文带来更丰富的研究启示。

在案例数据搜集方面，本文主要采取半结构化访谈和焦点小组访谈与政府官员、企业负责人、社会组织负责人进行深度交流，获得一手调研数据。每次访谈的标准时间为90分钟，访谈过程进行录音，并在访谈结束后半小时内迅速整理笔记，初步确定访谈核心话题，在访谈结束后五小时内对录音进行文字转录，确保信息的准确性和完整性。为了保证访谈资料的可信度，每一个观点至少要得到两个或两个以上信息来源的证实[①]。因此，政府公布的统计数据、地方养老服务政策文件、政府部门工作总结、企业或社会组织管理文档和工作报告等相关资料都作为二手数据酌情使用，与一手数据形成三角互证。

---

① Klein and Myers. A Set of Principles for Conducting and Evaluating Interpritive Field Studies in Information Systems [J]. MIS Quarterly, 1999, 23 (11): 67-93.

七、研究创新

本文创新点：（1）合作生产的概念很难界定，也不太成熟，现有文献主要是从个体角度对合作生产进行界定，其适用范围有限，而本文通过案例研究，从中观视角对合作生产的内涵和特点进行了归纳和总结，进一步丰富了合作生产的内涵。同时，案例分析表明，相较于其他公共服务，养老服务合作生产具有资产专用性很强、持续性久的特点，这意味着在合作设计阶段，政府要摒弃当前主流的"项目化"思维，即把养老服务设计成一个时点性项目，忽视老年照料的全生命周期，这是当前多元主体合作提供养老服务的研究没有关注到的问题，也是公共服务合作生产研究的盲点。

（2）以主体—利益—行动为主轴，本文以组织管理理论为起点，福利多元理论、政策工具理论和网络治理理论为支点，梳理出养老服务合作生产的理论脉络，以此建构出一个整体性案例分析框架来探寻养老服务合作生产的内在逻辑，分别阐释了养老服务合作生产的出现机制、调适机制和存续机制，最终推导出养老服务合作生产的理论模型，为深入研究公共服务合作生产提供了一个具有较强内部效度的解释框架，进一步增加了养老服务研究和公共服务合作生产研究的理论厚度，也为政府官员更新治理技能、改进公共服务提供启示。

（3）根据治理权威影响程度和治理资源集中程度两个维度，本文将养老服务合作生产模式划分为权威感召型、行政吸纳型、优势互补型和分享协助型四种类型，弥补了当前学界对养老服务合作生产模式划分缺乏科学标准的不足，有助于养老服务合作生产理论对话体系的发展和成熟。更为重要的是，本文指出了每一种模式的适用条件，且四种模式并不是相互隔绝、一成不变的，而是随着外部环境的变化而相应转化，这为政府部门在养老服务不同发展阶段如何有效引导社会力量参与养老服务业发展提供重要政策启示。

（4）将合作生产上升到国家治理范畴，从治理主体间能力匹配角度，在现有文献基础上进一步发展授能型政府（enabling government）内涵，即在合作生产中，政府通过把高高在上的国家治权向多元主体下沉，为参与者创造一种授能环境，授予不同主体行动能力，获取相应资源，使主体间能力得以匹配，减少合作不确定性，进而实现集体参与。与授能型政府（enabling government）相近的概念是赋权型政府（empowering government），本文认为授能型政府与赋权型政府概念在假设前提和预期效果方面有着细微区别。从假设前提来看，赋权型政府假设政府、市场和社会享有平等治权，权力是结果，政府通过职能转移方式将政府部分治权交给非政府治理主体来行使；而授能型政府假设前提是市场、社会发育不足，三者并不具备天然的平等治权，权力是中介，政府并不是简单盲目地将政府治权赋予非政府主体来行使，而是审慎地将政府治权看作一种催化剂或中介物，政府有效使用治权创造市场、社会力量有序参与公共服务的制度环境，使任务特征与执行任务的组织能力之间的良好匹配，培育多元主体协同治理能力。从预期效果来看，赋权型政府目标是增加非政府主体的自主权，发挥市场自发生产、社会志愿服务的优势，弥补政府官僚机器的僵化与效率低下的不足。但是组织社会学认为作为行动者的组织倾向于通过对不确定性的掌控来扩大自己的行动自主权，行动者通过自身拥有的控制权，既可以控制不确定性，也可以生产不确定性，这也意味着赋权并不一定会产生良好效果，可能还会因为赋权对象的机会主义行为放大合作生产的不确定性。而授能型政府是着力解决治理主体能力不匹配的问题，在数量和质量上改进公共服务供给，审慎地使用权力会减少不同治理主体生产不确定性的机会。时下中国，市场经济发展尚不成熟、社会组织发育不足，简单引入赋权型政府理念指导公共服务合作生产并不一定能达到改善公共服务的目标，而授能型政府理念更适合指导中国公共服务合作生产实践。

在授能型政府理念下，国家权力在养老服务合作生产中的作用表现在：一是方向引领，责任共识；二是集体参与，合作生产；三是提升能力，创新发展。这三个作用是在地方分权、市场放权、社会赋权交互作用下得以实现。本文对地方分权与市场放权、地方分权与社会赋权、市场放权与社会赋权之间的作用机制进行了解析，使治理理论在养老服务合作生产领域有了进一步的拓展和延伸，为养老服务研究增添了理论内容，也为推进国家治理能力现代化带来有益启示。

第二章 养老服务合作生产的研究动态

为了能更全面地反映关于养老服务合作生产的研究现状，本文以"养老服务＋合作生产""养老服务＋合作治理""养老服务＋合作"为关键词在中国知网进行了中文文献检索。英文文献以"coproduction""coproduction＋elderly care"为关键词在百度学术进行检索。因为百度学术可以方便地链接到支持免费下载的数据库。同时，为了提高文献综述的阅读效率和写作质量，本文设定了文献入选的标准，即以发表在南京大学中文核心期刊目录（CSSCI）的论文和直切养老服务合作生产主题的图书为主，适当综述学位论文。因为核心期刊论文相对来说具有较强的严谨性、思想性和系统性，而学位论文在质量上差异较大。此外，为了确保文献综述内容的连续性，本文采用了文献追踪策略，对每篇文章或图书参考文献中与本研究相关的中英文文献进行回溯追踪。

文献综述可采用几种不同的方式，并且就哪种方式更可取而言，几乎没有一致的看法，文献综述可分为综合性综述（integrative review）、理论性综述（theoretical review）和方法论综述（methodological review）三种方式，"在学位论文写作中通常是采用综合性文献综述方式（约翰·W. 克雷斯威尔，2007）"。因此，文本采用综合性文献综述方式，将关于养老服务合作生产的研究分为"合作生产的形成机制""合作主体的参与动因""合作主体的角色关系""合作生产的运行模式""合作生产的问责绩效"五大主题（图 2-1 所示）。

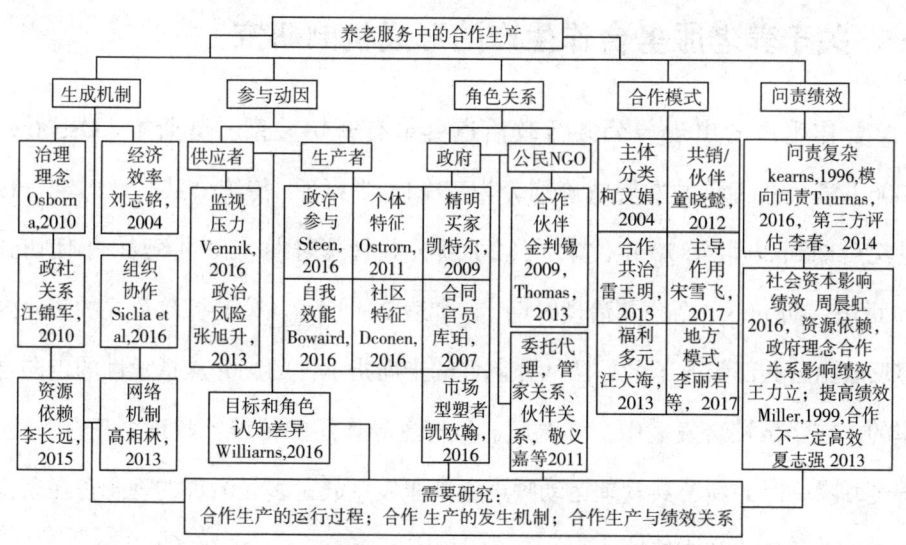

图 2-1 文献综述结构图

从文献搜集结果来看，总体来说，西方公共服务合作生产的文献比较丰富，散落在教育、邻里互助、志愿服务、社区治安等多个领域，但是聚焦养老服务领域的文献较少，一方面和西方国家老龄化进程速度有关，另一方面与合作生产研究兴盛时期有关。当今，合作生产迎来了第二个春天，而人口老龄化问题已经成为世界各国关心的难题，可以预见养老服务合作生产的研究将会越来越丰富。相反，"我国学界对公共服务合作生产的研究尚处于概念引入阶段，缺乏本土化的公共服务合作生产分析框架"（朱春奎、易雯，2017）。国内学者用合作生产分析框架研究养老服务供给的文献较少，不过，在新公共管理、多中心治理、福利多元主义等理论视角下研究养老服务多元供给为本研究提供了有益的启示。

一、关于养老服务合作生产的形成机制研究

合作生产的出现与公共行政治道变革有密切关系。奥斯本（Osborne, 2006）将公共行政的发展轨迹划分为三个阶段：(1) 传统公共行政时期（19世纪后期到 20 世纪 70 年代末）；(2) 新公共管理时期（20 世纪 80 年代初到 21 世纪初期）；(3) 新公共治理时期[①]。如表 2-1 所示，公共行政范式的转化内容反映出公共部门改革的方法从强制性的走向指示性的，并从指示性的走向合作的。在经济社会发展中，强调政府发挥主导作用的传统行政理念正在淡化，曾经甚嚣一时的新公共管理运动呼声逐渐偃旗息鼓，多元治理的理念正在获得不断增长的关注和支持。

表2-1 公共行政的三个主导模式

	传统公共行政	新公共管理	新公共治理
国家与公民的关系	服从	权利	赋权
高级官员的责任	政治家	顾客	公民及利益相关者
指导性原则	遵从命令	效率、结果	责任、透明、参与
成功的标准	输入	结果	过程
关键属性	公平	专业管理主义	回应性
交互作用模式	强制	代表	合作
国家的本质	单一制国家	分权的	多元的
聚焦点	官僚政策体系	内部组织管理	政府的治理
理论基础	政治科学和政策科学	公共选择及企业管理	组织社会学、网络理论

资料来源：金判锡. 公共行政演进时代中对于公共能力的挑战：朝向合作的公共管理 [J]. 复旦公共行政评论, 2009 (6): 117.

合作生产是新公共治理范式下的一个主题，新公共治理认为，作为公共服

[①] Osborne, S. Editorial: The New Public Governance? [J]. Public Administration Review, 2006, 61 (2): 172-175.

务的提供者，政府应该与其他非政府组织进行合作①。政府能否在新的治理结构中找准自己的位置关系到合作生产能否顺利进行。凯特尔（Kettl，2006）指出政府应该从一个强制的命令——控制机制转变为更多合作性的公共管理，善于倾听合作伙伴的声音变得十分重要②。伴随治理理念的兴起，新的利益相关者不断出现，日益增长且多样性的公共需求使得传统公共管理能力趋向饱和，为政府治理带来重大挑战。在新公共治理理念指导下，政府应该从强调命令和控制向促进合作协调、资源整合转变，多元主体通过建立互惠合作关系、创建共同行动的制度环境解决复杂的社会问题。虽然，新公共治理理念下，有更多的利益相关者享有公共事务合作治理机会，但是出于理性计算，不同利益主体会随着环境的变化产生目标分歧，降低信任关系，带来更为复杂的矛盾，协调难度也会增大，这是多元治理过程中不能忽视的合作成本（金判锡，2009）。李文钊（2017）认为新公共管理倡导竞争性政府理念虽然提升了公共服务的效率、增强了回应性，但是也产生了诸如中央政府对于组织的控制与协调能力下降、公共服务供给能力下降等负面效应，在新治理时代，合作型政府能够克服竞争性政府的局限性，更适应当前高度复杂政府改革实践的需要。合作型政府可划分为合作生产、合作制组织、整体性政府和合作治理。合作生产的出现有四种理论逻辑：一是知识论。合作生产是专业人员科学知识与公民的地方知识有机结合、共享应用的结果。二是生产函数论。当政府和公民对于产出的贡献能够互补时，就会出现合作生产。三是需求异质论。由于公民需求的异质性，单一官僚组织无法生产多样化的公共服务，就需要通过合作机制来实现差异化生产。四是公民权利论，公民在社区公共服务中的主体性地位是合作生产的合

---

① Osborne, S. Delivering Public Services: Time for a New Theory? [J]. Public Management Review, 2010, 12（1）: 1-10.
② Kettl, D. Managing Boundaries in Administration: The Collaboration Imperative [J]. Public Administration Review, 2006, 66（9）:10-19.

法性基础[①]。

新公共治理理念不仅催生了合作生产的概念，而且新公共治理视野下的养老服务实践为探寻合作生产的内在机制提供了线索。对美国自然形成退休社区（NORC）案例分析发现：(1) NORC 项目建立由内到外的同心圆式的参与通道，凝聚了政府、医疗服务提供者、房产管理者、社区内外社会组织、居民的力量；(2) 网络化、扁平化的管理结构减少了协作成本，NORC 项目有三种管理模式——房产伙伴结构、分享伙伴结构、居民顾问委员会，管理权力在分享中走向集思广益；(3) 需求导向的项目流程引导多元主体有序参与。NORC 项目以老年需求内容为着力点，重塑再造了不同服务的流程，从需求评估、项目设计到项目执行、评估，都有清晰、规范的参与流程，形成了统一的多中心治理运转和服务转介机制（张强、张伟琪，2014）。屈群苹（2015）认为城市社区养老服务是一个复合治理过程，复合性表现在城市社区养老服务是由多个、多层、多域和多界的治理主体复合联动，具有多层次结构、信息和管理网状联结。行政机构、社区自治组织、养老服务志愿组织和准市场主体在整合联动机制下发挥合力。分工是整合联动机制的基础，通过主体间角色分工，形成社区养老家政服务的多元供给、社区养老最低生活保障的行政供给、社区养老医疗服务的行政与准市场供给、社区老年人精神文化服务的社区自治与准市场供给多层供给体系。复合运用是整合联动机制的核心，社区养老服务的多样化运用、局部运用、混合运用构成了适宜本地区的社区养老服务复合治理模式[②]。

多元主体合作生产养老服务契合治理的内在诉求，而将不同参与主体的比较优势进行组合达成合作也暗合福利经济学的效率逻辑。刘志铭（2004）回顾了公共物品私人供给无效性的理论文献，指出囚徒困境和集体行动分析是静态

---

① 李文钊.论合作型政府：一个政府改革的新理论[J].河南社会科学，2017, 25 (1): 65-73.
② 屈群苹.复合治理视域下的城市社区养老服务供给[J].中南大学学报（社会科学版），2015, 21 (5): 105-110.

和瞬时的，大多数集体行动是重复博弈的行为，动态博弈会产生集体联盟，只要这些联盟超出某个最低规模，合作解就会出现。而且，利他主义道德观也会导致集体利益的实现，即产生合作解，动态博弈和利他主义的存在意味着公共物品合作生产具有可能性，但这种可能性的实现需要政府创造一些外部制度条件[1]。夏志强和付亚南（2013）认为公共需求多元化发展和部门失灵是公共服务多元主体合作供给模式的生成逻辑[2]。

从功能互补角度来看，政府与非营利组织在公共服务提供中存在较强的互补性，政府可以帮助减少非营利组织在公共服务提供时的业余主义、受惠面过窄和资金不足问题，而非营利组织可以发挥自身灵活、创新优势弥补政府提供公共服务类型单一和僵化的倾向（萨拉蒙，2008）。同春芬等针对中国医养服务分离的困境,根据朴素式创新理论提出医养合作模式。一种是"独立+相连"式合作，医养机构在地理上保持彼此优势独立，在空间上相连功能；其二是"改造+补充"式合作，对养老机构进行功能升级，满足老年人急诊式医疗需求，在常规情况下，适度拓展养老机构的医疗服务，减缓老年人直接去医疗机构的进程。进而，作者从政府支持、参与者合作、社区参与三个角度深入分析了这两种合作方式的运行机制。结果表明，要想医养机构合作产生协同效应，在政府支持维度，社区卫生服务中心与养老机构合作须建立外部支持机制；在参与者合作维度，医养机构合作须建立信息共享、信任管理、结果导向评估等机制；在社区参与维度，社区卫生服务中心与养老机构合作须建立共同生产和监督机制（同春芬、王珊珊，2017）。社会福利领域中关于政府与市场的职能划分的"发展论"也是养老服务发展中政府与市场的合作逻辑。相较于侧重市场作用的"剩余论"和强调政府作用的"制度论"，"发展论"强调政府权力分散化和社会福

---

[1] 刘志铭.公共物品的私人提供与合作生产：理论的扩展[J].生产力研究，2004（3）：24-28.
[2] 夏志强，付亚南.公共服务多元主体合作供给模式的缺陷与治理[J].上海行政学院学报，2013，14（4）：39-45.

利民营化，福利责任由多元主体共担，充分肯定福利供给中企业、第三部门、家庭的作用，鼓励运用市场化的手段来达成政府与市场的合作（付诚、王一，2010）。但是，"发展论"是在西方民营化大潮、新公共管理运动中产生的，其核心思想是竞争提效，而合作生产是建立在新公共治理倡导的民主参与理念之上，这也就意味着"发展论"下政府与市场互动有可能不会形成合作伙伴关系，而是走向竞争性关系。所以，把"发展论"作为养老服务中政府与市场的合作逻辑可能会偏离公共服务合作生产的轨道。

政社关系认知的转变也促进了养老服务合作生产。政府与社会关系的理论认知经历了从零和博弈到正和博弈的发展，并形成了现代治理共识，合作生产、公私伙伴关系、跨部门合作等概念都是政府与社会正和博弈的认知反映。政府与社会正和博弈的实现需要依赖于特定的环境。在合作生产中，一方面，需要一个干预适度、掌控有力的政府在制度建构、社会资本培育、嵌入式治理等方面促进政社良性互动，形成良序合作。另一方面，一个开放的社会形态是合作治理的重要基础，尽管社会的参与在表面上减少了政府的公共权力作用空间，但是政府的合法性、政策执行力等因为社会的参与而不断增强。同时，主体间合作关系的建立还需要在组织的自主性维系、资源依赖中的权力平衡、精细化的机制设计等方面进行制度化建构。所以，政社合作更多的是一种建构过程，而不是自发秩序（汪锦军，2015）。横向合同契约关系是政府与社会组织合作提供养老服务的基础，资源互补是合作动力源，区政府、街道、社区三级合作平台的搭建形成资源整合和协同管理的载体，政社合作生产过程可以概括为"整合—运作—分离"模式，政府、社会组织、服务使用者之间是一种三方互补的动态关系。所以，笼统地将中国的政府与社会组织合作关系归入某一理论范式并无实质意义，在变动不居的中国转型时期，培育健全的政社合作关系才是关键（唐辉，2015）。

新公共治理、福利经济学和政社关系理论偏重于从宏观层面上分析养老服务合作生产的形成机制，组织理论则对合作生产形成的内在机理提供了另一种视角。从资源依赖角度来看，组织间进行合作主要缘于没有一个组织能实现资源自我保障，组织必须与外部环境交换关键资源获得生存和发展，于是组织间就存在依赖关系[1]。这就意味着，养老服务合作生产是一种天然性的存在，并不是伴随新公共治理出现而产生的新事物，因为公共组织履行服务之责也需要同外部环境交换资源，这就不可避免地与私人组织、公民具有天然的依赖性关系。李长远（2015）指出社会组织参与居家养老服务是政社双方资源的相互依赖和交换的过程，在实践中的表现就是政府用财政资金换取社会组织的专业化养老服务。但是政社之间并不是平等合作伙伴关系，而是非均衡性过度依赖关系，主要表现在社会组织过度依赖政策法规、财政资金和政府权威，导致其缺乏灵活性和自主性，影响政社合作提供养老服务的效果[2]。何寿奎（2016）指出养老服务的微利性、政府购买养老服务治理机制不完善、社会组织自我造血能力和专业服务能力较弱、参与养老服务的补偿力度不足、社会投资者对政府履约的顾虑导致社会组织无法有效参与养老服务供给[3]。但是，有些学者认为非营利组织选择对政府的资源依赖是一种策略性行为，这种策略性行为以牺牲部分自主性为代价换来政社合作的稳定性。非营利组织自主性不足，与政府之间的依附性合作关系在很大程度上是其自行选择的结果，是一种组织发展的经营策略，并不是政府强制或诱导的结果；非营利组织是否选择依附政府取决于领导人或组织对机会和风险判断的知识经验积累成熟度；非营利组织自主性往

---

[1] Aldrich HE and Pfeffer J. Environments of Organizations [J]. Annual Review of Sociology, 1976,（2）: 79-105.
[2] 李长远. 社会组织参与居家养老服务的困境及政策支持——基于资源依赖的视角 [J]. 内蒙古社会科学（汉文版），2015, 36（4）: 166-170.
[3] 何寿奎. 社会组织参与养老服务供给困境成因与治理对策研究 [J]. 现代经济探讨，2016（8）: 5-9.

往是通过资源分散和获得决策权威来实现的（宋程成、蔡宁，2013）。

从组织协作管理来看，合作是降低组织间互动交易成本的一种手段。有关组织间合作的设计，斯科特提出建立组织间互动机制的七个策略，即谈判、签约外包、邀请组织外人员加入、成立新组织、合并、建立协会、建立与不同层级政府之关系（Scott,1992）。杨永年（2009）从个人与个人间、团体与团体间、组织与组织间、环境四个层面对中国台湾警察局与消防局组织间合作机制进行了案例研究，发现警察与消防合作在防灾救灾上发挥了关键效用，因此，为了促进警消跨部门合作，除了应培养警察和消防人员的救灾防灾能力外，还要通过工作诱因设计，让警消愿意合作，建立长效合作机制[①]。玛利亚弗兰西丝卡·西西莉亚等（Mariafrancesca Sicilia et al, 2016）注意到公共服务的供给并不是单一组织中的公务员与社会公众间的互动，而是在跨政府层级、多元主体参与中实现的。在中央政府、区域政府、地方政府多层级治理背景下，他们以意大利伦巴第区域自闭症儿童服务为个案，从主体、组织、管理、工具四个维度建立案例分析框架，在公共服务周期的不同阶段探讨了公共服务合作生产的形成机制。其结论是：多层级治理中对公私合作进行连贯性的组织安排、参与者之间信任的建立在合作生产方式的培育中发挥了关键作用；公共管理者需要更新管理技能，为公共服务合作生产的可持续性提供治理能力保障[②]。

协作是我国居家养老服务体系建设的灵魂，良好的协作管理能够降低多元主体参与产生的交易成本。居家养老服务协作管理涉及三个层面：一是服务整合，顾客层面的协作，对顾客和专业人员的互动进行设计；二是系统整合，服务组织层面的协作，形成同步化的行动策略；三是系统发展，公共与非营利系统、急性与长期护理系统等不同性质的服务系统之间的协作。这三个层面整合

[①] 杨永年.警察与消防组织间合作之研究[J].复旦公共行政评论，2009（5）：190-205.
[②] 玛利亚弗兰西丝卡·西西莉亚，等.多层治理背景下的公共服务管理和合作生产[J].刘星，译.国际行政科学评论，2016（3）：7-25.

程度越深，居家养老协作管理系统能够承载的服务能力越开阔。需要注意的是，过分强调协作，容易忽视组织自治理的能力发展，导致协作系统容易走向封闭，不能适应外部环境的变化，影响服务整体绩效（敬乂嘉、陈若静，2009）。

组织协作管理可以被拆分为多个环节，不同环节下的管理会对整体合作产生影响。朱浩从流程管理的视角考察了城市社区养老服务递送过程中多元主体合作机制。作者将社区养老服务递送分为服务生产、服务定价、渠道构建和服务接收四个环节，对政府主导型（杭州西湖区A社区）、社会力量主导型（杭州江干区B社区）、政府与社会力量平衡型（杭州拱墅区C社区）三种社区养老服务模式的服务递送过程进行案例分析。结论是，服务生产环节，社会化主体承接公共服务能力比较弱，社区在服务生产中的转介功能作用发挥不足，多元主体缺少良好的合作机制；定价环节，尚未建立给予老年人自理能力和经济状况的综合定价机制，存在供需信息鸿沟，社会购买力不足；渠道构建环节，服务网络以生活照料服务商为主，服务商多样性不足，难以满足社区老人个性化需求（朱浩，2015）。李兆友等在协同学视域下分析了我国农村社区居家养老协同供给不足的原因，主要表现在：一是参与主体力量不足，如乡镇集体经济改制使农村协同治理缺少了经济基础、农村社区志愿服务网络建设滞后；二是传统行政管理色彩浓厚，各主体协同机制缺乏，合作深度不够；三是公共养老机构托底功能未能发挥，挤占了市场、社会的参与空间（李兆友、郑吉友，2016）。

政府、企业、社会组织之间因合作而形成的相互依赖结构最终会外化为合作生产网络，由此，网络理论为观察养老服务合作生产的发生过程提供了重要视角。在合作生产网络中，政府、市场企业、社会组织、志愿者和公民都是合作生产的主体，是网络中的各个节点，彼此通过资源互补、权力共享、信任激励实现公共利益。纪晓岚等将养老服务社会化运作视为一种公共服务合作生产网络，网络中的行动者包括政府、企业、社会组织、社区公民，各个行动者都是网络运转的重要连接点，在参与机制、信任机制和协商机制驱动下，养老服务社会化运作的多元主体建立了互联互动的合作关系，形成养老服务网络化治理格局。但是，合作生产网络还存在网络的权威性不足、组织同质化发展、网络问责链条不清晰等问题（纪晓岚、刘晓梅，2016）。高祖林依据政策网络理论，从政策问题及边界、政策行为主体及互动、政策工具选择及创新三个维度对苏州市姑苏区虚拟养老院进行了个案研究。区政府、街道、居委会作为管理者，鼎盛物业公司（民办非企业）作为服务提供者，老年人作为消费者，不同主体通过"居家乐221"平台建立互动关系和协作机制；间接投资、用者付费等政策工具的使用，使鼎盛物业公司成为社区养老服务合作生产网络的中心，承接了政府转移的职能，促进了社区治理的创新发展。不过，作者没有评估合作生产网络绩效，理论框架不同情境下的适度性有待验证（高祖林，2013）。黄俊辉（2012）在网络治理视域下对南京市鼓楼区居家养老服务进行了案例研究，认为各方主体是否加入合作生产网络取决于成本与利益的权衡。案例分析表明：在第一阶段，鼓楼区政府、心贴心服务中心、服务使用者三方在理性权衡下，都能在合作网络中获得各自所需的资源，且收益大于成本，形成网络向心力；第二阶段，公共利益的实现只是网络治理的副产品，三方合作创造的公共利益越大，网络向心力达到一定强度，就会促成养老服务网络治理的实现。不过，合作主体自我利益最大化的动机会产生网络离心力，当网络离心力大于网络向心力，合作网络就会趋向解散，网络治理出现失效。因此，网络治理需要建立激励机制来抑制合作网络中的机会主义行为[①]。

养老服务合作生产不仅是理念层面、管理层面的问题，而且是一个技术问

[①] 黄俊辉. 公共服务供给中的网络治理困境——基于南京市鼓楼区居家养老服务网的案例分析[J]. 南京人口管理干部学院学报，2012，28（1）：69-73.

题。因为技术的发展消除了合作生产曾经面临的信息分割、部门利益阻挠等障碍因素，使养老服务合作生产更具有现实可行性。谢新水（2017）指出互联网技术有助于消除组织发展的不确定性，促进不同主体达成利益共识，奠定合作基础。对网约车分析的结论是，传统的出租车行业是基于私人利益协作而产生发展的，但是私人利益也导致了受政府管控的出租车行业发展缓慢，未能有效满足公民公共出行的需求。在互联网技术的刺激下，网约车的出现为公民提供了公共出行服务合作生产的机会，企业与公民的合作生产使公共出行服务的公共利益属性凸显，使私人利益导向的传统的出租车行业面临困境。政府、出租车司机、行业管理人员把出租车重新定义为一种介于私人交通和公共交通之间的准公共交通产品，这种新的利益共识打破了原有出租车、黑车主宰的公共出行私人利益格局，合作生产思维在政府、企业、出租车司机、公民之间得到共享与实践，网约车和出租车实现融合发展[①]。第四次工业革命带来的互联网、物联网、人工智能等新技术为多元主体合作提供养老服务提供了有效手段，对创新合作机制发挥着积极作用。蔡小慎（2017）指出互联网技术是黏合多元主体柔性合作的重要手段，在行为人模型下，智慧养老中各主体走向合作的逻辑是在个体特性和有限理性约束下，通过大数据技术的帮助，理性判断其他合作者在不同条件下的合作水平，以此来确定自己的合作和投入水平。于是，在偏好、动机、资源优势及劣势、合作条件的影响下，政府、企业、社会组织、社区居委会和老年人之间的合作就是一个复杂的博弈互动过程，优化合作决策环境、合作空间结构、合作社会规范有助于获得多元主体博弈的均衡解[②]。

此外，作为当前推进政府与社会资本合作的重要政策安排，政府购买公共

---

① 谢新水.网约车治理政策的制定过程分析：冲击、支持与合作思维[J].理论与改革，2017（4）：136-145.
② 蔡小慎，田宇晶.基于行为人模型的智慧养老模式合作机制分析[J].理论导刊，2017（5）：13-19.

服务和 PPP 为养老服务合作生产提供一种制度性分析视角。一个主流的政府购买公共服务分析框架是从自主性和竞争性两个维度将购买过程中政府与社会组织互动关系模式分为依赖关系非竞争性购买、独立关系非竞争性购买和独立关系竞争性购买（王名、乐园，2008）。在此分析框架下，有学者将我国政府购买居家养老服务机制划分为四种类型：向准社会组织的非竞争购买（以上海普陀区为例）、向社会组织的非竞争购买（以南京鼓楼区为例）、向市场组织的非竞争购买（以诸暨市暨阳街道为例）、向各类组织的竞争性购买（以杭州市上城区为例）。四个案例运行机制比较分析表明，政府购买养老服务，使服务提供者、生产者和消费者之间形成双重委托代理关系，购买机制不同会影响公私合作伙伴关系的类型；政府与市场组织、社会组织在不同购买机制下角色和分工产生差异，影响多元主体专业化分工效率以及责任风险、道德风险和寻租风险发生概率；购买服务的竞争性程度和服务购买对象性质是影响服务供给效率的重要因素；竞争性服务外包和合作伙伴型服务外包两种模式可以同时使用，具体选择取决于居家养老服务产品性质、政府购买资金规模以及承接主体数量；缺乏网络化协作和结果导向的绩效评估是四种机制面临的共同问题（常敏、朱明芬，2013）。而且，政府购买居家养老服务缺乏独立的第三方评估和良好的服务效果测量标准是制约政府与非营利组织合作运营的虚拟养老院发展的瓶颈（刘红芹、包国宪，2012）。

二、关于养老服务合作主体的参与动因研究

合作生产的主体主要包括政府、企业、社会组织、社区、公民，各主体并不是与生俱来就具备合作意愿，但是在公共服务提供中的确出现了一些跨部门合作的实践并取得良好效果。究竟是什么因素激发了行为导向差异明显的不同

主体携手共治公共事务,学者们按照公共物品"供应"与"生产"分离的逻辑,分别从公共服务供应者和生产者两个角度进行了研究。

多元主义的政治理念强调个人权利的自由主义,权力分布是分散的,权力平衡是通过自由竞争而实现,而合作主义强调在利益分化和权力多元化基础上的有机整合。走多元主义之路很有可能使国家陷入多元利益冲突与混乱的局面,所以,合作主义更适合中国国情。在合作主义视野中,国家与社会是一种协商、合作的关系,民间组织是政府与公民之间的沟通中介和桥梁,是国家整合社会利益的通道,国家也透过民间组织汲取社会资源,获得稳定的合法性和控制权。政府与民间组织合作的作用是将公民社会中的组织化利益融入到国家的决策结构中,确保了国家和谐与稳定(邓伟志、陆春萍,2006)。

行为学实验表明,人类事实上是条件合作者,人们根据对其他参与者在不同条件下合作水平的预期来确定自己的合作和投入水平,并且这种条件限制性合作行为具有一定的普遍性和稳定性[1]。埃莉诺·奥斯特罗姆指出社会困境中的合作,还取决于个体微观环境的具体特征,例如偏好、动机等,并且人们不可能拥有决策问题的完整信息,也无法评估所有可能的选择,通常是根据已知的部分信息进行决策[2]。卡罗拉·范·艾克和特鲁·斯蒂恩(Carola Van Eijk and Trui Steen,2016)用决策、政治参与志愿服务理论对公民参与公共服务合作生产提出了理论解释,并通过焦点小组访谈法收集定性数据,对荷兰和比利时的医疗卫生、教育和邻里互望四个合作生产案例进行比较分析,研究结论是合作生产的任务和为公共服务供给过程做出贡献能力的认知、个人的社会经济特征、利己或利他的动机对公民决定参与公共服务的合作生产

---

[1] Fischbacher U, Gächter S, Fehr E. Are People Conditionally Cooperative? Evidence from a Public Good Experiment [J]. Economics Letters, 2001, 71(3): 397-404.
[2] 埃莉诺·奥斯特罗姆. 共同合作集体行为、公共资源与实践中的多元方法 [M]. 路蒙佳,译. 北京:中国人民大学出版社,2011.

产生影响①。托尼·博维尔德等（Tony Bovaird et al, 2016）为了深入探讨合作生产水平的驱动因素，将合作生产划分为两种类型，即集体合作生产和个体合作生产。作者假设集体合作生产和个体合作生产驱动因素有差异，并建立了一个自变量（包括公共问题的严重性、公共绩效好坏感知、公民参与效果感知、自我效能、个人特征的模型）。英格兰和威尔士有五个区域2719个公民参加了这个研究。结果显示，个体合作生产水平明显高于集体合作生产水平，公共管理者需要进一步深挖集体合作生产的潜力，扩大公共利益；政府互动满意度、自我效能与合作生产高度正相关；年龄与个体合作生产负相关，但是年龄与集体合作生产并不倾向于负相关，这和以往研究文献结论不一致，而性别和种族等社会背景因素与合作生产的水平没有关联，意味着整个人口都有可能参与合作生产，但也意味着难以区分合作生产者的参与偏好。所以，合作生产要想取得成功需要政府建立信息共享、构建互动机制，营造氛围让社会公民相信自己能够做出改变②。约斯特·弗雷德里斯和马利斯·霍宁（Joost Fledderus and Marlies Honingh, 2016）针对荷兰再就业促进计划中存在的合作生产者"撇脂"现象，运用自我选择机制和组织选择机制建立了一个自变量包括动机、信任感、控制感、能力和资源的四维模型，旨在分析弱势群体参与再就业促进计划的影响因素。再就业促进服务合作生产项目中，60名参与者与18名非参与者参与该研究。参与者与控制组曼-惠特尼U检验结果显示，再就业促进计划中确实存在公共服务合作生产偏颇性参与，但在其他公共服务中不一定存在，比如邻里守望组织；渴望工作机会的强烈动机、对就业组织和市政府的高度信任会增强个体的控制感从而激发其积极参与再就业

---

① 卡罗拉·范·艾克，特鲁·斯蒂恩.为什么参与公共服务的合作生产？理论与经验证据的结合[J]. 崔玲，译.国际行政科学评论，2016（3）：26-44.
② 托尼·博维尔德，等.激活公共服务的集体合作生产：英国影响公民参与复杂治理的机制[J].孙春晖，译.国际行政科学评论，2016（3）：45-65.

计划的合作生产，信任对激励合作生产发挥重要作用，而个体的资源和能力相关的背景特征对参与合作生产没有影响[①]。

相对于大多数研究倾向于从个体特征或群体行为特征来解释公民参与公共服务合作生产，彼得·蒂森和沃特·范·多伦（Peter Thijssen and Wouter Van Dooren, 2016）为解释公民参与公共服务合作生产检验了居住小区的作用。他们以社会资本和城市规划理论为依据，提出了公民居住地特征与社区公共服务合作生产水平相关的假设，并利用比利时安特卫普一项公共设施问题的公民报告管理记录数据集，在一个多层次分析中检验了居住小区变量和个体特征变量对社区公共服务合作生产水平的影响。研究结论是，是否参与合作生产不仅与个体特征有关，而且与居住地特征有关，因为居住小区反映了内在的社会资本结构，小区内活动越多，居民相互联系越频繁，社区团结度就越高，公民参与意愿就越强[②]。

上述研究者关注的是服务使用者参与合作生产的动因，芬姆克·D. 威尼克等（Femke D. Vennik et al, 2016）关注的是公共服务专业人士为什么会让用户参与服务质量改进。他们对五家荷兰医院医疗保健服务合作生产进行了定性研究，采用半结构化访谈获得了 27 人的访谈资料，并对重要会议、病人和医护人员合作的过程进行了长达 70 小时的参与式观察。对医护人员和病人合作过程的微观层次研究结果表明，医院让病人参与医疗保健服务生产的动机与扩大市场、优化医院功能和提高护理服务质量有关；医护人员听到或看到病人对服务体验的描述，使其产生了工作紧迫感，促使他们对提出的问题实施改进，

[①] 约斯特·弗雷德里斯，马利斯·霍宁. 再就业促进服务合作生产的动因：动机和信任的必要性——一项对荷兰某市再就业促进项目中选择偏倚的调查［J］. 张敏，译. 国际行政科学评论，2016（3）：66-85.

[②] 彼得·蒂森，沃特·范·多伦. 你是谁/住在哪里：居住小区的特征能解释合作生产吗？［J］. 王东芳，译. 国际行政科学评论，2016（3）：86-107.

从而使合作生产推动了护理服务质量的改进；合作生产的概念不应局限于公民参与或信息输入的范畴，还应关注具体合作生产过程对服务质量的影响[①]。作为养老服务业务主管部门，民政局鼓励养老服务合作生产的动因主要包括：（1）提高养老服务效率，满足不断增长的养老服务需求；（2）养老危机事件发生的高风险性引起的行政问责担忧；（3）经验学习触发的养老服务体制与机制创新。由此，在实践上，民政部门通过先行试点、经验推广、培育品牌、行动联盟等策略构建了政府与民间养老组织等多方主体良好的互动关系，为养老服务合作生产提供了制度保障（张旭升、牟来娣，2013）。

比较公共服务供应者与公共服务生产者对合作生产的主观认知差异为探寻不同主体合作动因开辟了新的视角。布莱恩·N.威廉姆斯等（Brian N. Williams et al, 2016）认为政府和公民之间存在和谐关系是大部分公共服务合作生产研究的假设基础，所有参与者都知晓自己在合作生产活动中应扮演的角色，但是现实情况是，影响专业人员和用户之间合作关系的因素是微妙复杂的，专业人员和用户对合作生产关系认知的相同点和分歧点会影响合作生产水平。为了检验这个理论假设，作者运用博维尔德提出的专业人员和用户合作生产关系类型框架，以用户合作提供专业服务概念对佐治亚大学校园安保服务合作生产进行探索性研究。共有20名本科生和15名在编警员参与了8个焦点小组讨论，产生了6个主题和认知。结果表明，警员认知反映了博维尔德的合作生产或专业设计服务的概念模式，而学生的认知更接近于博维尔德的传统公共服务提供的概念模式，二者目标和角色认知差异降低了学生作为校园安保服务合作生产者的可能性，警察局和学校需要更多的内部交流互动，提高用户参与能力[②]。

---

① 芬姆克·D.威尼克，等.医疗保健中的合作生产：说辞与实践[J].闫佳馨，译.国际行政科学评论，2016（3）：145-162.
② 布莱恩·N.威廉姆斯，等.校园安保服务合作生产：佐治亚大学案例研[J].奉莹，译.国际行政科学评论，2016（3）：108-127.

三、关于养老服务合作主体的角色关系研究

公共服务合作生产中的政府角色定位是研究热点。正如罗纳德·里根的宣言"政府并非解决问题的良策，政府本身才是问题所在"。公私合作中供求双方都存在天然的缺陷，政府需要做一个精明的买主（唐纳德·凯特尔，2009）。政府购买公共服务作为一种公共服务合作生产的制度安排，不仅面临着公共服务难以定义、公共服务信息难以获取、多重代理导致目标错位等需求方缺陷，而且还面临着卖方竞争性不足、卖方共谋形成价格联盟、服务外包潜在的外部性问题等供给方缺陷，这就需要政府成为一个名副其实的"精明买家"，知道买什么、向谁买、如何买，否则政府购买公共服务形成的政社合作格局将会走向失败的泥淖（詹国彬，2013）。由于政府购买公共服务需要签订合同，合同管理遂成为部分学者研究的着力点。大量的公共服务外包使政府日益成为一个市场管制者和市场参与者，但政府不是企业，它是一种有机的社会生命体。公共官员按照职责不同可分为采购合同官员、行政合同官员、终止合同官员。公共合同的官员在纵向官僚制和横向商业谈判模式的交叉点上运作，在这两个模式交叉点上采取行动使得公共官员既要承担市场责任，还对服务质量负有政治责任和法律责任，在三种责任之间实现平衡才能为公众做一个符合经济性、有效性、效率、回应性、责任感和公平性标准的好交易（菲利普·库珀，2007）。

服务外包合同带来的公共服务市场化运行，使政府角色正在发生变化。乔芷娅·列文森·凯欧翰（2016）认为新能动主义（new activism）风潮使政府日益变成一个市场形塑者的角色，政府应该发挥催化剂作用，最基本的使命是，在遇到市场失灵时，促进创新，并有成效、负责任地引导私人资本服务于公共目标①。在养老服务转型发展过程中，家庭依然要承担主要赡养之责，市场主

---

① 乔芷娅·列文森·凯欧翰. 21 世纪社会创业：席卷非营利、私人和公共部门的革新 [M]. 叶托，译. 广东：华南理工大学出版社，2016.

要满足一部分老年人更高层次的服务需求，社会则逐渐成为责任主体，非营利组织能否发挥重要作用，关键需要国家扮演者主导者、干预者的角色，构建动态平衡的责任体系（施巍巍、罗新录，2014）。吴飞（2015）认为以家庭为基础，依靠政府、社区、非营利组织等多元主体协同合作提供社区居家养老服务过程中，为了确保协同合作的稳定性和持续性，作为公共权力执掌者的政府应该承担起能促型政府角色。在社会化居家养老服务运行中，能促型政府主要扮演四种角色，即政策制度的设计者、养老资源的供给者、服务的监管者和弱势群体的兜底者。要实现政府从全能者到能促者的转变需要在合作对象培育、政策激励保障、监督评价机制等方面优化政府职能[①]。与能促型政府角色相对应的政府责任包括：(1)政府责任的前提是政策制定；(2)政府责任的保证是监督管理；(3)政府责任的关键是财政支持；(4)政府责任的核心是政策实施(同春芬、汪连杰，2015）。政府作为倡导者决定了社区居家养老服务模式的类型；完善的政策法规、多元协同供给、财政支持力度及政府的监督与管理是影响整个合作网络资源利用效率和持续发展的重要因素（丛春霞、曹光源，2017）。周湘莲（2011）认为居家养老服务的提供，不是政府单方面行使权力的过程，而是政府与市场、社会、公民分享权力、共同参与的过程，政府起到主导作用。政府责任表现在：(1)完善政策法规，这是资源配置和养老效益的最重要环境变量；(2)加强财政支持，这是政府责任的关键；(3)强化科学管理，这是政府责任的核心；(4)坚持服务导向，这是政府责任的目标。但是，在实践过程中，政府履职表现不尽如人意，管理越位与缺位并存，居家养老服务多中心治理格局难以形成[②]。虽然在社区居家养老服务发展过程中，政府要发挥主导作用，但这种主导作用如果被过分放大，就会导致政府的主导责任出现"越位"和"缺

[①] 吴飞. 社会化居家养老模式建构与政府能促型角色［J］. 河南师范大学学报（哲学社会科学版），2015，42（3）：28-32.
[②] 周湘莲. 居家养老服务中的政府责任［J］. 学海，2011（6）：96-100.

位"误区。"越位"表现在政府过多包揽了由社会组织承担的职能、政社之间的合作伙伴关系变为行政隶属关系。"缺位"表现在服务投入不到位、服务管理不到位、社会组织培育不到位（秦艳艳、邬沧萍，2012）。

伴随着公共行政范式的变革，作为公共服务使用者，公民角色认知也在发生着相应的变化。传统公共行政将公民视为被动接受者，良好的公共服务要靠自上而下的命令控制和公共服务者的"骑士精神"来维系[①]。在新公共管理范式下，公民被等同于市场中的顾客，享有发声权和知情权，但是却忽视了顾客参与生产的潜力。陈建国（2012）认为新公共管理运动倡导的顾客导向策略只是重塑了公共服务的生产安排环节，并没有改变政府公民之间的关系，公民依然是被动的服务接受者，而且将政府与公民之间关系简化为市场上的买卖关系模糊了公民在公共服务提供中的责任。公共服务提供绩效不仅受到政府和市场生产者努力的影响，也受到公民的消费行为制约，所以，在合作生产理念下，公民在公共服务供应过程中的作用得到重新审视。在角色功能上，公民与常规生产者不再像"生产者—消费者"泾渭分明，而是交叠互赖；在相互关系上，公民不再是间接反馈交流，而是直接合作互动与协同并进。合作生产者被看作是公民在公共服务提供中的第四种角色[②]。新公共治理范式不仅肯定了公民的顾客角色，还把公民视为知情的合作伙伴[③]（Thomas，2013）。向公民赋权有助于提升公共服务质量、提高决策的可信度、增强政府的合法性[④]。

在公共行政治道变革过程中，公民的角色从投票的选民，变成定制公共

[①] 朱利安·勒·格兰德.另一只无形的手：通过选择与竞争提升公共服务[M].韩波,译.北京：新华出版社,2010.
[②] 陈建国.合作生产理论与公共服务治理的思维转换[J].天津行政学院学报,2012,14(2):63-67.
[③] Thomas JC. Citizen, Customer, Partner: Rethinking the Place of the Public in Public Management[J]. Public Administration Review, 2013, 73(6): 786-796.
[④] OECD. 2001 Engaging Citizens in Policy-making: Information, Consultation and Public Participation [EB/OL]. http://www.sigmaweb.org/publicationsdocuments/35063274.pdf.

需求的合伙人；政府的角色经历了从社会统治者转变为社会托管人，再从社会托管人变为社会管理者，从社会管理者再变为公共服务提供合伙人。相应地，政府与公民之间从强制关系变成委托关系，从委托关系变成回应关系，从回应关系变成合作关系（金判锡，2009）。玛丽·特奥皮斯塔·温纳等（Mary Theopista Wenene et al，2016）认为改善公共服务的治理既包括政府提供公共服务的能力，也包括公民提出改进公共服务质量诉求的能力，但是在实践中，是否把公民视为合作伙伴与公务员对服务对象的角色认知紧密相关，对培育公民参与能力和促进公共服务合作生产产生影响。在对乌干达小学教育和基本医疗领域的研究中，有108位受访者参加了焦点小组访谈，119位受访者参与了问卷调查。结果表明，服务对象、服务所有者、利益相关者等多重模糊性角色使公民角色认知产生了内在冲突，尽管乌干达采取一些促进公民参与的措施，但是由于公民渴望更多的免费服务、缺乏参与能力、难以提出改进服务需求的建议，当前公民没有充分参与到公共服务供应中，也没有对服务质量提出要求，乌干达公务员依然把公民视为被动服务接受者，合作生产仍停留在较低水平。作者强调将公民转变为合作伙伴是一个连续改革的过程，不仅需要政府赋权，扩大参与途径，而且还需要一种覆盖国家政治、行政主体、服务对象能力建构的工作文化作为支撑[①]。丁建定（2014）指出我国居家养老服务体系建设中忽视了老年人自力与自主服务能力，不利于激发养老服务使用者参与养老服务合作生产的潜力，制约了社区老年互助服务的发展[②]。

合作暗示着市场或社会组织的主体独立性，享受平等的治理地位，在养老服务提供过程中可以与政府共享公权力，共同承担供给之责。在"强政府、弱社会"的国情下，明确参与者的分工职责和角色定位，形成清晰的组织结构，

[①] 玛丽·特奥皮斯塔·温纳，等.乌干达公务员对公共服务供给中公民角色的认知[J].孙彩虹，译.国际行政科学评论，2016（3）：163-183.
[②] 丁建定，李薇.论中国居家养老服务体系建设中的核心问题[J].探索，2014（5）：138-143.

以及建立长期合作的制度运行机制是实现政府、社区、社会组织合作生产养老服务的基本前提（潘鸿雁，2010）。从功能作用来看，社会组织在公共服务提供过程中可以发挥拾遗补缺、协同增效等作用（汪锦军，2009）。从服务属性来看，公共服务可分为硬服务和软服务，硬服务由于其具有可测量性，具有外在参照物，适合将服务外包给营利性组织，而软服务由于其服务标准、服务质量缺乏统一客观的标尺，难以测量，因此更适合外包给非营利组织（达霖·格里姆赛、莫文·K.刘易斯，2010）。宁波市海曙区政府向星光敬老协会购买居家养老服务的案例支持了上述观点，星光敬老协会具有弥补政府失灵，提高养老服务效率，能够代表老年人表达公共利益诉求，监督政府行为，推动利益多元化、促进经济社会可持续发展等正向效应（秦勃，2009）。祁峰（2011）认为政府购买养老服务是非营利组织参与居家养老服务的重要路径，非营利组织参与居家养老服务可分为直接参与和间接参与两种。直接参与意味着非营利组织作为公共服务生产者的角色来承接政府公共服务功能的转移，间接参与意味着非营利组织是养老服务理念的倡导者、养老服务政策的建言者[①]。

合作主体的角色作用分析是一种静态视角，事实上，合作的生命之源在于不同主体之间的相互依赖性和集体行动，而非原子化和个人化的孤立行动，主体间互动所凝结的合作关系形态反映出合作生产的情境性，分析合作关系为研究多元主体合作提供了动态的视角。政府购买公共服务体现出政社之间是合作型关系或互补型关系[②]。Gidron、Kramer 和 Salamon 以资金筹集和授权、服务递送两个关键变量，提出了政府与非营利组织关系四种基本模式：政府支配

---

① 祁峰.非营利组织参与居家养老的角色、优势及对策［J］.中国行政管理，2011（10）：75-78.
② Najam A. The Four C's of Government Third Sector-Government Relations［J］. Nonprofit Management and Leadership，2000，10（4）：375-396.

模式、非营利组织支配模式、双重模式和合作模式①。他们根据非营利组织自主性程度,将合作模式进一步划分为两种类型:一种是共销或合作卖方模式(collaborative-vendor),另一种是合作伙伴模式(collaborative-partner)。

现实情况下,政府和社会组织往往很难达到理想中的合作伙伴关系,双方更容易形成行政附属或配合关系(严炜、刘悦斋,2004)。曾祥炎(2015)批判了新古典经济学倡导的市场主宰繁荣的神话,认为新古典主义者过多从"人与物"自然关系角度考察市场竞争关系,对生产者或消费者短缺"视为不见"、排斥政府的作用,导致对潜在的合作生产关系研究的缺失。人类社会发展的宏观经济效率依赖于人们之间的有效合作,而市场竞争效率仅仅是社会合作效率的组成部分。在合作生产视角下,市场不是抽象的,而是以复杂的合作生产关系为前提,市场机制仅仅是选择有效合作生产组织的动力机制或手段,当生产者或消费者不足时,政府的有效干预才能使市场机制作用的实现具备相应条件。因此,新古典经济学框架只适用于生产者和消费者充足的领域,而生产者和消费者短缺的领域需要政府干预+市场竞争的合作生产政策组合,政府和市场的作用并不是在竞争中相互排斥,而是在合作生产中共融②。

Kettner and Martin(1990)把公共服务外包形成的公私合作关系分为两种类型,即伙伴关系模式和市场竞争模式。伙伴关系模式将私人部门视为政府的伙伴,联合扩大公共服务产出和提高服务质量。市场竞争模式则鼓励私人部门为获得政府合同而开展良性竞争,以此降低服务成本,提高服务产出和质量。合作关系从理论上可划分为委托代理关系和管家关系两种形态,这两种关系形态并不是割裂的,是动态的转化关系。受服务外包的竞争性和政府间偏好的一

---

① Benjamin Gidron, Ralph Kramer, Lester M. salamon. Government and The Third Sector: Emerging Relationships in Welfare States [M]. San Francisco: Josser-Bass Publishers, 1992:18.
② 曾祥炎. 基于合作生产视角的政府与市场关系在定义 [J]. 中国特色社会主义研究, 2015 (5): 42-47.

致性影响，两种合作关系形态都存在失败的可能，因此，管理公共非营利关系需要调动服务外包的竞争性和政府间偏好实现合作关系的动态平衡。社会服务标准空间有限、量身定制程度高使基层政府偏好与社会组织形成先天的管家关系；而上级政府对竞争性招投标的偏好使其通过政策干预，促使基层政府与社会组织之间的管家关系转变为委托代理关系，以实现财政资金有效使用；合作关系的管理既包含了技术治理和政治治理的双重内涵，也包含了府际关系治理和合同治理的双重内涵，反映出合作治理的复合性特征（敬乂嘉，2011）。委托代理视野下，公办养老机构形成的是"老年人—政府"直接委托代理关系；民办养老机构形成的是"老年人—民办养老机构"直接委托代理关系。社区居家养老服务模式中形成的主要是"老年人—政府—民间组织"三级委托代理链。政治互依、资源共享、功能互补是养老服务供给主体展开合作，形成多重委托代理关系链的基础（吉鹏，2013）。郁建兴和瞿志远（2011）指出合作伙伴的性质不是公私合作成功的必要条件，而对合作伙伴关系的管理是维系良好合作秩序，提高养老服务绩效的关键。走向理想的伙伴关系，需要遵循以下原则：（1）权力共享，从控制到协商；（2）透明，信息共享；（3）责任分担；（4）信任、公平、相互尊重；（5）基于伙伴关系的绩效评估。然而，由于当前中国第三部门力量还比较弱，公私合作网络尚存在"短板效应"，公共服务质量的改善还需要提高合作伙伴的能力匹配度[①]。总的来看，中国现阶段社会养老服务合作供给主体关系存在四种类型：资源依赖型、契约合同型、委托代理型、合作伙伴型。四种关系类型存在的共性问题是政府责任模糊、公共权力干预过多、非营利组织自主性较低（任勤、何泱泱，2016）。不过，上述四种关系类型还缺乏划分的理论依据。

---

① 郁建兴，瞿志远.公私合作伙伴中的主体间关系[J].经济社会体制比较，2011（4）：109-117.

四、关于养老服务合作生产的运行模式研究

由于尚未建立系统的分类标准,当前对养老服务合作生产模式的研究个体主观性色彩较浓,类型划分千汇万状,难以尽述。雷玉明等(2013)对我国传统家庭养老、社区养老和机构养老的比较分析表明,当前我国养老服务发展中存在政府承担责任过重、社区资源碎片化、市场机制作用不足的问题。因此,在服务型政府理念下,我国养老服务要从"单打独斗"模式走向"合作共治"模式。在城市社区养老的"合作共治"模式中,政府要发挥宏观指导作用,社区要起到主导作用,NGO承担服务提供和管理职能,市场发挥资源整合作用、家庭养老功能需要强化与社会养老形成相互支持[1]。肖夏璐(2017)指出养老服务供给主体由单一逐渐变为多元过程中各主体之间未能很好联结和协作,养老服务多元供给模式创新应立足于社区层面,建立社区、社会组织、社会工作者相互配合的"三社联动"模式,提升社区为老服务质量[2]。张俊良和曾祥旭(2010)提出要在市场化与协同化目标约束下创新养老模式发展,市场化是解决当前养老服务资源配置和供给效率不高的问题,协同化是解决当前居家养老、社区养老、机构养老割裂,资源碎片化的问题,发展"社区+机构+家庭"的养老服务模式才能同时满足市场化和协同目标要求[3]。

按照合作生产的主体类型,政府与社会组织合作生产养老服务可分为三种类型:项目申请制、星级会员制、服务券补贴制。虽然三种合作生产过程有不同,但是都是在政府引导与资助、社会组织运作、社区居民协助下完成养老服

---

[1] 雷玉明,曹博,李静.公共服务型政府视野中城市社区养老合作共治模式——以南京市玄武区为例[J].华中农业大学学报(社会科学版),2013(4):113-118.
[2] 肖夏璐.社区为老服务"三社联动"模式探析[A].见:赵德余主编,聚焦民众福祉的公共政策[C].上海:上海人民出版社,2017:116-125.
[3] 张俊良,曾祥旭.市场化和协同化目标约束下的养老模式创新——以市场人口学为分析视角[J].人口学刊,2010(3):48-53.

务递送。不过，社会组织独立性不足、资源获取能力较差等问题制约了合作促进公共服务质量改善的作用（吕普生，2009）。柯文娟（2004）指出"公设民营"是台北市社会福利民营化政策下社会服务的主要方法，在台北市高龄智障者居家养护服务跨部门合作生产过程中，公私部门建立了不同的合伙组织模式，其特征是既依赖又自主、既竞争又合作。公共部门—非营利组织合作是高龄智障者居家养护服务最常见的合作模式，政府通常使用公权力为非营利组织提供土地，并特许其经营一定时间后，将项目产权与经营权还给政府；公共部门—私营部门合作很少见，原因是公共部门担心私营部门的营利性行为损害养护服务的福利性；私营部门—非营利组织合作也是典型合作模式；公共部门—非营利组织—私营部门合作不常见，原因在于公共部门与私营部门之间缺少连接的结构通道[①]。

福利多元主义为划分养老服务合作生产的运行模式提供了理论依据。李学斌（2012）在福利多元主义理论视野下对南京市社区养老服务进行了定性研究，概括出四种社区养老服务主要实践模式，即行政主导型的街居服务模式、政府与社会合作供给的政府购买模式、作为计划经济遗产的单位服务模式以及作为市场经济产物的市场服务模式。四种模式在服务对象、服务内容、资金来源、输送机制等方面各有优点和适用边界，所以，在对社区养老服务模式的选择上，要坚持主体优势原则、成本—效率原则、需求满足原则，发挥不同模式的优势，实践福利混合治理[②]。汪大海等归纳了社会组织参与养老服务的"鹤童"模式发展经验，鹤童与政府合作主要表现在两个方面：一是养老服务外包项目使鹤童具备了接管北京市月坛街道公办敬老院的合法资质；二是鹤童基金会构

---

① 柯文娟.政府部门与非营利组织合伙模式之建构：以台北市照护老年心智障碍为例［J］.中国行政评论，2004，14（1）：81-116.
② 李学斌.福利多元主义视角下的城市社区养老服务模式研究——以南京市为例［D］.南京：南京大学，2012.

建起"资助机构—执行机构—政府—目标群体"的多元主体参与的项目运行方式。不过,"鹤童"模式还存在政策支持力度不够、资金短缺等难题,这些都是社会组织与政府合作提供养老服务的共性问题(汪大海、张建伟,2013)。

政府购买养老服务是政府与社会组织产生合作的重要制度机制。社会组织活动规模同政府的经费支出呈现正向关系是判断政府与社会组织合作模式建立的标准,而且这种合作关系通常外化为"共销"模式和"合作伙伴"模式。"共销"模式在社区居家养老服务中明显,行政色彩较浓;"合作伙伴"模式在机构养老服务中明显,民间组织自主性较强。在养老服务发展前期,"共销"模式适合政社合作,因为民间组织弱小,需要政府的大力支持;当民间组织成长起来,具有更强的独立性时,政府的作用需要回收,"合作伙伴"模式更适合养老服务发展成熟时期的政社合作。所以,养老服务中的政社合作是一个由初期借力的"共销"模式走向稳定成熟的"合作伙伴"模式的过程(章晓懿,2012)。根据竞争性强度,合作伙伴模式可进一步分为竞争性和非竞争性合作,政府与社会组织的共销式合作和非竞争性伙伴式合作的效果差异不大,均有利于降低养老服务成本,提高养老服务供给效率;政府的持续政策优惠支持是政社合作可持续性发展的保障;合作的制度化程度不高、社会组织能力不足是政社合作的潜在风险(伏威,2014)。敬乂嘉(2014)从资源交换出发,把政府与社会组织合作视为一种实现公共利益的资源共享行为,提出交换资源的性质决定了政社合作关系的性质。由此,交换资源被分为运作性资源和治理性资源,这样政社合作就形成购买服务和合作治理两种主要形态。但是,运作性资源和治理性资源交换过程中并不一定是割裂的,所以,购买服务可以发展成为合作治理的形态。通过对上海恩派公益组织发展中心和上海延泽社会工作发展中心进行案例分析显示,政府向社会组织购买服务的同时也为社会组织提供了集体决策咨询、社会冲突协调等公共事务合作治理的路径,为社会组织外部治理能力提升创造了诸如合法性认同等有利条件。于是，社会组织在承接政府公共服务职能转移过程中，培育出良好的治理能力，从而进入社区公共事务治理体系中，最终，政府购买促成多中心的、伙伴关系型的政社合作治理格局①。

部分学者从合作对象的类型进行了模式划分。按照营利性程度，参与社区居家养老服务的社会组织可分为互惠性社会组织与公益性社会组织。互惠性社会组织与政府合作成立PPP养老服务项目公司提供付费服务，公益性社会组织利用福彩金、慈善金、志愿者提供公益服务形成了服务内容上的互补，有效地解决了社区居家养老供给不足的难题（李灵芝等，2014）。从非营利组织"自主性"和"资源来源"两个维度，非营利组织参与居家养老服务供给模式可划分为三种类型，即政府主导型、企业附属型和公益主导型，政府主导型属于"合作共销模式"，企业附属型和公益主导型属于"合作伙伴模式"（宋雪飞等，2017）。

不同地区的具体实践被部分学者归纳为具有本地特色的养老服务合作生产模式。汪忠杰（2014）梳理了武汉市社区居家养老服务实践，将现行的服务模式分为三种类型：日托型的托老所、全托型的老人之家、社区互助合作型养老、志愿无偿型养老、智慧终端助老。不过，这些服务模式尚处于探索阶段，有待完善。陈际华等（2015）通过对江阴、如皋、睢宁三地调查，指出江苏省各地区社会养老服务体制可分为民政局与老龄办统一管理和分开管理两种模式。在统一管理模式下，政府发挥引导作用，责任主体明确，管理权限清晰，但执行力不够、协调能力弱；在分开管理模式下，政府发挥主导作用，老龄办执行力度大、协调能力强，但责任主体不明确、职能交叉和缺位并存、管理权限不清晰。李丽君（2016）对苏州市姑苏区虚拟养老院和兰州市城关区虚拟养老院运行机

---

① 敬乂嘉. 从购买服务到合作治理——政社合作的形态与发展［J］. 中国行政管理，2014（7）：54-59.

理进行了案例比较研究，指出虚拟养老院是一种"政府承担、定向委托、合同管理、评估兑现"的新型的公共服务提供方式，二者不同点在于兰州城关虚拟养老院是正科级事业单位，行政色彩较浓，而苏州市姑苏区虚拟养老院是民办非企业单位，体现出较强的政社互动①。

其他学者从公私合作伙伴关系、社会创新、互助互惠等角度对养老服务合作生产模式进行了归纳。钟慧澜和章晓懿（2015）在公私合作伙伴关系理论视角下对政府与社会企业合作提供养老服务实践进行案例比较分析。结果表明，政府与社会企业合作存在两种典型模式，即政府自上而下推动的勉力协同型合作和需求导向催生的互惠共生型合作，这两种模式在职能分离、关系结构、信息传递、风险分配等维度上具有明显不同的特点，合作生产机制的差异对养老服务供给绩效产生重要影响。在创新视域下，社区养老应该走向全方位的合作式养老，即社区合作式养老模式，依托社区载体，可以将家庭、市场、社区和政府的养老功能集成优化（冯杰、吴文强，2014）。在元治理视域下，政府是公共服务合作生产中的唯一核心主体，对治理机制具有开启、关闭、调整的权力。强调政府主导作用、结果导向问责是克服中国农村养老服务多元主体合作失灵的根本原则，改进农村养老服务供给结构需要建立"一核多元"型的养老服务供给模式，既强调多元主体合作共治的格局，又突出政府的关键角色，共享权力的同时找回公共服务之责（张举国，2016）。

刘蕾等（2017）根据"群"理论，指出人类之所以加入群进行合作缘于单一组织无法解决复杂问题，政府、企业和社会组织三方自然存在的"求同存异"动态张力构成了"群"行动力。面对日趋复杂的人口老龄化问题，建立社区居家养老服务体系就需要构建政府、市场、社会三方协作的"群"，在"群"

---

① 李丽君．养老服务社会化建设地方实践与路径研究——基于沧浪虚拟养老院和城关虚拟养老院的案例比较［J］．甘肃行政学院学报，2016（4）：84-89．

这种集体领导模式下，多主体共同参与、合作，利用各自资源，提供以福利性、公益性和互助性为主，以营利性为辅的社区居家养老服务[①]。金华宝（2014）提出了社区互助养老模式概念，社区互助养老的核心要义是通过社区动员，整合生活能自理的老人力量及其资源，为其他有需求的老年人服务，公益性和互惠性是社区互助养老的核心特征。我国传统优良的邻里互助文化、家庭养老功能弱化、部分老年人具有自主提供服务的意愿、较低的成本费用使得我国推行社区互助养老具备了现实的可行性。胡宏伟等（2015）提出"嵌入式"养老模式概念，将其界定为以社区为载体，以资源嵌入、功能嵌入和多元的运作方式嵌入为理念，通过竞争机制在社区内嵌入一个市场化运营的养老机构，整合社区养老资源，为老年人就近养老提供多样化服务。"嵌入式"养老模式具有规模小、地缘近、情感强、专业高、资源整合、效率高、建筑与居住理念协调一致等优势。通过对上海、北京、重庆和石家庄"嵌入式"养老模式的比较发现，发展"嵌入式"养老面临着养儿防老的传统观念阻碍、经验复制性不强、政策支持不足、社区管理与企业运营缺乏协调、社区内建设用地紧张、规模效应不明显等难题[②]。

五、关于养老服务合作生产的问责绩效研究

在一个等级体制里，相对比较容易找到问责的对象，但是在一个由公私部门组成的网络里，责任比较难以把握。问责制可广义地界定为包括对一个

---

① 刘蕾，陈绅."群"理论下多元主体合作机制的建构——以社区居家养老服务为例[J].社会治理，2017（2）：125-132.
② 胡宏伟，汪钰，王晓俊，等."嵌入式"养老模式现状、评估与改进路径[J].社会保障研究，2015（2）：10-17.

人在社会中，以及在一个特定的组织中的行动的回应性[1]。事实上，在合作生产网络中的问责制远远超出了内部机构或跨组织的指挥链，合作生产问责要求"我们回应社会需求，预测社会需要，以及遵守有关的个人和专业行为的标准（Kearns，1996）"。公共服务问责制包括四个方面：法律、等级、专业及政治问责（Romzek and Dubnick，1987）。William and Steven（2007）将问责机制分为三类：（1）督促型监控（catalytic control），如专项检查等；（2）激励型监控（hortatory control），如专项拨款等；（3）强制型监控（coercive control），如法律规章等。督促型监控和激励型监控要比强制型监控会取得更小的公共管理效果[2]。

合作生产绩效表现与公民福利息息相关，对合作生产的问责不仅涉及对特定公众需求的回应，还要更加积极主动地对外部环境变化进行预测评估，从而更好地满足社会公众需求，获得公众信任（Kearns，1998）。20世纪90年代，政府与第三部门在改善公共服务合作生产的运动中取得了明显的成效，但是在公共资金流向私人组织过程中，也产生了一些腐败现象，而且这种腐败呈现出合谋性的集体行为特性，公私部门界限的模糊使腐败问责愈发困难，单纯强调结果的绩效合约并不能有效防止合作生产中的腐败难题。为此，在政府与私人组织合作生产过程中，应把政府与公民合作生产纳入监管体系，公民可以成为防止合谋性腐败产生的合作伙伴，合作生产不仅有政府与私人组织合作的维度，还要有政府与公民合作的维度（罗森布鲁姆、公婷，2014）。

桑娜·图拉斯等（Sanna Tuurnas et al，2016）认为公共服务合作生产使公共服务专业人士、志愿者和服务使用者之间产生角色混合，对传统的自上而下

---

[1] Shafritz, JM. The HarperCollins Dictionary of Amecican Government and Politics [M]. New York: HarperCollins, 1992.
[2] 小威廉·T.格姆雷，斯蒂芬·J.马拉.官僚机构与民主——责任与绩效[M].喻沂暄，译.上海：复旦大学出版社，2007：200.

的公共服务问责体系造成重大挑战。他们以芬兰刑事和特定民事案件调解服务为案例，采用焦点小组访谈，获得了包括工作人员、志愿者和部分利益相关者等 15 人的定性数据资料，着力讨论街道层级视角下的调解服务合作生产中的问责机制。研究结果发现，在传统的官僚问责体系下，志愿调解员既有了体制内调解人的身份又有了志愿者的身份，他们一直在角色平衡中部分承担了街道专业人士的责任；在专业人士认知世界里，志愿者是调解服务取得成效的一种资源，所以，专业人员跳出了服务的微观层面，转为引导和协调整个过程，志愿调解员延续了专业人士的公共权威并用经验和专业知识获得了当事人的信任。志愿调解员和专业人士之间的合作增强了公共服务横向专业化问责约束，专业人士和志愿调解员、当事人之间合作也增强了公共服务参与式问责效果；调解服务的合作生产改变了公共服务专业人士问责环境，走向更宽泛的伙伴关系导向的问责维度。但是，在高度专业化的公共服务中，志愿者的角色安排尚不具备持续稳定机制，仍需要进一步研究[①]。

第三方评估是衡量政府购买养老服务的一项重要监督机制，不仅有助于提高资金使用效率、提升公共服务满意度，而且还是维系多元主体良序合作的制度保障。当前，对第三方评估认知尚存在两大误区：一是将第三方评估等同于绩效结果评估，主要看财政资金使用效率；二是第三方评估机构主要是与政府部门有隶属关系的体制内研究机构。政府购买养老服务第三方评估应该是需求评估、过程评估、结果评估三位一体的体系。但是，第三方评估由于其合法性、专业性、独立性和公信力明显不足，并没有发挥有效作用，养老服务多元主体合作效果仍然缺乏客观公正的评价（李春，2014）。在第三方评估指标建构方面，有学者从政府购买居家养老服务的供给、生产和消费三个环节，参照

---

① 桑娜·图拉斯，等.合作生产对一线问责的影响：调解服务的案例［J］.孙宏伟，译.国际行政科学评论，2016（3）：128-144.

SERVQUAL 模型,从有形性、可靠性、响应性、信任感和人性化建构了一个包含 22 个三级指标的居家养老服务质量评价模型(刘红芹、刘强,2012)。不过,作者并没有在实证中检验该评价模型的适用性,而且也没有考虑到老年人随着年龄增加,认知能力、身体健康状况会下降,进而影响到问卷调查的数据质量这一潜在问题。

合作生产如何影响养老服务绩效,有些学者给出了解释。周晨虹(2016)把合作生产视为公共服务供给中多元主体之间的互动关系,这种互动关系会形成一定存量的社会资本。由于社区生活、社区事务参与、邻里信任、非正式交往等特征不同,社区的社会资本存量也会出现差异,这种差异反映的就是社区公民或群体对公共服务参与程度,公民参与程度的不同进一步影响了公共服务绩效。所以,合作生产是通过社区社会资本来影响公共服务绩效。要加强社区能力建设,增强社区异质性群体的"连接性"社会资本,提高公共服务合作生产水平[1]。王力立等(2017)发现深圳市政府购买社区居家养老服务催生了一个地方政府主导、社会组织参与的养老服务合作生产网络,并产生出较高的合作价值。为了探寻合作网络价值产生的影响因素,作者基于协同学理论和资源依赖理论构建理论模型,因变量是网络价值(包括政府回应力、组织效率和社会效应),自变量是资源依赖、政府理念和合作关系。结构方程模式分析结果表明:(1)资源依赖对政府回应力、社会效应和组织效率存在正向显著影响;(2)政府理念对政府回应力和社会效应存在正向显著影响;(3)合作关系对政府回应力、社会效应和组织效率存在正向显著影响;(4)较强的资源依赖、服务型的政府理念及良好的合作关系有利于增强居家养老服务网络治理的公共价值[2]。

---

[1] 周晨虹.合作生产、社会资本与政府公共服务绩效[J].公共管理与政策评论,2016,5(3):5-12.
[2] 王力立,刘波,王莉.地方政府网络治理价值及其影响因素实证研究——以深圳居家养老服务为例[J].华东经济管理,2017,31(1):176-184.

合作生产是否能产生良好的绩效，暂时没有一致的结论。Miller（1999）指出合作产生的协同效应使伙伴关系产生了未能预期的附加价值，促进了变革性的集体学习，创造了信息、资源共享的机会，合作伙伴之间更尊重和认同彼此的工作角色，避免重复劳动和效率低下，提高了城市重建项目的绩效[①]。夏志强和付亚南（2013）认为公共服务多元主体合作供给并不会理想地产生更好的绩效和效果，原因在于：一是随着主体数量增加，政社合作关系就越复杂，信息不对称发生概率就会增大，合作生产的效率必然会受到影响；二是公共服务合作生产过程是公权力向私人部门转移的过程，公权力本身就会成为利益相关者的寻租目标；三是私人部门的逐利性、非营利组织服务对象的特殊性会损害公共服务的公益性和公平性；四是主体多元化打破了原有的公共服务问责链条，责任分担沦为无人负责；五是对公共资源依赖的可能会侵蚀社会组织的独立性，合作关系演变成依赖与寄生关系[②]。

六、简要评价与研究展望

国外对公共服务合作生产研究较多，专门用合作生产理论研究养老服务供给的文献较少，国内对多元主体合作供给养老服务的研究热潮始于2010年，特别是2012—2015年的文献比较多，这可能与2011年我国出台《社会养老服务体系建设规划（2011—2015年）》有关，反映出学术研究紧扣时代命脉。

总体而言，当前学界对养老服务合作生产的研究在以下方面初步达成共识：（1）养老责任不是国家大包大揽，而是由国家、市场、社会、家庭等多元主体共同承担，这为养老服务合作治理奠定基础；（2）社会化养老服务建设既

---

① Miller C. Partners in Regeneration: constructing a local regime for urban management？[J]. Policy and Politics, 1999, 1999, 27 (27): 343-358.
② 夏志强，付亚南. 公共服务多元主体合作供给模式的缺陷与治理 [J]. 上海行政学院学报, 2013, 14 (4): 39-45.

需要社会组织、企业的能动作用，也不能忽视国家的主导作用，这在不同的合作模式中得到充分反映，国家角色和职能重塑是多元主体合作共治的重要课题；（3）不像西方一些国家具有良好的公民社会基础，我国社会组织往往缺乏独立性，对政府资源过度依赖，从而使理想化的公私合作伙伴关系并不能代表中国政社互动实践，在政社关系由抗衡转向合作的时代潮流下，社会组织需要在资源汲取与使命实现中找到自己的坐标系；（4）公私合作存在天然的目标分歧、利益冲突等障碍，合作关系的构建既需要正式制度安排的激励和约束，也需要非正式关系的柔化和调适。

不过，学界对养老服务合作生产的研究还存在以下不足。

（1）理论视角比较单一。大多数研究都是在治理视角下对养老服务多元供给中的主体角色、作用、关系进行分析，但是治理理论的前提假设是不同主体具有相对平等的治理权。事实上，除政府外，其他治理主体并不满足这一假设，所以，治理视角下养老服务合作生产研究往往容易出现主体角色静态描述较多，多元主体合作的动态过程机制分析不足的局面，得出的结论缺乏理论深度，无法揭示养老服务合作生产的复杂性和动态性。（2）研究内容分布不均。当前养老服务合作生产的研究主要聚焦于主体角色、主体间关系、合作模式三大领域，形成了大量丰富的文献，但是对养老服务合作生产的动因、合作生产中哪些因素会影响养老服务效果、合作生产获得成功的关键变量识别等重要命题的研究较少，有价值的文献不多，缺乏应有的学术关怀。（3）研究侧重点不突出。对国内外文献比较可知，国外对合作生产的研究主要有两个方向，一个是侧重公私组织间合作生产公共服务，另一个是侧重公共组织与公民合作生产公共服务，而国内文献并没有做出类似的区分，分析内容很全面，但结论比较笼统且理论性不足。（4）宏观层次研究较多。大多数文献忽略了公共服务周期或流程，没有在合作生产的不同阶段对各个主体的作用、行动进行分析,导致对养老服务合作生产的内在机理认知不足。此外,宏观层面对多元主体角色和作用互补性的分析容易忽视公私合作生产的潜在障碍以及合作生产实践的情境性,使合作预期过于理想化,对实践指导作用不强。(5)研究方法不够规范。当前学界主要采用案例分析对养老服务合作生产进行研究,不过,大多数案例研究往往是对案例进行经验性描述,没有一个科学严谨的理论分析框架,内部效度不足,研究结论的理论贡献相对不突出,而且案例的重复性较高,像宁波市海曙区星光敬老协会、苏州市沧浪区"虚拟养老院"、南京市鼓楼区居家养老服务等已经成为案例研究中的"常客",不能反映养老服务领域最新实践。同时,现有文献的研究对象范围较窄,案例研究的情境性不够丰富,分析逻辑的可复制性不强。此外,部分案例被评为"中国地方政府创新奖",可以在网上下载案例信息,部分学者甚至都没有对案例进行实地调研,直接从网上拿来案例进行分析,其研究规范性还有待加强。另一方面,有关养老服务合作生产的定量研究很缺乏,仅有定量研究也是聚焦于政府购买养老服务绩效评估。定量研究的缺乏从侧面反映出养老服务多元主体合作生产领域还没有一个比较成熟系统的学术理论对话体系,理论基础比较薄弱。

第三章　养老服务合作生产的理论溯源与分析框架

一、理论选择及融合逻辑

根据文献综述，组织管理理论、福利多元理论（包括福利多元主义和多中心治理）、政策工具理论、网络治理理论为探寻养老服务合作生产的内在逻辑提供了有益启发。因此，本文将这四个理论选为指导理论。接下来，将对这四个指导理论进行分解，寻找适合案例分析的理论元素和透视维度。因为一个成熟的指导理论往往包括很多理论单元，但并不是任何理论单元都与所研究的现象有关，将相互联系的理论单元组合在一起就可以建构一个适合本文的案例分析框架。

选择这四个理论作为案例分析的理论基础是因为它们在回答公共服务合作生产议题的某些方面存在共性和交叉，但是也正因为这些交叉内容往往使四个理论之间关系变得复杂难以把握理论的适用边界。为此，本文先提出理论梳理的总体逻辑，再从每个理论视角的侧重点寻求适合分析养老服务合作生产的理论元素，最后组合理论单元提出案例分析框架。

将上述四个理论作为养老服务合作生产的理论基础，其前提条件有三个：（1）合作生产会产生大于单个组织生产的利益，而这四个指导理论前提都是认为不同主体的合作会产生更大的共同利益，这为理论融合打下基础；（2）合作生产具有生命周期，本文将其划分为合作设计、合作运行和合作评估三个阶段，每个阶段的合作生产侧重点不同，这就为四个指导理论适用范围提供了指导；（3）四个指导理论在本文发挥作用不同，且每个理论都有一定局限性。

  1. 四个指导理论梳理逻辑。本文将组织管理理论作为分析框架构建的起点，发挥基础作用。因为从公共组织与私人组织不同的组合进行案例分析，而对人类组织现象最早进行解释且做了比较系统研究的理论范式就是组织管理理论。组织管理理论经历了传统时期（代表人物泰罗、法约尔、韦伯等）、行为科学时期（代表人物梅奥、巴纳德、马奇、西蒙等）、现代发展时期（代表人物帕森斯、罗森茨威克、斯科特等）漫长的发展过程。传统时期的组织管理理论关注的是理性与组织结构，行为科学时期关注的是组织内部的人，现代发展时期既关注组织内部要素也关注组织与外部环境的关系，是一种系统、权变的组织观。总的来看，经过三个不同时期发展而来的组织管理理论对组织现象分析是围绕人的理性展开的，理性意味着人类会按照比较优势进行分工，也意味着人类会在追求利益最大化的同时产生利益冲突，更意味着人类集体理性共识会对组织行为形成合法性约束，这实际上是为解读人类组织现象勾勒出一个比较原始的行动框架：主体—利益—行动，这是本文对四个理论进行梳理的指导思路。

  2. 福利多元理论、政策工具理论、网络治理理论与组织管理理论之间的联系。

  基于组织管理理论提炼的主体—利益—行动分析框架用于公共事务领域的组织现象研究存在一定局限性。因为组织管理理论主要是通过对私人企业的研究来扩展对人类组织现象的解释，并没有融入政治和公共政策语境下公共服务供给特征，比如对公共服务精神的追求、民主价值的倡导、公平的呼吁等。而福利多元理论、政策工具理论和网络治理理论都是从公共利益最大化角度来谈公共组织与私人组织合作的问题，并且侧重点不同，可以弥补组织管理理论用于养老服务合作生产分析的不足（表3-1所示）。

首先，福利多元理论的立论角度是聚焦福利供给主体，特别关注非政府组织。其缘起福利国家的失败，反思了国家福利的局限性，深刻地描绘了政府、市场、社会、家庭几个不同类型组织在福利递送中的比较优势，肯定了非政府主体的福利供给的积极作用，主张按照优势分工的原则，根据社会服务的不同性质，组合不同类型的福利供给主体完成社会福利供给任务，不同主体之间按照公共性规范建构的一种公共服务再生产的制度机制。以社会福利最大化为目标，有效发挥多元主体的优势是福利多元理论核心观点，这与组织管理理论强调的分工协作的思想不谋而合。不过，福利多元理论的局限性是天然地认为各个主体功能互补，各个主体天然地会走到一起合作共事，但是组织管理理论已经说明了人类理性是有限的，各主体并不是天然地具备合作理性。所以，福利多元理论的主体功能分析能弥补组织管理理论对公私组织功能优势分析的不足，组织管理理论的理性原则能使福利多元主体走向合作提供更具合理性的分析起点。

其次，政策工具理论立论角度是工具理性下的利益疏导。其缘起新治理话语中政府治理技能的创新，主张通过政策工具的选择和应用来进行有效的治理。政策工具服从理性原则，使用政策工具会激发或限制公共组织和私人组织的行动期望，而且政策工具建构公共行动，政策工具的使用不仅建构了政府行为，也将其他组织连带进入该政策工具所要作用的行动场域，相应地，政策工具也在形塑或影响非政府组织的行为。选择一种政策工具就意味着撬动了公私合作场域的资源结构和权力结构，调整公私合作的利益流向，形成的是一种制度化、规范化的行动模式。组织管理理论在利益协调探讨上，指出了核心组织的重要作用，但并没说核心组织是谁，而政策工具理论明确地指出了公共事务合作治理中政府的核心组织角色作用，这为组织管理理论的利益协调提供了应用场景，聚焦政府如何使用政策工具从而使组织自主性产生的控制权得以实现均衡。

再次，网络治理理论立论角度是网络成员行动的合法性约束。其缘起公共部门与私人部门互动形成复杂的交换关系，这种复杂交换关系既有非正式制度约束，也有正式制度约束。网络治理有效运转就是网络成员对各种制度规则构建的外部环境进行良好的集体性适应，这与组织管理理论强调的组织边界合法性认同观点是一致的。组织管理理论比较侧重单个组织分析，而网络化治理不仅关注网络成员的角色、职责和互动，还关注网络整体的稳定运行和持续存在，更具有整体分析的色彩，增加了养老服务合作生产分析的层次。同时，网络成员对外部环境集体性适应的结果就是形成一种维系集体生存的生态系统，这就回到了组织分析的理性本源，使对养老服务合作生产的分析有了一个完整的始于理性、归于理性的完整逻辑。更为重要的是，网络治理非常重视政府的角色和作用，这是发源于私人企业的组织管理理论所回应不充分的问题。

需要说明的是，福利多元理论、政策工具理论和网络治理理论彼此之间在某些观点上是有重合或交叉的，它们之间的联系将在对四个理论梳理完毕，提出案例分析框架的时候进行阐述。

表3-1 四个指导理论特征

	组织管理理论	福利多元理论	政策工具理论	网络治理理论
立论角度	人类组织	公共组织	公共组织	公共组织
侧重焦点	组织理性	主体功能	利益疏导	行动合法性约束
适用范围	公、私领域以私为主	公共事务领域	公共事务领域	公共事务领域
发挥作用	理论起点，提供了基本的分析框架	理论支点，进一步探讨主体比较优势与组合	理论支点，进一步探讨合作利益的协调均衡	理论支点，进一步探讨合作生产秩序的维护

二、组织管理理论与合作生产

组织理论是最早研究人类集体行动的理论之一,对思考人类合作行为提供了最直观的理论解释。组织这一形式早在古代文明中即已出现,但其形式单一。19 世纪工业革命后,组织从先前的基于血缘纽带和私人关系的"公社(community)"形式变为基于契约的"联合(associative)"形式,组织形式开始具有多样化形态,组织成为现代社会中一个突出的特点。如今,组织的发展已成为高度分化社会中的主要机制,通过这个机制,人们才有可能完成任务,达到对个人而言无法企及的目标(Parsons,1960)。

(一)人性假设:组织间合作的缘起

由于组织是由多个人构成的,对组织的研究始于三种不同的人性假设。

第一种是"经济人"假设。个体被视为冰冷物理世界中的简单工具,主要适合执行任务、接受命令而表现不出创造性,如泰罗的科学管理、韦伯的官僚制理论。于是,作为集合体的组织被定义为一种为了完成特定目标而设计的工具。组织由此被打上了经济理性的烙印,组织就像一台提前设计好的机器,之后的运转就是按部就班的自动运行,"组织个体活动越程序化,组织的行为越可预计[1]"。可预见性和高度标准化是理性组织的典型特点,工具理性化的组织具有优于其他任何组织形式的技术优势,从而成为人类社会集体行为的最佳组织形式。

第二种是"社会人"假设。组织行为中表现出来的一系列非理性因素,如非正式群体、员工士气、组织关怀等,引发了部分学者对理性组织的反思。首先,人际关系学派代表梅奥主导的霍桑实验表明个体不仅仅受获取收益的欲望

---

[1] 詹姆斯·马奇,赫伯特·西蒙.组织[M].邵冲,译.北京:机械工业出版社,2013:123.

驱动，而且还受制于情感因素，以及或多或少是有意识的心理需求作用，"个体不仅是一只手，而且也是一颗心（埃哈尔·费埃德伯格，2005）"。由于社会交往中的伦理价值诉求具有隐蔽性，人们往往只用经济术语去解释各种情境，而主宰具体行为的因素却是采取行动的需要、联合的需要、树立政治人格的渴望等。巴纳德对1935年新泽西州特伦顿市的失业者骚乱案例分析的结论是大部分社会动乱和摩擦的出现，是因为人们错误地认为，在商业、工业和政治情境中，经济利益都几乎是主宰人们行为的唯一因素[①]。其次，默顿提出"官僚主义人格假说"挑战"理性经济人假说"，指出组织管理者的首要任务不是满足顾客需求，而是在繁杂文案中找到工作头绪，并且具体的官僚制度越接近韦伯的理想类型，就越会出现组织功能失调等意外结果，导致组织的活动瘫痪。在理性官僚组织"功能失调"概念的引导下，古尔德纳的"工业企业重组"研究、塞尔兹尼克的"田纳西河流域管理局"的研究中都发现了组织内部"非正式机构"的作用，包括所有的组织都产生非正式机构、在组织中原定的目标被其内部程序所修改、目标的修改是通过非正式机构实现的。非正式组织的出现再次说明"经济人"假设高估了金钱利益作用，组织中的成员拥有自己的态度和价值体系，不一定与组织所追求的目标相一致。因此，个体应该是处于温暖的情感世界中，它是人类的非理性的世界，它抗拒理性，组织被视为由一致或冲突而产生的且始终寻求生存的社会体系。本质上来讲，组织不仅仅是实现预定目标的工具，更是努力适应特定环境，从而生存下来的社会团体。

第三种是"复杂人"假设。"复杂人"假设力图超越二元孤立世界的两分，即一边是绩效、利益和计算的冰冷世界，另一边是文化、情感和礼赠的温暖世界。"复杂人"承认人的动机多样性，个体既有精于计算的工具理性，也具有一定程度的自主性来满足自己的特殊的价值诉求，组织变成积极的行动者，即

---

① 切斯特·巴纳德.组织与管理［M］.詹正茂，译.北京：机械工业出版社，2016：59-60.

行动中的组织（詹姆斯·汤普森，2007）。"复杂人"强调了个体要素的复杂性和多变性及其相互之间联系的松散性，个体按照能否获得好处来决定是否进入或离开组织。所以，组织管理需要创造出友爱和善的关系纽带和分享共识的认知体系，以使参加组织的个体形成或不断形成暂时的联合。这样，组织被视为内部相互依赖的活动体系。另一方面，外部环境与组织之间的相互依赖关系得到重视，组织植根于其运行的环境之中，既依赖于与环境之间的交换，同时又由环境建构，组织是一个动态的系统（W. 理查德·斯科特，2002）。动态性的组织可以被看作是在构建局部秩序过程中的一种权变性结构，总带有暂时性，而局部秩序，其相对自主的特点，构建着所有利益相关者集体行动的能力。所以，组织既是"一种容器，又是容器中的内容；既是结构，又是过程；既是对人类行为的制约力量，同时又是人类行为的结果（埃哈尔·费埃德伯格，2005）"。

由此可见，三种不同人性假设下的组织概念有很大差异，但是三种不同的组织定义都是有价值的，因为每一种组织定义都关注了组织的一些有意义且长期存在的特征。这样，三种人性假设对组织不同特征的强调形成了组织分析的三种视角，即理性系统、自然系统和开放系统。在理性系统视角下，组织是寻求特定目标的、高度形式化的集合体，资源、活动、产出都是可以提前预测计算好的，组织活动是在一个完美的计划下按部就班地进行。在自然系统视角下，组织是由一致或冲突而产生的但始终寻求生存的社会体系，影响组织的变量超出了组织的技术控制范围。在开放系统视角下，组织受到外部环境的影响，彼此之间相互依赖，组织是内外不同利益关系参与者的结合体。三种不同组织分析的视角并不是割裂的，理性系统对目标—技术的关注、自然系统对参与者—社会结构的关注、开放系统对组织—环境相互依赖的关注，所产生的组织要素，包括目标、技术、参与者、社会结构和环境，都构成了组织的重要组成部分，形成了全面理解组织的"钻石结构模型（Leavitt, 1965）"。在"钻石结构模型"

中，组织目标是通过参与者之间的有序行动来实现共同目标；技术是将资源进行输入和输出转化的机制，或是参与者共同完成工作的地方；参与者是指出于多种原因为组织贡献价值的个体；社会结构是参与者之间关系的模式化和规范化；环境意味着自给自足的组织是不存在的，所有的组织为了生存都要和外部环境发生交换关系[①]。组织是一个要素的体系，没有哪个元素是占绝对优势的，各要素之间相互影响。组织为了生存，就必须实现各要素之间的最佳组合，即理性目标要求的技术分工、参与者利益冲突的协调管理、外部环境依赖的合法行动三个层次上相适应。这样，组织分析就具有了内外并举的研究视野，组织可以被视为"服从理性准则的开放系统（汤普森，2007）"。在开放系统视野下，组织行为的功利性与组织行为的社会性得到结合，复杂的组织管理活动基本要求是协调组织的多重行动流，消除在相互依赖而非绝对控制条件下存在的不确定性，以确保组织生存（詹姆斯·汤普森，2007：168）。这样，公共组织、私人组织都可以被视为服从理性原则的开放系统，为了生存，公共组织、私人组织都可能会选择竞争、冲突、联盟、合作等多种行动策略来消除不确定性、提高环境适应力。

（二）诱导—贡献平衡：组织间合作的动因

组织理性根植于技术和环境中。在给定领域，技术和环境决定了组织面临的主要约束和偶然事件。为了摆脱限制、消除偶然性的环境因素产生的不确定性，组织间互动是组织采用的重要策略。组织互动会有竞争、冲突、合作等多种行动策略选择，在什么情况下，组织会选择合作策略？将组织视为服从理性原则的开放系统为回答这一问题奠定了基础。因为，在传统的"经济人"假设基础上，组织是一种实现集体目的的技术工具，是僵化的、封闭的、静态的实

---

① W.理查德·斯科特.组织理论（第4版）[M].邱泽奇，等，译.北京：华夏出版社，2002：16-19.

体，组织只需要设定清晰的目标，划分明确的职能分工，按照标准化的程序进行工作，不需要与外界组织进行任何互动，合作主观意愿不足。承认组织是服从理性原则的开放系统，意味着既肯定组织工具理性的一面，也赋予了组织具有价值态度的动态性一面，合作具备了主观基础。也就是说合作行为始于合作意愿，当个体受到了足够的刺激，合作意愿才会转变为现实的合作行为。组织是合作行为的集合，任何合作都需要个体具有以某种方式与其他人共同发挥职能的能力。合作链条中最薄弱的环节就是个体的合作意愿。在所有组织化的群体里，不管这个群体是行业的、政治的还是社会的，人们为了培养合作意愿所采取的措施都极其有限，其重要原因在于传统的组织管理利用福利和经济动机来主宰组织与员工的关系，双方缺乏合作的信心[①]。

信心是合作意愿中最重要的因素，其来源于组织成员的主观认知。正如《组织》一书中所强调的一个重要命题是组织成员有需求、动机和欲望，组织成员的态度、价值观念与目标会影响组织，只有受到激励和诱导，他们才会对彼此合作充满信心，从而参与到组织行为系统（詹姆斯·马奇、赫伯特·西蒙，2013）。这一命题随后在巴纳德、马奇和西蒙的共同努力下发展出组织诱导—贡献平衡理论，"该理论认为个人加入组织的决策和组织吸纳他的决策，要取决于通过谈判而达成的契约，不论该契约对内容的表达是细致入微的，还是很大程度上基于默契的，它都规定了每一个契约方应该为对方贡献什么和从对方那里获得什么（詹姆斯·马奇、赫伯特·西蒙，2013）"。"对于贡献者来说，如果直接的好处很小，则不会激发他合作，即合作是有成本的（乔恩·埃尔斯特，2009）"。

诱导—贡献平衡是指组织吸引足够多的贡献以保证其生存的能力，该理论的核心假设包括以下内容：（1）组织是由数量众多的不同参与者互动而成的社

---

① 切斯特·巴纳德.组织与管理［M］.詹正茂，译.北京：机械工业出版社 2016：7-8.

会行为系统；（2）接受组织的诱因意味着每个参与者或参与群体将为组织做出贡献；（3）如果参与者认为组织给出的诱因与自己做出的贡献等价，那么他就不会离开组织；（4）参与者做出的贡献是组织持续为参与者提供诱因的来源；（5）如果贡献在很大程度上能足以提供激起以后贡献的诱因，组织将有偿付能力，并会继续存在[1]。显而易见，在诱导—贡献契约中存在对等补偿原则，它一方面规定了个人被期望完成的工作，一方面规定了组织对于个人正确完成工作所保证给予的回报。诱导—贡献的效用平衡反映了组织给予其参与者适当的报偿以激励他们继续参与取得的成功，从而确保组织的生存，在一定程度上也体现了合作的功利性和社会性。合作的功利性表现在个人利益的理性计算，合作的社会性表现在契约约束下的价值共识。

诱导—贡献平衡理论虽然是对组织成员参与或离开组织的决策进行解释，但也能解释组织间合作行为。因为组织是合作行为的集合，在本质上是一个协作的体系，用以整合个体参与者的贡献，当两个或多个组织合作时，这种合作行为同时也是：（1）个体的行为；（2）做出这种行为的组织的行为；（3）参与合作的第二个组织的行为；（4）相互合作的两个组织构成的一个新的复合组织的行为；（5）或者同时是以上四者[2]。所以，组织间合作可以被视为构成一个新的复杂组织行为，如果两个或多个不同组织没有形成合作，既可能是缘于一方的诱导激励不足，也可能是缘于另一方的贡献产出不足。

（三）理性、冲突与环境：组织间合作的审视维度

诱导—贡献平衡理论为组织间合作的可能性提供了一个整体性的思考，但是在微观机理上，组织间合作过程还需要从组织的本源出发进行解剖。本文采

---

[1] 詹姆斯·马奇，赫伯特·西蒙.组织［M］.邵冲，译.北京：机械工业出版社，2013：76-79.
[2] 切斯特·巴纳德.组织与管理［M］.詹正茂译.北京：机械工业出版社，2016：90-93.

取汤普森的观点，将组织视为服从理性原则的开放系统，组织的目标是降低不确定性，获得生存。为了生存，合作是组织行动的重要策略之一。在合作中，组织需要解决两个基本问题：一是组织间职责分工产生的技术效率；二是合作主体间关系管理的有效性，包括不同组织间的利益冲突管理和外部环境对组织合作网络带来的合法性约束。这样，在诱导—贡献平衡的整体性视角下，组织间合作就产生了三个细化的审视维度：（1）技术理性—组织间合作的分工合理性维度；（2）利益冲突—组织间合作的管理协同性维度；（3）环境依赖—组织间合作的边界适应性维度。

1. 技术理性—组织间合作的分工合理性维度

人类的组织行动主要是为了减少生活中的各种不确定性，消除不确定性是复杂组织要解决的首要问题，而是理性组织的管理过程实质（詹姆斯·汤普森，2007）。技术与环境是组织面临的不确定性的主要来源。在技术层面，组织为了消除不确定性所做的努力就是按照目标进行专业分工，使组织行为变得程序化、标准化，把技术合理性的边界内部化，消除外界的干扰。开放系统视野中的组织服从理性原则，理性是指为了最有效地达成预定目标而以某种方式组织起来的一系列行为逻辑[①]。受制于理性原则，组织需要在任务环境中同其他组织进行资源交换行为中获得一定程度的确定性或可预见性，这样组织才能增强自我控制能力。维克（Weick，1979）指出组织行为是一系列连锁行为，即在两个或更多行为者中发展并维持的重复、互惠、有条件的行为，组织只有能够在灵活性和稳定性之间保持平衡时，才能生存下来。由此，消除不确定性的努力导致组织成分的功能化，即它们对于组织整体结果带来了最优贡献。同样，对于组织间合作来说，对不同组织进行清晰的功能分化就是为单个组织在某一领域发挥优势提供获得生存机会，有助于提高合作行为的可预见性，增强组织

---

① W.理查德·斯科特.组织理论（第4版）[M].邱泽奇，等，译.北京：华夏出版社，2002：31.

间的合作信心和意愿。因此，组织间的合作首要工作就是从技术理性出发，将资源分配给最佳参与者，从而形成合理有效的分工结构。工具性和经济性是技术理性的两个衡量标准。工具性标准是预先计划是否在结果上产生了预期效果；经济性标准是预期效果的实现是建立在资源消耗最少的基础上（詹姆斯·汤普森，2007）。在合作链条的输入环节，各个组织进行资源交换，以期资源使用价值最大化；在输出环节，合作成员按照功能优势划分各自的工作职责，进行优势分工，将技术边界内的业务留下，将技术边界外的业务留给其他组织，实现不同组织的功能互补与角色齿合，协作成本最小化，从而保证组织合作的可行性，确保合作成员的生存。

另一方面，组织间合作不是随时随地都可以发生的，具有时空性。因为理性组织是按照其目标生活在一定的领域中，组织消除不确定性的努力也是发生在相关联的任务领域中。领域是一个组织声明其所特别致力于行动的范围，其包括产品的范围、服务的人群、提供的服务[①]。在一个特定领域，完全自给自足的组织是不存在的，组织需要和领域中的其他合作伙伴进行资源交换，吸纳其他技术或成果，满足技术理性的需要。尽管组织无法自给自足，但它们还是有能力选择哪些事情由自己完成、哪些事情交由外界完成。所以，组织和合作伙伴之间在功能上可能是相互依赖的（詹姆斯·汤普森，2007）。合作就意味着不同的组织要走向一个共同的领域，这就涉及对领域范围进行界定，即形成目标认同。

不同组织对领域认同的一致性越高，组织之间越容易进行正常互动交易。所以，领域认同为组织间的互动设定了一系列规则，这就进一步使组织合作目标明确化，满足了技术理性的需要，为合作成员的专业分工奠定基础。分工产

[①] Levine S and White PE. Exchange as a Conceptual Framework for the Study of Interorganizational Relationships [J]. Administration Science Quarterly, 1961, 5 (3): 583-601.

生了组织分化，分化导致功能专门化，专门化也促进了领域内组织行为的理性化和常规化，有助于降低不确定性和模糊性。

2. 利益冲突—组织间合作的管理协同性维度

合作是由相互依存的不同组织共同组建的系统，系统的生存是终极目标，而进化的过程（组织间协调管理）决定了系统的组成部分及其相互关系的稳定性。针对不确定性，基于技术理性进行的主体分工和领域认同，使不同组织之间达成利益共识，产生一种聚合发展的向心力。但是，技术理性忽视了目标与手段之间关系的动态特征，作为行动者的组织还有相对的自主权，这种自主权用以实现特殊的利益目标，行动者要捍卫自己的利益，就会产生诸种权力冲突的可能。于是，在合作共识下隐藏的特殊利益目标也会使组织间合作产生一定的离心力，这种聚合又分离的运动使得利益协调管理成为组织间良性合作的保障。正如巴纳德所言，在经济学和商业思维定式上，我们已经习惯于把激励因素当作主要的关注对象，而在对合作行为的更基础研究中，行为的协调过程才应该是关注的焦点，激励因素只不过是合作的条件和个人目标而已[①]。权力是组织间合作发生冲突的根源，也是协调管理的重要着力点，组织间合作的协调管理就建立在注重利益（行动者自主权）的非一致性的前提上，合作的特征就是相对自主的行动者的共存，行动者依据自己的有限理性来发展行动的逻辑。

在组织社会学视野中，权力被界定为行动者的控制能力，目的是创造对自身有利的局面。权力有两个来源：一是来自行动可能性的实际效力，即每个参与者都会采取行动来控制和应对那些会妨碍其实现目标和愿望的问题；二是来源于行动者与其他人进行交易的自由选择余地（埃哈尔·费埃德伯格，2005）。不确定性与权力息息相关。因为不确定性是行动者进行谈判时的重要筹码，行动者可利用自己对不确定性的掌握，将他们自己的意愿强加于那些依存于不确

---

① 切斯特·巴纳德. 组织与管理[M]. 詹正茂, 译. 北京：机械工业出版社，2016：99.

定性的人，所以，不确定性的意味着行动者掌握的权力。行动者从本质上而言是不平等的，因为大家对不确定性掌控程度不同。在合作过程中，每个行动者所拥有或能够动用的资源不一样，能力大小不一，发挥作用各异，因而所处的地位就不同。所以，每个行动者拥有不同的权力，处于不平等的权力关系之中，不仅表现在分工与协作过程中，而且也体现在共同目标背后的利益分配环节中。组织中的不平等关系就是权力关系，不平等的权力关系是集体行动领域存在着的最普遍的关系形态，这种关系体现为人们在进行合作过程中彼此协商、讨价还价、谈判、妥协互让，最后达成共识。

权力作为一种中介，成功地调控着交换行为。所有行动者都受制于消除（控制）不确定性和捍卫不确定性的张力中，从而制造出革新者和保守者。一些行动者企图消除不确定性，采用的方式是将不确定性理性化，将各种问题转换为一个自动解决程序，以便控制不确定性，即使无法将不确定性完全消除，至少也能降低不确定性产生的威胁；相反，捍卫不确定性的行动者将已掌握的知识用以扩大不确定性，从而扩大自己的行动自主权。因此，行动者通过自身拥有的控制权，既可以控制不确定性，也可以生产不确定性。控制权正当使用无疑有助于行动者之间进行高效有序的互动合作。不过，行动者总是倾向于过度使用控制权，权力向某些行动者手中集中，导致合作场域权力结构失衡，一旦权力均衡打破，将有组织无法生存而消失。控制权的高度集中和滥用，还会造成合作目标的优先权的颠倒、目标的置换以及程序混乱。组织极力扩大权力减少环境偶然事件产生的不确定性，这就增加了组织管理依赖性的协作成本。所以，合作需要彼此依靠对方，同时彼此又为对方制造"有碍成功的外在性约束（埃哈尔·费埃德伯格，2005）"，这就打破了公私合作伙伴关系的完美神话，组织间合作并不是想象中的通过理性分工一触即发、一劳永逸，相反，组织间合作需要实施过程管理，在利益分歧、冲突协调中实现合作成员的权力均衡，确保集体行动的策略一致性。合作关系越紧密，政府与社会组织之间的权力越倾向于保持平衡状态（Coston，1998）。

组织间相互依赖产生的权力非零和博弈产生了不确定性，而且这种不确定性会随着组织成员及其代表领域的相互依赖的增长而增长。当权力广泛分布而非单边持有时，组织间的合作需要一个核心组织来主导联盟事务，因为当合作联盟中的组织数量过大时，妥协成本很高，除非存在有效的核心组织对冲突进行有效管理，否则权力基础分散的组织联盟会陷入瘫痪（詹姆斯·汤普森，2007）。费埃德伯格也强调了核心组织在具体行动体系中的重要作用。他认为，每一个具体的行动体系都是围绕着某些整合者而得以建构的，整合者维持某些规则，调整行动者之间的诸种联系，使得失衡关系再次达到平衡状态，没有这样的调整，体系就会萎缩（埃哈尔·费埃德伯格，2005）。所以，核心组织的功能就是让"自然的"依赖关系与权力的不均衡"顺从于"人的意愿，并且使之变得"文明化"。

3. 环境依赖：组织间合作的边界适应性维度

资源依赖理论认为，自给自足的组织是不存在的，组织必须与外部环境交换关键资源才能获得稳定生存和持续发展，组织对外部环境资源的需求导致其与外在环境的依赖性，资源的稀缺性程度决定了组织依赖外部环境的本质和范围[①]。Brinkerhoff（2002）研究政府与非营利组织之间关系时也指出合作关系建立的一个主要原因在于双方都缺乏充足的资源，需要通过合作交换资源，实现共同目标。本质上，大部分的组织行动都要受到与其他组织关系的影响，与外部环境交换资源是组织存在和运行的基础（米切尔·黑尧，2004）。资源交换的过程就是组织设立和管理技术边界的过程。组织设立和管理技术边界可以理

---

① Aldrich HE and Pfeffer J. Environments of Organizations［J］. Annual Review of Sociology, 1976,（2）: 79-105.

解为组织将至关重要的核心业务锁定在内部系统，或交给外部组织来完成的活动，组织边界就像一张过滤网，吸收需要的成分，排除不恰当的或有害的成分。由于服从理性原则，组织的技术边界锁定行为往往容易出现追逐个人私利性倾向，一旦某个组织的技术边界锁定行为出现偏差，就会破坏整个合作场域的内在张力，使组织边界之间出现裂缝，影响到合作的可持续性。而且，资源交换是有成本的，这些成本不仅表现为因信息不对称产生的道德风险，还表现为寻找资源、协商交付过程中的时间和精力付出。当交易环境变得复杂和不确定时，交易双方都不能相信对方会遵守协定，很有可能会中断交易，组织间合作也就无法达成。所以，组织间合作是资源交换带来的组织技术边界锁定与弥合的问题，这个问题的解决需要一个能够超越单个组织且对合作场域所有组织的边界锁定行为产生约束的外部机制，以此降低合作的交易成本。正如费埃德伯格所言，组织会接受引导，通过联盟或达成协议，建构一种协商性的环境，将它们自己的边界进行选择性移位，以降低对所依赖的环境相联系的不确定性（埃哈尔·费埃德伯格，2005）。

另一方面，资源交换使不同组织建立密不可分的相互依赖关系，使原子般存在的单个组织最终凝聚成一个紧密捆绑的利益集合体，相应地，组织合作目标就从维系个体生存上升到确保集体生存。对此，组织间群落分析提供了有益的思考。组织间群落分析强调的不是某个组织单位，而是一定地理区域内相似和不同组织之间的关系网络。组织间群落分析把人类群体行为解释为相异但却相互依赖的群体对特定环境产生的压制因素和机会的集体适应性反应。因此，在一定区域内，不同组织建立合作是一种对环境的集体适应机制，"组织之间通过相互合作而获得集体生存，这种合作即建构一种可调节自然环境影响的、有条理的、可控制的社会环境"[①]，这里的社会环境指的就是制度规范。所以，

---

① W.理查德·斯科特.组织理论（第4版）[M].邱泽奇，等，译.北京：华夏出版社，2002：116-121.

为了应对环境变化带来的不确定性，组织边界的设定一方面是在技术理性要求下进行的静态功能划分，另一方面，更是对环境适应性的动态反馈。

大体上看，环境可分为技术环境和制度环境。技术环境关注的是环境的技术特征对组织结构的影响，在实际运用中往往狭义地指投入、产品市场及竞争者的本质和来源；制度环境主要是社会生活行为的规范性结构，说明了完成某个目标必须采用的程序。总体来说，技术环境依赖于制度环境，制度环境是所有组织运行的基础，组织要想生存和发展就必须有相应的制度化安排，使被认同的行为不断重复化[1]。制度化的安排使各种行为变得规范和稳定，使组织行为或组织结构变得更具有价值，超出技术的需要。梅耶认为，在后工业社会理性化的国家将控制扩展到社会生活中越来越多的方面，用来加强这些领域的集中和同质性，通过制造理性神话，制度行为综合创造出大量新的确定形式，组织只须遵照环境规范就可以获得确定性。严格遵守制度规则会促使组织从自私自利、狭隘视野的行动者向通情达理、互惠互信的行动者转变，"如果制度结构使彼此间的交流具有可能性，这将极大地激发代理人的合作行为与团结行为（罗伯特·古丁，汉斯-迪特尔·克林格曼，2006）"。在合作过程中，如果缺乏相应的制度规范约束，组织间合作将会变得很脆弱，组织边界冲突和斗争会因环境依赖产生的不确定性而被放大，从而降低了对环境的集体适应力，合作网络随时有可能瓦解。因此，在环境依赖中，合作中的组织需要建立支持集体行动的共同框架和共同共识，构建各种规则和机制，形成稳定的制度环境，使各组织在相互承认、相互认同、同频共振下协同行动，增强组织边界锁定行为的合法性，扩大对资源的获取和提高集体生存的能力，从而使合作网络运作达到妥协性的稳定状态。

---

[1] W.理查德·斯科特.组织理论（第4版）[M].邱泽奇，等，译.北京：华夏出版社，2002：122-126.

（四）理论启示

由此,组织管理理论为研究养老服务合作生产提供了以下有益的理论单元,见表 3-2 所示。

表3-2　在组织管理理论上所形成的理论视角

理论单元	释义
不确定性与有限理性	组织是服从理性原则的开放系统,目的是应对不确定性,获得生存
诱导—贡献平衡	对等补偿是合作动因诱导激励触发合作意愿,贡献回报延续合作意愿
技术理性	目标认同与职责分工使行为理性化和程序化,降低合作的不确定性
冲突管理	利益调适使合作场域达到权力均衡,构建平等伙伴关系便于产出
环境依赖	制度机制使组织边界相互弥合,取得合法性认同,维系集体生存

三、福利多元理论与合作生产

（一）比较优势：福利多元主体的角色和功能

18 世纪中后期,自亚当·斯密在一系列专著中提出"看不见的手"原理和国家"守夜人"角色论以来,以"自由放任、底线责任"为特征的古典自由主义思想影响着 19 世纪到 20 世纪的初西方国家福利政策价值取向。在福利供给方面,维多利亚自由主义者声称,多数情况下,市场能够满足大部分人的大部分福利需要。政府的角色是"提供一个坚实和清晰的框架,以便社会能够最大限度地自我运行"(Thane,1999)。国家应该扮演辅助者而非领导者的角色,只有当个人在市场竞争中失败,陷入贫困、无能为力的时候,国家才给予福利救济,帮助其应对生存危机。如英国 1834 年新济贫法采用"不够格"原则,即获得救济者所处情况要差于劳动力市场中境遇最差的劳动者，将救助目标瞄准那些受尊敬的穷人，防止出现道德风险过分依赖国家福利。因此，这段时期，以英国为代表的西方国家的福利供给主要采取的是剩余型福利模式。

20世纪30年代，西方资本主义世界爆发了势头凶猛的经济危机，越来越多的人意识到市场并不总是按照古典自由主义学派所声称的那样完美运行。失业、贫困等社会问题不再仅仅视为个人的过错，也可能是由于市场内部的不完善和失灵所致。民众越来越需要国家在市场无法满足社会需要的领域采取实际行动。于是，凯恩斯宏观经济管理理论和贝弗里奇福利国家思想为西方国家应对经济危机提供了一剂良方。凯恩斯宏观经济管理理论提出的采用通货再膨胀政策，扩大公共支出，刺激消费，以促进经济增长，实现充分就业，为西方国家反贫困和反依赖建构了两条防护线，第一条防护线是充分就业和有薪高薪工作制度，第二条防护线被称为社会保障体系。贝弗里奇福利国家思想，为西方国家提供了从"摇篮到坟墓"的社会保障制度设计，缓和了当时社会的阶级矛盾，为经济发展营造了稳定的外部环境。由此，西方国家从二战以后到20世纪70年代初进入了福利资本主义的黄金时代，经济高速增长、就业率保持稳定、财政收入丰盈充足、福利事业蓬勃发展，制度型福利模式成为西方国家福利供给的主要路径。

到20世纪70年代后期，石油危机横扫世界，撬动了以美国为首的布雷顿森林体系，给战后20多年资本主义世界的繁荣带来沉重的打击。经济滞胀、政府赤字严重、失业率居高不下等一系列经济社会问题打破了凯恩斯福利国家的神话，福利国家合法性受到了质疑。"福利利维坦"造就了国家公权或市场机制在福利领域的过度扩展，给社会福利既带来了巨大的发展，但也不可避免地引发了社会弊病，损害了社会自我更新的机制和社会自我团结的动力。新自由主义支持者认为公共部门垄断福利领域，对自由构成威胁，对市场效率设置障碍。而且，制度型福利模式会进一步产生福利依赖，侵蚀个人、家庭和社会的责任。因此，要解构这种单中心的垄断性的"福利利维坦"现象，建立多模态的福利混合和国家、社会、市场、家庭的相互交叠及相互渗透的福利供给的多形态主义①。于是，20世纪80年代，深受新自由主义思想影响的英国首相撒切尔夫人对国家福利进行了大幅度削减，鼓励非国家的福利供给，明确了中央政府在福利供给体系中"掌舵"而非"划桨"的角色，提出建设"社会投资型"国家策略。与此同时，轰轰烈烈的新公共管理运动在新西兰、澳大利亚等国家呼声高涨，传统的福利国家开始向福利社会转型，福利国家私有化、准市场机制、公私伙伴关系、整体福利等新概念成为福利国家改革的新常态。所有这些概念都有一个共同特点，就是主张打破国家对福利的垄断，将社会力量引入社会福利事业提供当中，形成一种主体多元、公私混合的福利提供模式，即福利多元主义或福利混合经济。

福利多元主义这个概念源自1978年的有关志愿者组织未来的《沃尔芬登报告》②。福利多元主义超越了对国家、市场和社会的三元区分。因为，后工业化时期社会复杂性大大增加，将各个福利组织者的角色视为界限分明、组织清晰和相对独立的界域难以适应后现代社会的发展。福利多元主义倡导"社会福利来源的多元化，既不能完全依赖市场，也不能完全依赖国家，福利是全社会的产物（彭华民、黄叶青，2006）"。其有两层内涵：一是社会福利来源多元化，政府失灵、市场失灵、志愿失灵时国家、市场、家庭、志愿组织等都有可能成为社会福利的提供者；二是社会福利提供分权化，"政府将福利服务提供的责任转移至私有市场，同时也含有中央政府将职权下放地方政府和资源继续分散至邻里或是小型社会服务团体的意义（林闽钢，2002）"。这就意味着，社会福

---

① 刘涛.福利"利维坦"的结构：迈向综合福利社会网络模式[A].赵德余.聚焦民众福祉的公共政策[C].上海：上海人民出版社，2017：22-38.
② 霍华德·格伦内斯特.英国社会政策论文集[M].苗正民，译.北京：商务印书馆，2003：5.

利供给从"单中心"逐渐走向"多中心"供给之路。

总体而言，对福利多元主义的研究可划分为两种倾向。第一种是持中立态度的描述性研究，福利多元供给中主体要素是研究着力点。（1）福利三分法。Rose（1986）用公式将福利多元表示为：TW =H+P+S，TW 是整体福利（total welfare），H 是家庭（home），P 是私营部门（private），S 是国家（state）（Rose, 1986）。埃斯平·安德森认为福利体制在国家、市场和家庭三者之间提供并分配福利，市场、国家和家庭在自由主义、保守主义和社会民主主义三个福利体制中各占主导地位。（2）福利四分法。Evers and Olk（1996）注意到非营利部门在福利资源整合中的作用，于是将"福利三角"发展为"福利四角"，对国家、市场、社群和公民社会四种福利机制的优缺点进行了比较和总结，四种不同的福利机制进行有效的组合搭配会产生取长补短的良好局面。吉尔伯特、约翰逊等学者也重视志愿组织的作用，提出类似的福利供给四元主体论。（3）福利五分法。Neubourg（2002）认为公民或家庭在社会中获取社会福利的来源不止一个，而是多种来源的组合和交叉形成的多项选择，在传统的政府、家庭、市场供给途径外，会员组织和社会网络对福利产品供给也发挥着重要作用，即福利五边形理论。虽然福利供给组成要素划分上存在差异，但对福利供给主要来源于国家福利、市场福利、志愿性福利和非正式福利基本达成共识，而且四者之间并不是绝对割裂的，彼此之间存在一条移动边界，彼此之间相互融合，本质上都显示出"福利的规则、筹资和提供由不同的部门共负责任、共同完成（彭华民，黄叶青，2006）"。不过，需要注意的是福利供给结构上的多元组成部分不能简单看作是功能对等的，因为它们是以不同的原则为基础，并且在不同领域会有差异。整体福利的关注不能简单地等同于各部分的总和，因为各组成部门不能被简单看作是功能对等的，它们以不同的原则为基础（Mishra, 1990）。因此，Mishra（1990）将福利多元主义的公式修正为整体福利是各组成部分的非可加函数，即 TW=f（S，P，V，I），TW= 整体福利（total welfare）；S= 国家（state）；P= 私营部门（private）；V= 志愿性部门（Voluntary）；I= 非正式部门（informal）。

第二种是有价值偏好的规范性研究，福利多元主体的组合偏好会受到国家意识形态的影响。总体而言，政治左翼往往认为国家以外的福利机构不具备福利递送能力，倾向于将国家置于福利提供中的核心位置，私人部门则被认为与不平等相联系，为了福利分配公平，不应该由国家以外的福利机构递送福利服务，这就导致福利供给的市场空间狭小[1]。相反，政治右翼排斥国家中心主义，认为国家生产福利的效率较低，浪费严重，而且过分强调国家福利责任会滋生福利接受者的懒惰性，形成福利依赖，以效率为导向的私人部门能够精准识别福利需求，注重成本和绩效，是国家福利的完美替代者。于是，在福利提供的语境中，福利国家开始没落，而福利社会逐渐兴起。

持中立态度的描述性分析为社会福利多元主体合作生产界定了主体范畴，有助于识别主体类型、角色职责以及不同生产模式。而有价值偏好的规范性分析不太适合本研究主题，因为合作本身带有一种平等和谐的话语属性，过分夸大某一主体的作用或偏好倚重某一主体的功能，都不适合合作话语视野下的中性研究。

（二）流程再造：多中心合作治理的微观聚焦

福利多元主义侧重宏观比较分析，对社会福利历史变迁、福利主体构成以及社会福利国别比较等学术议题能够进行系统的整体分析，但是福利多元主义缺乏微观层面的解释力，比如对不同福利供给主体之间如何建立合作关系、多

---

[1] Finlayson, G. Citizen, state, and social welfare in Britain 1830-1990 [M]. Oxford: Clarendon Press, 1994：129-130.

元福利如何有效运转、福利供给网络的形成与特点等议题难以给出有力的阐释。然而,多中心治理理论是以公共事务治理中的不同参与主体的协作共治为立足点,能够细微观察社会福利多元主体之间的互动形态,可以弥补福利多元主义分析框架的不足。

从历史演进来看,公共物品供给主体经历了从"市场中心"到"国家中心"再到"多中心"的转换,其中的逻辑是"市场失灵"—"政府失灵"—"多中心互补"。多中心治理理论的提出为研究福利多元供给提供了一个中观制度安排和微观主体互动相结合的观察视角。伴随着福利国家的神话逐渐破灭,20世纪八九十年代以来,作为新治理理念的先行者和实践者,美国总统克林顿、英国首相克莱尔等西方国家领导人把"少一些统治、多一些治理"作为新的政治宣言,掀起了一场公共行政变革风暴,主张超越公共行政范式民主化、市场化的价值标准,在"新治理"的话语中重塑国家与社会的关系。于是,新公共管理、地方治理、社群自治、结社革命等构成了新治理的理论基础和实践方案。"尽管这些术语产生背景、聚焦点有所不同,但是都倡导公共事务治理要打破传统的单一官僚制垄断局面,拓展公共事务治理空间,形成由国家、市场、社会和公民多元主体共同治理的新局面,即多中心治理(孔繁斌,2008)。"

"多中心"一词最先是由迈克尔·波兰尼所使用。波兰尼(1951)认为国家在管理公共事务时,当权者既可以选择按照单一秩序来掌控全局,国家事务是由一个自上而下的垄断性权力机构来组织和开展,也可以选择按照多中心的权力格局来协管全局,国家事务管理在一定的规则体系下,通过不同类型的参与主体相互协作而得以实现[①]。受波兰尼的启发,埃莉诺·奥斯特罗姆首先肯定了"利维坦"式的强权政府或实行私有财产权制度来废止公共财产制度在

---

① Polanyi, M. The Logic of Liberty: Reflections and Rejoinders[M]. Chicago: University of Chicago Press, 1951.

解决"囚徒困境""公有地悲剧""集体行动的悖论"中的积极作用，但随即指出这些政策方案存在两大不足：一是无论是强调中央集权还是倡导私有化，都忽视了制度变迁自主转化的内在力量；二是在制度安排中将政府与市场非此即彼的划分方式割裂了二者可以融合的可能性，"在现实场景中，公共的和私有的制度经常是相互齿合和相互依存的，而不是存在于相互隔绝的世界里（埃莉诺·奥斯特罗姆，2012）"。所以，埃莉诺·奥斯特罗姆认为与单独建立"利维坦"或单独强调私有产权的划分和保护相比，多中心治理能够有机结合两者优势，是公共事务治理困境的更为优化的解决之道。

首先，多中心治理延续了福利多元主义对政府的角色重塑和职能转变的探讨。文森特·奥斯特罗姆认为"利维坦"具有权力膨胀的野心，如果得不到有效的约束，将会损害公民权利，侵蚀公共性的价值诉求，"人类社会要通过深思熟虑和自由选择，建立政府体制，她能够运用宪法性法律对行使政府专有权的人实施制约。通过把个人利益与政府机关的宪政权威联系在一起，野心就可以用来对抗野心……通过统治者本身服从法律的规则体系来钳制利维坦（文森特·奥斯特罗姆，2000）"。另一方面，在"利维坦"单中心机制中，政府官僚组织集公共物品的决策权和供给权于一身，这就在一定程度上剥夺了公共物品使用者的选择权利，长期没有公众选择，政府提供公共物品就会出现回应性差、效率不高等不良现象（郑谦，2012）。所以，多中心理论追求的是一种公共领域中的多重权威并存的状态。而且，公共领域中的多重权威会使单一决策权力中心向多元决策权力中心转变，这就为公共物品使用者拓展了决策参与空间，公众开始享有了公共物品选择的权利。不过，多中心治理虽然反对"利维坦"，但并不认可无政府，多中心是一个在"利维坦"与无政府之间的制度安排。

其次，为了确保多中心治理实践得以成功实现，多中心治理理论分别给出了具体操作办法，即遵从工具理性的功能互补和服从价值理性的伦理要求。从工具理性暗含的效率诉求来看，公共物品生产低效或无效是多中心治理理论要解决的核心问题。多中心治理假设各类组织能在比较优势原则下进行功能互补（见表3-3），从而实现公共物品供给资源的最佳配置。由此，多中心理论强调公共物品的供给不应过分倚重某一种机制为中心，而应该是多种机制共生的，要形成政府、市场、志愿组织共同合作供给方式，以此弥补单一主体提供服务所导致的低效率和公共需求的回应性不足。

表3-3　公共部门、私营部门和第三部门的功能比较

每一部门最适合的任务 （E=有效果 I=无效果 D=取决于环境）			
	公共部门	私营部门	第三部门
最适合公共部门			
政策管理	E	I	D
管理实施	E	I	D
实行公平	E	I	E
防止歧视	E	D	D
防止剥削	E	I	E
提高社会凝聚力	E	I	E
最适合私营部门			
经济任务	I	E	D
投资任务	I	E	D
产生利润	I	E	I
提高自足能力	I	E	D
最适合第三部门			
社会任务	D	I	E
需要自愿劳动的任务	D	I	E
产生微利的任务	D	I	E
提高个人的责任心	I	D	E
加强社区			E
提高对他人福利的责任心	D	I	E

资料来源：戴维·奥斯本，特德·盖布勒.改革政府——企业家精神如何改革着公共部门[M].周敦仁，等，译.上海：上海译文出版社，2013：330-331.

为了给私人部门创造公共事务治理的作用空间，多中心理论把公共物品提供拆分为两个环节，即供应与生产，"供应与生产相区分，开启了最大的可能性来重新界定其公共服务中的经济职能。在服务提供方面，根据绩效标准可以维持公共控制，同时，还允许公共服务生产机构之间发展越来越多的竞争①"。公共物品供应被描述为个体公众从社会得到公共物品的过程，公共物品生产被描述为将公共资源转化为符合社会需求的物品或服务的过程②。供应是指一些集体选择行为，社会偏好的表达、财政平衡、问责是供应着力解决的三大问题。供应职责主要包括以下方面：（1）确定提供的产品参数或服务标准；（2）建立规章制度，对个体公众行为进行规制，确保公共物品使用的公平性；（3）确定产品或服务的资金来源及来源渠道；（4）确定社会公众需求的物品或服务数量及质量标准；（5）确定产品或服务的生产形式。相反，公共物品生产主要是从技术操作层面考虑，关注的是投入资源与产出价值的技术过程，协调成本、生产模式、规模效益是影响公共物品生产效率的主要因素③。

这样，基于工具理性形成的公共物品供应与生产分离模型提供了一种流程管理的视角重新审视公共物品供给。因为，在传统政治与行政二分法视野里，政府职能是在解决价值问题的过程与解决事实问题的过程中实现的，这就形成了两种不同的政府组织架构形式，即代议制政府组织和官僚制政府组织，前者以集体选择表达为核心，后者以公共利益实现效率为核心。在多中心理论倡导的供应与生产分离的原则下，政府行政组织本身的存续没有发生根本性动摇，仅仅是在增加公共物品供给过程的组织环节基础上对官僚制组织形态做了适度

---

① 迈克尔·麦金尼斯.多中心体制与地方公共经济[M].毛寿龙，李梅，译.上海：上海三联书店，2000：58.
② 迈克尔·麦金尼斯.多中心体制与地方公共经济[M].毛寿龙，李梅，译.上海：上海三联书店，2000：4.
③ 罗纳德·J.奥克森.治理地方公共经济[M].万鹏飞，译.北京：北京大学出版社，2005：9-16.

的改变,即从原先的政治与行政分离所形成的"代议制政府组织—官僚制行政组织"两环节变成"代议制政府组织—官僚制行政组织—公共物品生产组织"。这种组织形态的变化,在实践上就是新公共管理运动所倡导的政府专注掌舵,不必事必躬亲,而是要政策吸引竞争者,鼓励公众的参与,把划桨之责交给市场或社会(戴维·奥斯本,2017)。

公共物品供应和生产分离为多中心治理成功运转提供了技术可行性,但是各主体并不是天然地具备合作理性,不同主体在公共事务治理对话叙事互动中需要基于公共性价值理性的信任互惠的伦理机制作为治理秩序保障。不同治理主体之间按照公共性规范建构的一种公共服务再生产的制度机制,实质是人类合作理性的扩展,其核心问题是不同主体间如何建构合作关系。从人类社会治理发展历史来看,在统治型社会,权威—依附—服从的权力机制是社会治理的逻辑,在管理型社会,契约—协作—纪律的法律机制是社会治理的逻辑,而多中心治理强调多元主体协商、互信、互惠,形成治理合力,既不同于传统社会统治由中心到边缘结构下不平等的协作机制,也有别于倡导市场化运作并以此防止出现机会主义行为为目标的契约机制(孔繁斌,2008)。因此,多中心治理形成的合作共治具有伦理政治的属性,"治理本来既是一种政治的事业,也是一种道德的事业(乔治·弗雷德里克森,2003)"。社会治理者如果选择统治,最终会使自己走向孤独,成为孤芳自赏的"寡人";如果选择管理,虽然管理能够产生效率,但是过分强调以事为中心,关注资源投入最小化、产出最大化,忽视与消费者之间的情感互动,整个政府管理会变成一部冷漠寡情的庞大机器,陷入循规蹈矩,缺乏活力与创新;而选择合作,才会让公共管理者与公众之间亲密联系起来,人与人之间才会有心灵的沟通和相互印证,社会治理既有了制度规章的严肃,也有了情感互动的暖心,回到了人类发展的和谐要义[①]。在多

---

① 张康之.公共管理伦理学[M].北京:中国人民大学出版社,2003:321.

中心治理实践中，合作是其内在要求，多元主体合作共治是人类实践理性发展到成熟阶段的行为，道德化是其首要特征。因此，多中心治理在性质上也可以看成是一种伦理规范的安排。信任是多中心合作治理的前提，也是成功合作的产物，"最复杂的信任系统出现在合作治理中。信任是合作的润滑剂，信任是合作的情感基础。如果完全不信任,在自由行动者之间的合作治理将会失败(彼得·什托姆普卡，2005)"。这样，多中心治理的有效运作不仅需要整个共同体按照相互承认的法权的规范，建构有效的立宪层次制度；同时，在集体行动层面还需要形成相互承诺的信任。相互承诺的信任是多元主体集体行动的伦理维度，没有信任，也就没有合作，可以说，主体间信任关系是多中心治理运作中集体行动的灵魂。

最后，从结果来看，多中心治理打破了国家单一权力中心格局，形成了一个不同权力来源主体组成的治理网络，各自承担相应职责，合力解决公共事务治理难题。其主要表现在：(1)空间上的多中心。传统公共行政中，政府占据了所有的公共空间，最多分为"中央—地方"两个空间层次，而多中心治理强调的是政府、市场、社会既有分离又有融合的多重空间，从而使公共事务治理形成了空间上的多层次性。(2)主体上的多中心。空间上的多中心拓展了不同主体的作用范围，公共事务治理不再局限于政府独大的态势，而是政府、市场、社会多元主体合作共治的格局。(3)权力向度上的多中心。传统的公共行政是通过发号施令、命令服从对公共事务进行自上而下、整齐划一的控制，不允许也不习惯与其他权力主体进行互动。然而，多中心治理的权力运作是上下互动的"二元通道"，它不再像过去那样仅仅是监督和控制，而是不同主体之间建立契约和协作分工；它不再是对社会全方位地集权掌控，而是权力共享；它不再是政府亲力亲为，而是多主体合作共治；不再是行政权威控制，而是根据市场机制和伦理机制同频共振；不再是层级沟通，而是不同主体间的网络交流。

（三）理论启示

综上所述，福利多元主义与多中心理论为研究养老服务合作生产的发生机制提供了以下有益的理论单元（见表3-4）：

表3-4　在福利多元理论上所形成的理论视角

理论单元	释义
比较优势——功能互补	多元主体根据自身优势实现功能互补
环节划分——角色重塑	多元主体在不同环节中进行角色重塑
平等治权——伦理对话	多元主体在相互承认中建立信任关系

四、政策工具理论与合作生产

（一）政策工具：合作治理的技术保障

政策工具理论是20世纪八九十年代伴随着"新治理（New Governance）"范式的出现应运而生的一个新的政策科学研究主题领域。政策工具理论的发展与公共问题解决思路变化有密切联系。对于公共问题的解决，传统的公共行政理论认为官僚制内部程序化的工作是"以不变应万变"的唯一最佳途径，带有新右派意识形态烙印的重塑政府理论或私有化理论批判了官僚制的僵化、低效、缺乏回应性，认为公私部门差异并不像想象中那么大，企业管理技术完全适用于政府管理，公共管理者要像企业家那样管理公共事务。不同于传统公共行政抵制变革抑或重塑政府理论全盘接受企业管理思想，"新治理"将研究焦点转移到通过对政策工具的广泛运用来解决公共问题，认识到合作性是解决复杂公共问题的一个显著特征，打破以往公共问题的解决局限于运用政府力量或过分夸大市场力量的狭隘视角，致力于更新发展公共事务治理知识体系，使公共政策制定者、执行者以及其他合作者达成合作共识，让他们通过对政策工具的选择和应用来进行有效的治理，填补了传统公共行政理论和重塑政府理论的鸿沟，成为一种公共问题解决的新途径。

具体而言，"新治理"范式有五个关键理念（见表3-5所示）。（1）从机构和项目到政策工具。传统的公共行政理论强调对政策执行机构的规制而不是政策制定，倡导分析单元集中到单个公共项目上来，追求将项目目标越明确越好，着重强调项目管理。"新治理"则将分析立足点从项目本身或执行者转移到设计、执行、完成项目所需要的政策工具上来。这就意味着，公共管理者的关注点从政策执行提前到政策制定、政策工具的选择和使用对政策执行的后果有着直接影响。（2）从等级制到网络。传统公共行政理论偏爱于行政机关内部运作的研究，"新治理"注意到了不同类型组织互动形成的治理网络，而选择和运用政策工具决定了治理网络的结构，比如参与主体有哪些、各个主体扮演什么角色等。私有化理论和重塑政府理论都不认为对第三方的使用有问题，"新治理"承认网络带来的好处，同时也指出了随之产生的诸多挑战，如委托代理关系产生的道德风险、逆向选择问题。因此，确保网络参与者行动一致性成了一项重要的管理难题。在这种情况下，重塑政府学派认为政府的角色可以轻易地从"划桨"转向"掌舵"的乐观假定是很难实现的。通过将关注点从科层制度转向网络，并将每个项目涉及的网络结构细化，"新治理"的工具思路会指出特定项目的管理挑战。（3）从公私对立到公私合作。基于公共部门与私人部门之间存在紧张关系的假设，传统公共行政理论认为政府机构设置的一个核心理念是公共部门要与私人利益和私人组织保持一定距离，政府依据公众的民主要求而获得相应的公共责任，进而形成权力垄断，是解决公共问题的核心力量。"新治理"工具没有严格区分公共部门和私人部门，而是把它们结合在一起，但这并不意味着部门间的差异消失了，部门间关系由竞争变为合作。"新治理"更多地将合作视为不同部门间协同解决公共问题的一个副产品，而非对公共行政实践的偏离。(4)从指挥控制到协商说服。通过权威命令进行机构运作，强调自上而下的控制是传统公共行政的核心思想。私有化理论彻底淡化了行政管理的必要性，认为市场机制可以更好地协作实现公共目标。"新治理"摒弃了上述两种方法，强调在使用间接政策工具时，公共管理仍然是必要的。因为如果没有政府的积极介入，市场无法像重视私人利益那样重视公共利益。"新治理"强调政府角色的必要性，但是网络中的主体地位是平等的，谁都有可能自主离开治理网络，命令不是唯一的沟通方式，而协商说服是增进彼此之间信任、消除分歧、提高网络凝聚力的关键。(5)从管理技能到授权技能。伴随着从指挥控制向协商说服转变，第三方政府的管理者和参与者需要全新的技能。传统公共行政理论的管理技能本质上是控制技巧。新公共管理将重点从控制转向绩效，但仍然关注于机构内部管理，并认为管理者是成功的关键。"新治理"将重点从管理、控制大型官僚机构的技能转向赋权技能，以使网络中平级的各方参与进来，将众多目标一致的利益相关方聚集在一起，实现相互依赖。赋权技能包括激发行动技术，用来激发网络中的多元主体不断主动地解决公共问题；协调指挥技术，激发网络后，"新治理"需要将网络维持下去的管理者，通过消除合作过程中的利益分歧，引导网络多元主体将注意力集中在共同目标之上，确保策略和行动的一致性；奖惩调整技术，政府赋予第三方组织可观的自由裁量权，执行公共权力，而政府对第三方组织的控制是弹性的。公共管理者面临的挑战就是将奖励和惩罚结合，使网络组织行为规范化、制度化，引导相互独立的个体进行合作达到共同目标。"好的监管者"比"强硬的警察"能取得更好的监管效果，这个监管者应该懂得何时容忍比严格控制更有效，并且有足够自由裁量权做出相应的监管调整。

表3-5 新治理范式

经典公共管理理论	新治理理论
项目/机构	工具
等级制度	网络
公共与私人对立	公共与私人合作
指挥、控制	协商、说服
管理技能	赋权技能

资料来源：莱斯特·M.萨拉蒙.政府工具——新治理指南[M].肖娜，等，译.北京：北京大学出版社，2016：8.

"新治理"将公共政策工作的焦点从政府机构与单个项目转移到解决公共问题的工具使用，支撑这个转变的基础是一系列认识——我们越来越多依赖的合作系统并不是自由形态的，也不是简单地包括一系列本不互相联系的、可以随意重新定义所有规则的参与者一时冲动而组织的"即兴游戏"。相反，它是经由一些数目有限的政策工具所建构，并定义参与到各种事业中的行动者以及他们的角色职责和相互关系。"新治理"充分认识到现代公共事务治理的合作性本质，同时也清楚合作并不是一帆风顺、风平浪静的，而是暗含潜在的利益分歧和矛盾，蕴藏着巨大挑战。因为参与公共事务治理的成员具有一定独立性，有时会单独行动，这就需要灵活使用政策工具引导治理主体之间良性互动，使公共问题的多元治理获得技术保障和关系支持。

(二) 工具建构：合作生产的制度化

政策工具最常见的定义是："一个行动者能够使用或潜在地加以使用，以便达成一个或更多目的的任何事物。[①]"有些学者侧重将政策工具视为连接公共决策与公共问题的中介物。斯通把政策工具看作处理政策问题的手段（德博

[①] 陈振明等.政府工具导论[M].北京：北京大学出版社，2009：6.

拉·斯通，2006）。彼得斯认为政策工具是达到一具体目标的手段，其应用焦点在于政策产出或政策效果的实现（B.盖伊·彼得斯、弗兰斯.K.M.冯尼斯潘，2007）。萨拉蒙对政策工具的意涵进行了详细分析，政策工具是一种可辨识的方法，公共事务中的集体行动可通过它被调动起来用于解决公共问题（莱斯特·M.萨拉蒙，2016），包括以下几方面内容：(1) 一种类型的物品或服务，如医疗保健、福利津贴等；(2) 一种提供物品或服务的工具，如凭单制、税收支出等；(3) 一种提供物品或服务的部门，如公共部门、私人部门等；(4) 一套规则，既包括正式规则，也包括非正式规则，它主要是规范各主体之间的关系。陈振明也将政策工具看成解决某一社会问题而采用的具体手段和方式。周炼石提出了更狭义的政策工具定义，认为政策工具是政府为实现政策目标采取的操作性措施方法，是最低层次的经济政策手段，具有可操作性和技术性[①]。不过，也有部分学者将政策工具看成是一种公共管理活动，用以调节政府行为的机制（欧文·E.休斯，2001）。

通过以上定义，可以发现政策工具定义包括以下内涵：(1) 政策工具使用者主要是公共组织，但并不排斥私人组织，具有明显的公共利益导向；(2) 政策工具的使用是一种理性行为，是行动者基于多重考虑而有意为之的活动；(3) 政策目标与政策工具之间是相互依赖的；(4) 政策工具是一个"工具箱"，是不同类型制度规则的结合，这也意味着政策工具的使用不是孤立的，往往是多种工具的组合。

政策工具的分类是行动者基于理性选择有效使用政策工具的基础。荷兰经济学家 E. S. Kirschen 最早试图对政府工具加以分类，着力探讨是否存在执行一系列经济政策就能够获得最优结果的政府工具，最终整理出 64 种一般化的

---

① 周炼石. 政策分析 [M]. 上海：上海交通大学出版社，2006：38-40.

工具，但未进行系统分类①。这种一般化的工具分类思想促进了政策工具分类的研究，政策工具类型随之出现了"二分法—三分法—四分法—五分法"的分类世界。

（1）政策工具"二分法"

政策工具"二分法"是一种比较模糊的分类。最典型的"二分法"是萨拉蒙提出的直接政策工具和间接政策工具，划分依据是公共部门直接介入社会经济活动的程度。直接政策工具包括直接行政、政府企业、经济规制、信息宣传活动等；间接工具包括社会规制、外包合同、贷款担保、政府贷款等。将政策工具置于一个宽泛的分类框架进行分类，得到美国政治学家罗威、达尔和林德布洛姆的认同，他们将政策工具划分为规制性和非规制性工具两类。此外，根据规范性程度，政策工具还可以分为正式工具和非正式工具，非正式工具包括政治动员、说服、拉拢、任命可信赖的人、谈判等。"正式政策工具是文件的世界，非正式的政策工具领域则由政治博弈所组成，仅仅研究这两个世界中的一个世界是没有意义的，一个优秀的政策分析者应该兼顾两个方面的研究（B.盖伊·彼得斯，弗兰斯·K.M.冯尼斯潘，2007）"。

（2）政策工具"三分法"

将政策工具分为三个家族的做法在学术界得到大多数学者的支持。Van der Doelen（1989）将政策工具划分为经济工具、法律工具和交流工具三类，每一类工具都包含多种形态，可以为公共管理者提供丰富的行动选择。Hoogerwerf（1995）按照功能作用将政策工具分为管制性工具、经济激励性工具、信息性工具三大类。规范行为是管制性工具的目标，具有强制性的特征，包括命令、金陵、执照、许可等。经济激励性工具的目标是给行动者一种激励，改变其行为选择，具有更多的激励和更少的强迫。信息性工具是一种"软工具"，发挥

---

① 陈振明等. 政府工具导论［M］. 北京：北京大学出版社，2009：8.

着行动者之间的信息传递的桥梁作用，与一些"硬"政策结合起来使用时才最有效。

根据政策工具的强制性程度不同，政策工具可分为强制性政策工具、混合性政策工具和自愿性政策工具三类（迈克尔·豪利特，M. 拉米什，2006）。陈振明将政策工具分为市场化工具、工商管理技术和社会化手段。市场化工具是对市场能够产生调节效果的方式和手段。常见的市场化工具有：民营化、用者付费、合同外包、特许经营、凭单制、税收和补贴、政府保险、放松管制、分散决策、产权交易、内部市场。工商管理技术是借用企业管理的手段来改革政府公共服务。常见的工商管理技术有：全面质量管理、目标管理、绩效管理、战略管理、标杆管理、流程再造、项目管理、顾客导向、公司化、企业基金、内部企业化管理。社会化手段是指在公共服务过程中打破政府的垄断，引入企业、非营利组织、社区、志愿者、个人等多元主体，实现治理格局的多元化。常见的社会化手段有：社区治理、志愿者服务、公私伙伴关系、公众参与及听证会（陈振明，2009）。

（3）政策工具"四分法"

胡德在《政府工具》一书中将所有的政府工具看作信息、财政、强制性权威和组织这四种治理资源的运用，当政府面对公共问题时，就会运用这四种资源，去达成监督社会及改变其行为的目标。政策工具"三分法"是采用相对互斥的原则进行分类，乔丹、乌泽尔和济托认为对政府工具的分类完全可以不拘泥于互斥的分类法，将政策工具分为市场工具、志愿工具、强制性工具、信息工具四类。按照政策工具所要实现的目标，麦克唐纳和艾尔莫尔将政策工具划分四类（见表3-6）。

表3-6 麦克唐纳和艾尔莫尔的政策工具分类

要素		预期效果	成本	效益	实例
强制命令	规则	顺服	执行者方面：强制执行 对象方面：顺服、规避	个人方面：特定利益 社会方面：广泛利益	环境规制、就业歧视规制
激励劝导	金钱采购	价值产生；短期回报	执行者方面： 生产、监督、替换 生产者方面：过度生产、适度生产、逃避生产	执行者方面： 预算、权威的增加 顾客方面： 价值的收受	政府贷款担保、对个人的补贴
能力建设	金钱投资	能力技术的提升；长期回报	短期成本	对接受机构有短期的、特定的利益；对社会有长期的、普遍的利益	基础研究
制度变迁	权威	公共传送系统的构成；诱因	权威的丧失	新的传递者权威的获得	特许新的提供者获得合法性保障

资料来源：Lorraine M. McDonnell and Richard F. Elmore. Getting the Job Done: Alternative Policy Instruments［J］. Educational Evaluation and Policy Analysis，1987，9（2）：133-152.

（4）政策工具"五分法"

德·布鲁金和坦霍伊维尔霍夫将政策工具划分为沟通性工具、激励性工具、关注个人的工具、指标性工具、多侧面的工具五种类型（转引 B. 盖伊·彼得斯，弗兰斯 .K.M. 冯尼斯潘，2007）。根据政策工具预期的目标行为，施耐德和英格拉姆将政策工具划分为能力建设、激励、授权、学习性工具、劝告性工具（Schneider and Ingram，1990）。

虽然学者们花费了大量时间和精力来对政策工具做出明确的分类，可惜没有一种分类具有排他性或穷尽性，但是政策工具的分类思想，为更深入细致地了解政策工具特性带来了重要启示。

从政策工具的分类到整合，可以将政策工具的特性归纳为三个方面：(1) 政策工具有一些共同属性，这些共同属性使得这些工具得以识别；(2) 政策工具建构公共行动。政策工具的使用所形成的治理网络关系是制度化的，选择一种政策工具就意味着规定了该领域的公共事务治理结构，形成的是一种制度化、规范化的行动模式，不是随意或临时的行动；（3）工具建构的行动指的是回应公共问题的集体行动。也就是说，政策工具的使用不仅仅是建构了政府行为，而且也将其他组织连带进入该政策工具所要作用的行动场域，相应地，"政策工具也在形塑或影响其他组织的行为（莱斯特·M. 萨拉蒙，2016）"。

（三）理论启示

政策工具对于研究组织间合作关系来说发挥了重要的中介传导作用。第一，政策工具作为目标—手段的中介物，将公共管理者的意图转变为可操作的过程，为研究公私合作生产互动关系提供了动态观察视角；第二，政策工具"建构行动"的特性可以诱致组织个体行为上升到集体行为，起到动员参与作用，引导并促使成员为共同目标奋斗；第三，政策工具的分类思想反映出政策工具的使用具有双边或多边特征，这使组织间合作的静态形式变成了组织间合作的动态网络形式，对某一特定政策工具的选择意味着对一个特定网络或组织集合的选择，公私合作网络的绩效与能否选择与之适配的政策工具高度相关[①]；第四，不同政策工具的使用缔结了提供物品和服务的组织体系之间的关系模式，撬动了公私合作场域的资源结构和权力结构，能够为应对复杂问题所紧缺而政府部门难以调配的人才和资源提供进入渠道，能够拓展公共行动的范围，有效避免处理公共问题中昂贵的前期投资，并最大限度利用资源，可以调整公私合作的利益流向，使初始动荡的合作状态走向制度化的稳定合作状态。对某一特定政策工具的选择意味着对一个特定网络或组织集合的选择。所以，政策工具理论为研究合作生产提供了以下有益的理论单元，如表3-7所示：

[①] 小威廉·T. 格姆雷, 斯蒂芬·J. 马拉. 官僚机构与民主——责任与绩效[M]. 喻沂暄, 译. 上海：复旦大学出版社, 2007：163.

表3-7 在政策工具理论上所形成的理论视角

理论单元	释义
工具分类	分类使用连接公私合作网络，建构制度化的行动模式
政府角色	合作网络的管理者，维护合作网络运行秩序
权力共享	政策工具将公权力赋予私营部门，赋予其合法性

五、网络治理理论与合作生产论

（一）超越科层和市场：公私合作网络

1. 网络与网络治理

互联网技术的发展加速着社会发生巨变，"以技术融合和多极共享为核心特征的第四次工业革命，正在逐渐弥合物理世界、数字世界和生物世界之间的裂缝"[1]，人类社会已经步入网络化的世界。"网络建构了我们社会的新社会形态，而网络化逻辑的扩散实质地改变了生产、经验、权力与文化过程中的操作和结果。"[2]

在网络化时代，公共行动已不能被限制在垂直型的官僚体系中，而必须跨越机构与部门的界限以寻求水平性的合作。解决公共问题的任务已经成为一种集体运动，远远超出政府机构的界限并且已纳入了更广阔的社会行动者网络，它们的参与常常要被巧妙引导与悉心指导，而非强行征用或操控管制。传统的公共行政是基于命令—指挥原则的单一官僚制运作方式，然而20世纪60年代

---

[1] 钟慧澜.技术融合、网络赋权与组织变革：走向多中心的公司治理——第四次工业革命的启示[J].沿海企业与科技，2017（1）：3.

[2] 曼纽尔·卡斯特.网络社会的崛起[M].夏铸九，等，译.北京：社会科学文献出版社，2003：569.

后期，公共服务供给中政府间部门协作、公共服务的多元供给、公私合作伙伴关系等新的政府管理战略的出现逐步颠覆了传统的公共行政范式。Toole(1997)指出应该认真对待公共管理网络化现象[①]。从20世纪90年代开始，学界逐渐关注公共事务治理中的不同组织间关系网络的问题，公共部门和私人部门之间由传统的界限分明的对抗性研究日益转变为形式多样的合作联盟，用以提高公共服务的回应性和质量，而这是传统的科层制治理和市场式治理难以实现的。组织间网络既是对市场化治理机制的替代，也是对科层制治理机制的替代，它在一定条件下能够通过市场协调与组织内部协调的互相转化和替代机制，在既能降低组织内部管理成本又不增加市场交易成本的情况下，提高资源配置效率；组织间网络比市场稳定，但又比科层制灵活，是一种克服市场失灵和政府失灵的新型治理机制[②]。公共事务治理已经超越了政府机构的边界，明智的公共管理者应该懂得如何管理由各种机构及相关人员构成的错综复杂的网络。

网络的定义通常是在技术视角和关系视角下进行界定。

从技术视角来看，网络是指因特网及其相应的信息技术，是"分配性和平行性的巨型计算机，这台计算机不仅链接微处理器，而且还连着人、信息出仓库、传感器、职能代理和可移动代码[③]""网络是一组相互连接的节点，节点是曲线与己身相交之处（曼纽尔·卡斯特，2003）"。

关系视角来看，网络日渐成为一种分析公共部门与私人部门之间制度化的交换关系的重要工具。社会网络学派将网络视为个体之间或群体之间交流接触而产生并存在的一种关系纽带，网络往往被视为反映社会结构的一种工具，网

---

① Laurence J. O'Toole. Treating networks seriously: Practical and research-based agendas in public administration [J]. Public Administration Review, 1997, 57 (1): 45-52.
② 田进. 网络行政研究 [M]. 湖北: 武汉大学出版社, 2012: 109.
③ 简·芳汀. 构建虚拟政府: 信息技术与制度创新 [M]. 邵国松, 译. 北京: 中国人民大学出版社, 2004: 27.

络分析既可以体现社会角色层次的微观结构特征，也可以显现组织层次的中观结构特征，还可以展现社会制度层次的宏观结构特征。德国社会学家齐美尔认为人类不仅具有个体的特殊性，还具有群体的共同性，当一个人进行社会交往时，他不仅仅是社会网络中的一个点，而且还会将与其相关的其他关系网络带入现在的社会网络中[①]。由此，网络被定义为"一组节点及其关系的集合，网络关系既是一种联结的纽带，也可以是一种锁扣，构建组织间联结的宏观过程，是个体的人际间信任形成的微观过程的反映（马汀·奇达夫，蔡文彬，2007）"。进一步而言，网络关系是非线性的互动，这些非线性互动通常由公共政策制定者主导，透过跨部门、跨政府间的联结，或者交由公私合伙来处理（Meier and Toole, 2003）。在新制度主义思想影响下，关系视角中的网络开始具备了制度化的作用。网络是由许多具有自主性但又彼此相互依赖的行动者所组成，其逻辑有别于市场竞争与等级顺服，其主张议价与交换，并透过协商以寻求解决问题的共识，进而达成合作生产的目标（Mayntz, 1993）。于是，网络构成了一种既非市场又非等级制度的独特形式，网络带来的联系比市场带来的联系更持久而分散，但同时，网络带来的设置又比等级制度带来的设置更互惠而平等。网络既能保证与竞争行为共存，也允许更长期的契约关系存在。关系视角下的网络是组织社会学、公共管理学分析公共部门与私人部门之间制度化的交换关系的重要工具。

一般而言，网络具有四大特征：一是成员多元化。网络中的成员包括公共部门、私营部门、志愿部门等众多行动者，其各有不同的目标和资源，并运用不同的策略和手段以达成目的。二是关系互赖化。相互依赖和互相联结的关系形态是网络存在的先决条件。网络成员为了实现各自目标，必须在互相依赖、相互信任的基础上进行沟通协商，并互相交换资源，因而行成一种相互依存的

[①] 周雪光.组织社会学十讲[M].北京：社会科学文献出版社，2003：114.

联结关系。三是边界动态化。网络的界限由行动者彼此互动所形成,变动不居。有些网络界限明显,具有明显的排斥性;有些网络界限模糊,成员可以自由进出。网络成员的权力地位变化、新旧成员的加入或退出都会使网络边界处于高度的动态中。四是运行局部稳定化。虽然网络中的成员会存在目标分歧、利益冲突等威胁网络运转的潜在风险,但是在资源交换过程中,网络成员的相互认识、共同学习等潜在自发行为会消弭潜在冲突,将不稳定的初始关系形态逐渐形塑为一种稳定持久的关系形态,从而使网络运行在一定时间内具有某种程度的持久性和可持续性。

上述网络特征使日益强调多元参与主体的公共事务治理具备了网络化形态,即网络化治理(governance by network)。网络化治理指"政府更多地依赖各种伙伴关系、协议和同盟所组成的网络来从事并完成公共事业(斯蒂芬·戈德史密斯、威廉·D. 埃格斯,2008)"。网络化治理能够通过技术将高水平合作的第三方政府模式与善于横向管理的协同政府模式相结合,赋予公民更多的消费选择权,是公私部门跨界合作的最高境界(斯蒂芬·戈德史密斯、威廉·D. 埃格斯,2008)。具体而言,网络化治理有以下内涵:(1)网络治理主体之间相互依赖。网络主体必须依赖其他主体获得实现自己的目标,它们之间的相互依赖不是静态的,而是随着彼此间互动而变化。(2)网络化治理是一个动态过程。网络由各种具有一定资源和不同目标与利益诉求的主体构成,网络就是这些主体利用各自资源,寻求实现各自利益和目标的相互影响、相互作用的动态过程。(3)网络治理活动受到制度约束。网络主体因为相互依赖、相互作用而形成各种不同类型的关系和规则。这些关系和规则反过来会影响和制约它们之间的互动和相互作用,并使它们之间的互动方式得以稳定持续,使它们之间的资源分配方式得以形成,并在彼此间相互影响和互动中发生变化。

公私跨界合作所组成的网络带来很多好处,具体表现在:(1)专门化。通过平衡"精英"供应商的专门技术,网络可以使政府、私人组织专注于自身的核心使命,开发最优型供应商的专门技能。(2)富有创新。网络不仅能为政府提供更多的服务供应商选择,而且还能够及时有效地回应公民诉求,公民诉求的内容会倒逼着政府创新,快速传播成功的经验,网络化模式比层级式模式更具有活力。(3)速度和灵活性。网络化治理可以根据环境变化不断调整服务的自由,可以帮助政府从一个整齐划一的服务供应商转变为多个供应商实施一站式服务的入口。(4)扩大的影响力。一方面,政府可以借助社会组织的首创精神和创新能力帮助解决社会难题,提高政府公信力;另一方面政府还可以拓展公共服务辐射空间,与其他网络主体共享消费者,在更大范围分摊服务成本、降低服务风险(斯蒂芬·戈德史密斯、威廉·D. 埃格斯,2008)。

2. 网络治理成功运行的条件

网络化治理是一种特殊的公共治理形态,是公、私行动者在公共问题解决过程中的非科层互动模式。在初始状态下,行动者各有资源及利益,具有一定的独立性,因此网络中很容易缺失一个稳定的权力核心,彼此间是一种水平的、不对称的权力互相依赖关系。同时通过策略性的互动展开一场充满复杂动机的赛局,这个赛局背后隐藏的危机是公私合作网络的脆弱性,处在网络中的某个组织低劣的绩效表现会成为公共服务提供的短板,影响网络整体绩效,而且组织之间的信任关系破裂也会对整个网络绩效产生负面影响。所以,网络化治理不是万能的,同样会出现运转失灵的情形,如何管理多元化的关系网络来创造价值是网络化治理的核心命题。

与管理单一组织所需的能力相比,管理多组织构成的网络更加复杂。当公共部门越来越依赖私人部门提供公共服务的时候,公共服务绩效也会更加依赖公共部门管理伙伴关系并让合作伙伴承担服务责任的能力(Robert Agranoff and Michael McGuire,2001)。

成功的网络管理需要解决以下问题：(1)目标不一致。网络将同时具有重叠和不同目标的成员集合在一起，各个组织的使命偏好并不总能协调一致，而且网络成员试图将自身利益最大化必然产生目标分歧。(2)变形的监督管理。许多政府错误地将公私伙伴关系和服务外包当作解决公共物品供给的万能良药，而忽略了对其进行充分的监督和管理。政府要么是疏于监督，导致成本超支、服务失败，甚至是丑闻；要么是监督过细，将文牍主义强加给合作伙伴，干涉网络成员的工作程序。(3)沟通障碍。如果合作伙伴不能够做到信息共享，或政府对承包商保密要求的不一致性，都会形成信息鸿沟，影响公私部门之间的交流，协作效果也会受到影响。(4)分割式协调。网络化治理需要在不同层级政府、营利组织和非营利组织之间进行协调，当主体职责不明确且面临的问题很复杂的时候，协调成本就会凸显，会在一定程度上影响网络运行效率。(5)竞争与协作之间的紧张关系。在现实情况下，既要实现目标一致又要求伙伴之间友好协调通常是非常困难的，原因在于网络中除了合作还会存在隐形竞争，当竞争关系日趋紧张，就会给网络内部产生压力，这种压力外化为组织间的不信任或信息隐蔽。(6)关系的稳定性不足。承包合同到期将会发生什么变化产生的不确定性使合作伙伴关系的稳定性受到挑战。这一不确定因素使得大家都不愿意承担风险，合作变得谨小慎微，公共服务的质量平凡普通且缺乏创新性（斯蒂芬·戈德史密斯、威廉·D.埃格斯，2008）。

因此，要从网络中获得预期结果，除了选择正确的合作伙伴、合理设计网络、完成网络集成工作外，还需要建立网络运行的保障机制，使不同成员共同进入一个运行稳定和流畅的整体系统，具体包括（斯蒂芬·戈德史密斯、威廉·D.埃格斯，2008）:(1)明确合作目标。网络中的每个成员都必须形成一致性目标，这就意味着网络设计师要清晰表达公共服务的内容和产出标准。(2)建立信任关系。实现公私合作治理网络的责任和绩效不能仅仅依靠合同条款，原因在于成功的网络化治理还会依赖成员间的信任关系。信任是简化社会交往复杂性的一个重要机制。信任通过复杂性的简化，排除了某种行动的可能性，有利于集体行动。"信任如润滑剂，在文明社会里信任对于人们共同工作、参加团体都是必要的（弗朗西斯·福山，2002）。"人类所处的世界是一个极其复杂的环境，在这一复杂环境中，人们容易误入歧途，不能正确预测事件的发展过程，为此，具有普遍化意义的沟通符号成为社会系统降低环境复杂性的工具，信任就具有这种功能。"信任与不确定性或风险相关联，信任是对产生风险的外部条件的一种纯粹的内心估价。信任通过超越可用的信息，以及把行为期待一般化可降低社会复杂性[①]。"组织间建立合作的过程实际上是个体人际关系信任强度的微观反映。"信任，作为解决问题的精神要件和共识形成过程并不会自发产生，这需要时间、努力和技能，还需要一个建设性人格的集合体（尤金·巴达赫，2011）。"此外，信任是长期共事沟通交流中逐渐积累而来，共享式决策制定有助于在组织的差异之间搭建桥梁，跨部门合作网络需要多种联结机制来提高沟通能力，"既需要正式机制，如合同或谅解备忘录，也离不开非正式机制，如乐于接受建议的心态等（尤金·巴达赫，2011）"。（3）建立协调机制。尽管信任是组织间合作的基础，但是受到本能的理性主义影响，信任的脆弱性不足以确保网络的稳定和持续存在，还需要建立制度化的网络冲突协调机制。传统的公共行政是科层制交流模式，是自上而下封闭式的循环，这种交流结构的优点是信息传递的直达性，上级部门会很迅速地获得想要的信息，但是也会将有价值的有用信息过滤掉，导致信息交流失真或歪曲传递信息[②]。网络环境中，除了要保留纵向信息传递机制外，还要建立横向协调机制，搭建公私合作利益冲突协商平台，实现信息共享。（4）建立激励机制。完善的激励机制会诱使合作

---

① 尼克拉斯·卢曼.信任［M］.瞿铁鹏,李强,译.上海：上海人民出版社,2005：33-35.
② 加布里埃尔·A.阿尔蒙德等.比较政治学：体系、过程和政策［M］.曹沛霖,等,译.上海：东方出版社,2007：190.

伙伴做出正确决策,降低机会主义行为发生的可能性。(5)共担风险。风险分担的基本原则是最能够控制风险的一方就应该承担风险。(6)测量和监控绩效。(7)应对环境变化。一个盲目坚持原始合同条款而不与变化中的环境相适应的网络,往往会限制网络的潜在能力。平衡灵活性和责任性之间的关系,定期会面以评估全面政策并做出必要的改变,不断从终端客户处接收反馈信息,采取适应性管理技术都有助于确保伙伴关系能够产生出持续不断的提高改进。(8)关系管理的组合方案。管理网络不仅仅是按部就班地执行合同条款,还需要柔性的沟通交流。

(二)合作成本管理:网络治理中的政府

网络理论认为,即使代理人和委托人有共同的基本目标,委托人也很难如其所愿。因为众多相互依赖的参与者具有一定的自主性,包括政府在内的任何一个参与者都不能强制执行自己的意愿。网络有四个重要特征使管理网络非常困难[①]:(1)多元性。许多组织缺乏彼此合作的经验,对彼此的运营风格也了解有限。(2)自指称性。每个参与者都有各自的利益和参照体系,他们用不同的视角和动机来看待彼此的关系。(3)不对等的相互依赖性。包括政府在内的所有参与者彼此依赖,但是他们依赖的关系很少是完全对等的。即使各方的需求一致,他们仍然难以充分合作,因为他们对目标需求的迫切程度、顺序和时间也是不同的。(4)动态性。最低上界原理指出,如果一个网络中的几对行动者没有唯一的共同上级可以申诉他们面临的冲突,那么,这一网络中的冲突将很难得到解决(马汀·奇达夫,蔡文彬,2007)。网络的失败与成功往往要追溯到政府对网络的最初设计,在公私合作网络中,政府必须作为新系统之中解

---

① 莱斯特·M. 萨拉蒙. 政府工具——新治理指南[M]. 肖娜,等,译. 北京:北京大学出版社,2016:10-11.

决不断出现的问题的"平衡稳定的力量",其职能是激活所需的合作关系,并且确保被广泛认可的公共价值观在产生的合作系统中被有效地体现出来[①]。政府建立了一套联合各个伙伴的生态系统,网络的黏结者和激活者通常都是由政府官员担任,政府官员既要创造一个包容性强的网络,也要营造一个动力足、富有灵活性的网络模式,更要确保网络能够持续稳定有序运转,实现网络成员的共同目标。因此,网络化治理中政府要注意以下方面。

一是使命转变。由"全能型公共管理者"变为"知识型治理官员",宏观思考、灵活处理和知识共享变成解决问题的手段,注重结果管理而不是过程管理,从公共服务供应者转变为公共服务催化者。官员不再将他们的工作更多地看成是管理公共雇员,而是将他们的职能视为整合利用网络资源创造更多的公共价值,妥善管理伙伴关系,进行服务绩效监控,将聚焦点放在治理网络产生的价值上,而不仅仅是网络本身。

二是核心角色。网络化治理中,公共管理者需要更多的关系连接人,好的连接人能够突破狭小的职责空间从而放眼整个网络的拓展和延伸,纵横公私部门建立各种互惠互利合作关系网络,而且还能识别出潜在的最佳合作伙伴,并将其带入到网络,提高整个网络绩效表现。McGuire(2002)认为网络情境中的公共管理者的角色和行为涉及四个主要方面:(1)综合;(2)动员;(3)激活;(4)形塑(McGuire,2012)。网络中的公共管理者有清楚的方案目标,可以分配最大的资源来发挥激活作用和综合作用、动员不同的资源与形塑共识。

三是,技能更新。高效可行的合作网络并非天然存在,它需要网络参与者与政府共同滋养与培育。网络管理可分为过程管理和制度管理两种类型[②]。在

---

① 莱斯特·M. 萨拉蒙. 政府工具——新治理指南[M]. 肖娜,等,译. 北京:北京大学出版社,2016:525.

② Erik-hans Klijn, Bram Steijn, Jurian Edelenbos. The Impact of Network Management on Outcomes in Governance Networks[J]. Public Administration, 2010, 88(4):1063-1082.

过程管理中，网络管理者要具备进行业务洽谈、建立信任、风险共担、冲突化解、项目管理的能力，他们必须具有并愿意跨越部门界限和资源限制进行工作能力。具体而言，公共管理者在管理公私合作网络形成的第三方政府时，需要五种技能：目标设定、谈判、沟通、财务管理、搭建桥梁[①]。在制度管理中，为了管理好伙伴关系，政府需要对三个最重要的核心能力进行提升，分别是构思网路、集成网络、跨网络开发有效的知识共享实践。

（三）理论启示

网络化治理为研究养老服务合作生产带来以下启示：（1）在关系视角下，多元主体合作生产养老服务而形成的关系集合就是一个合作生产网络，合作生产网络如何产生、如何维持、为参与者或社会创造了哪些价值等构成了公共服务合作生产理论的核心问题导向因素。（2）网络化治理主要由网络设计、网络集成、网络运行、网络问责四道程序组成，每道程序都有相应的具体目标和重要任务。网络设计主要是选择正确的合作伙伴，进行资源动员；网络集成主要是确定网络的整合者或核心管理者；网络运行主要是建立秩序规则，确保网络成员行为不逾矩；网络问责主要是测量和监控绩效，提高合作生产力。这样，网络化治理程序为探索养老服务合作生产的生成逻辑圈定了重要的切入点。（3）网络化治理不仅关注网络成员的角色、职责和互动，而且关注网络整体的稳定运行和持续存在，这就为研究养老服务合作生产提供一幅全域图景。合作生产是从个体互动再上升到集体协作的过程，合作生产最终的形态是一个集合体，合作生产网络一旦形成并运转，那么维系集体生存就成为网络集合体的主要目标。（4）网络主体因为相互依赖、相互作用而形成超越个体利益的制度规则会

---

① 莱斯特·M.萨拉蒙.政府工具——新治理指南[M].肖娜,等,译.北京：北京大学出版社，2016：430-431.

影响和制约他们之间的互动和相互作用，并使他们之间的互动方式得以稳定持续。网络运行就是对各种制度规则构建的生态环境的集体性适应，这与组织管理理论形成回应，进一步说明合作生产需要制度力量的保障。（5）网络化治理重视信任与集体行动之间的关系，提醒我们要注意到组织与团体之间的各种非正式关系的重要性，以及这些组织之间的动态关系如何为更加正式而特殊的决策过程设定组织运行环境[①]。所以，养老服务合作生产网络不仅需要制度约束，而且还需要培育以信任为内核的合作伦理。（6）网络化治理非常重视政府的角色和作用，因为网络具有去中心化特征可能造成网络化治理的"无政府主义"现象发生，而网络成员之间的信任又不具有稳定性，两者都可能会使整个网络运行处于一种不稳定状态。网络运行具有潜在的脆弱性，这需要政府承担维护网络秩序的责任，建立控制制度，在有效监管和网络成员的自由之间寻找一个平衡点，使权力共享与集中和谐共存。

表3-8 在网络治理理论上所形成的理论视角

理论单元	释义
网络缔结	包括网络设计、网络集成、网络运行、网络问责等环节
网络秩序	制度规则和信任伦理约束网络成员的行为
网络生态	网络成员关系的稳定化产生维系集体生存的生态系统
政府角色	核心组织，管理多元关系网络来创造公共价值

六、养老服务合作生产的分析框架

组织管理理论把组织假设为私人利益驱使的理性人，在不考虑公共部门和私人部门差异的前提下对组织间合作产生机制做了普适性解释，不确定性和有

---

① 克里斯托夫·鲍利特.重要的公共管理者[M].孙迎春，译.北京：北京大学出版社，2011：70.

限理性、诱导—贡献平衡、技术理性、冲突管理、环境依赖等理论单元为研究组织间合作奠定了基础,但是对公共服务的精神关注不足使其应用于强调公共价值取向的养老服务合作生产领域存在一定局限性。而福利多元论、政策工具论和网络治理都是以公共利益最大化为指导原则研究多元主体合作提供公共服务,有效弥补了组织管理理论在公共服务领域解释力不足的缺陷。进一步来看,组织管理理论与福利多元论、政策工具论和网络化治理各自包含的理论单元在研究养老服务合作生产时具有较高的契合度(见表 3-9 所示),主要表现在:(1)福利多元论将公共服务分为供应和生产两个环节,网络化治理将网络缔结分为网络设计、网络集成、网络运行、网络问责四道程序,都指出了合作具有生命周期,为组织管理理论的诱导—贡献平衡机制提供了阶段性的分析路径;(2)福利多元论提出按照比较优势原则对福利提供主体进行角色分工,政策工具论和网络化治理对政府角色的定义,都与组织管理理论的基于技术理性进行职能分工的合作逻辑相一致;(3)福利多元论提出的治理主体享有平等治权、政策工具论主张的权力共享,都与组织管理理论的解决冲突管理实现权力平衡的合作诉求相一致;(4)福利多元论的伦理对话、网络化治理的网络秩序,都强调了制度规则和信任伦理对合作成员行为的监控,制度规则和信任伦理正是组织间合作的外部环境,是组织行为获得合法性的重要依据;(5)政策工具的分类与使用疏导了合作场域的利益关系,使静态分工式的合作生产具备了网络化形态。网络化治理最终产生的网络生态,使合作目标从个体生存上升到集体生存,这与组织间合作为了消除不确定性,获得集体生存的内在动因相一致,而且还使组织间合作有了最终的全域式网络图景,便于进行从个体到整体的全方位分析。

表3-9 不同理论单元之间的融合

理论基础	理论起点		理论支点	
	组织管理理论	福利多元理论	政策工具理论	网络治理理论
理论单元	不确定性			网络生态
	诱导—贡献平衡	环节划分 角色重塑		网络缔结
	技术理性	比较优势 功能互补	政府角色	政府角色
	冲突管理	平等治权 伦理对话	工具分类 权力共享	
	环境依赖		制度环境	网络秩序 网络生态

因此，本文以组织管理理论为起点，福利多元理论、政策工具理论和网络治理理论为支点，建构了一个包括三个流程阶段、九个数据分析维度的整体性分析框架来探寻养老服务合作生产的内在逻辑（图3-1所示）。

（1）在合作设计阶段，组织需要识别合作伙伴，主要从目标认同、功能耦合和风险分担三个维度进行切入，其逻辑思路是组织管理理论认为领域认同是组织间合作的基础，当不同组织形成共同的目标，就会基于技术理性按照自身比较优势进行分工从而形成功能耦合。而在职能分工中，规避风险的官僚文化会迫使官员将风险部分或全部转移给私人组织，形成良好的分享分担结构，产生组织合作的激励，促使养老服务合作生产的出现。合作设计阶段立足于合作生产的主体，分析分属不同领域的组织如何在诱导刺激下走到养老服务领域进行分工与协作，实现多方参与。

（2）在合作运行阶段，与单个组织相比，合作生产会产生更多的整体利益，会诱使机会主义行为的发生。核心组织需要调适利益冲突，主要从合作网络缔结、权力共享、关系形态三个维度进行切入，其逻辑思路是养老服务合作生产有了多方参与的空间并不意味着合作生产就能有序运行，而且在我国养老服务发展还不成熟的阶段，需要政府发挥主导作用。政府的主导作用是通过使用政策工具得以实现，政策工具的使用会建构养老服务合作生产网络，调整合作生产的利益分配格局，使公私组织在合作生产运行中的权力结构发生变化，最终形成一种关系形态，向合作生产的稳定状态发展。合作运行阶段立足于合作利益，分析政府如何管理利益冲突，实现协同发展。

（3）在合作评估阶段，内部利益均衡使不同组织进入一个满足集体生存的生态环境，环境会对整个合作生产场域产生影响，主要从政府规制、叙事机制、场域生态三个维度，其逻辑思路是网络化合作生产使网络成员关注到维系集体生存的重要性，维系集体生存不仅要取得外部合法性认同，还要获得内部成员的伦理信任，在硬性制度机制约束和柔性协调机制调和相互作用下，合作生产开始成为一种常态化的行为，并将持续存在，创造应有的价值。合作评估阶段立足于组织行动，分析外部环境如何约束组织行为，克服私利主义倾向，实现集体生存，从而延续合作生产，使合作生产进入稳定状态。这样，整个分析框架经历了从个体组织静态分析到组织间互动动态分析，再上升到合作生产场域整体分析的三个层次。

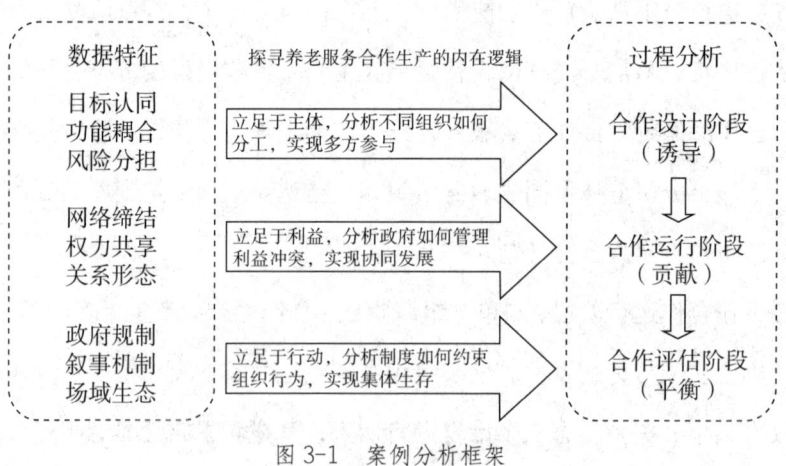

图 3-1　案例分析框架

第四章　养老服务合作生产的政企场域

一、政府与国有企业：上海光明村老年配餐中心

（一）案例介绍

上海光明村老年配餐中心位于黄浦区打浦、五里、瑞金、淮海四个街道的交会处，属于区域综合型助餐服务示范点。截至 2016 年末，黄浦区 60 岁及以上老年人人数为 30.16 万人，占本区总人口比例为 35%，高出全市 3.4 个百分点，老龄化程度在上海市所有区县中位居第二，人口老龄化程度比较严重。

2008 年 4 月，上海市民政局发布《关于鼓励社区设立老年人助餐服务点的通知》，鼓励助餐需求较为集中的中心城区推进助餐服务点的设立，并将助餐点建设列入了市政府实事项目。助餐服务点按功能、规模与服务提供能力，分为综合型助餐服务点与单一型助餐服务点。集膳食加工配制、外送及集中用餐等功能为一体，配送餐能力在 150 客/餐以上的为综合型助餐服务点。其中，具备配送餐能力 500 客/餐以上，并同时承担两个以上助餐服务点膳食配送的为综合型助餐服务示范点。具备膳食加工配制、外送、集中用餐等功能之一或之二，供餐能力不低于 50 客/餐为单一型助餐服务点。

在此背景下，黄浦区民政局对辖区老年人养老需求进行调查，结果发现，社区中 85% 的老年人都要求解决吃饭问题。于是，黄浦区民政局鼓励支持街道设立老年助餐点。最初，每个街道自己办助餐点，投入了很多人力和物力，

但是事与愿违，一方面饭菜质量参差不齐，老年餐质量高，但价位不能高；另一方面就餐人数分散，助餐点难以实现规模化运营，容易出现亏损，老年助餐点面临"叫好难叫座"的窘境。为了扭转困局，提高助餐服务质量，黄浦区民政局从大局着眼、从细节入手，按照助餐资源整合的思路，结合市区老年人居住空间分布呈现局部地区比较密集的特点，决定将过去分散运营的助餐点整合为区域型助餐中心。这样，黄浦区将老年助餐点都委托给光明村和小绍兴两家老字号餐饮企业供应。小绍兴负责原黄浦区区域，大约每天2500客供应量；光明村负责原卢湾区区域，大约每天1800客供应量。

光明村老年配餐中心是由上海丰裕餐饮管理有限公司（简称丰裕餐饮）作为承接单位负责运营。上海丰裕餐饮管理有限公司成立于1993年4月24日，为国有独资的有限责任公司，注册资金200万元，从业人数492人，主营餐饮管理，下设11家非独立核算的门店和1家配货中心，"丰裕生煎"及"马南油豆腐细粉汤"是丰裕餐饮创立以来最风靡上海的特色小吃。后来，上海光明村实业总公司收购了上海丰裕餐饮管理有限公司的全部股权，丰裕餐饮成为上海光明村实业总公司的旗下品牌。上海光明村实业总公司成立于1994年3月28日，是集体所有制企业，隶属于上海淮海商业（集团）有限公司（国有区属企业），主营餐饮管理，注册资金200万元，从业人数454人。公司旗下光明村大酒家是集多功能为一体的综合型国家一级酒家，以经营传统上海菜系为主，是上海著名的本帮菜品牌餐饮。

光明村老年配餐中心成立于2011年6月15日，是上海市第一家由政府投资、企业运作的老年配餐中心，为打浦、五里、瑞金、淮海四个街道1500余位老年人提供助餐服务。每客老年套餐收费标准为8元钱，包括一大荤、一小荤、一蔬、一开胃菜、一汤和一份饭，10天不同菜单。针对众口难调的问题，光明村还提供个性化菜单选择搭配，收费标准为10到15元。光明村老年配餐中心主要采取送餐形式完成助餐服务，大厅堂食座位较少。每份午餐都在10点30分准时发货，在11点30分前全部送到老年人手里。部分老年人，如荣休老干部、经济或身体困难的老年人会享有一定助餐补贴，补贴范围在3元到8元之间。光明村老年配餐中心共有30多名员工。其中，为响应区政府对贫困地区的对口援助支持，有15名云南山区德昂族青年被安排在光明村老年配餐中心工作。

光明村老年配餐中心从建设到正式运营一切顺利，但在后续发展中出现困境。一方面，光明村的客饭价格和政府给老年人的就餐补贴额度一直未变，随着食材价格上涨，光明村做一份助老餐就要亏3元。另一方面，光明村人均工资3000元左右，用工成本较高。开业以来，光明村前三年每年平均亏损100万元左右。在此困境下，丰裕餐饮决定将旗下具有品牌效应的熟食和点心外卖模式引入到光明村老年配餐中心，开出熟食糕点外卖服务。然而，申请审批流程并不像想象中那么顺利，丰裕餐饮与政府有关部门经过几个月的协商，熟食糕点外卖服务才获得合法经营资格，熟食糕点面向所有顾客销售。由于熟食糕点物美价廉，再加上光明村在熟食行业的品牌效应，每天销量可观，熟食糕点销售业绩逐渐弥补了经营助餐业务产生的亏损，光明村老年配餐中心才得以继续维持运转。

（二）合作设计阶段分析：服务供给分工

1. 公共价值趋同下的目标达成

作为一种准公共物品，老年助餐服务兼具公益性和营利性双重属性，其公益性表现在社区60周岁以上老年人都有资格享受助餐服务，但为了确保公平性，政府会发挥"托底作用"，优先满足特困老人的助餐需求，使助餐服务在使用价值上具有适度普惠、福利公益的意蕴；其营利性表现在老年助餐服务是采用者付费和消费补贴相结合的准市场化方式运营，经营单位会在成本与收益理性权衡的基础上追求利润最大化，但受制于公益性的内在诉求，只能适度盈利，具有明显的微利性。对于政府而言，助餐服务公共利益最大化是其主要目标，但受限于专业能力不足、财政编制紧缺，政府单方无力完成助餐服务提供；对于丰裕餐饮而言，虽然其是国有企业，要承担一定的社会责任，但是丰裕餐饮是按照现代企业制度运营的市场组织，助餐服务利润最大化是其首要目标，不过助餐服务的微利性使得餐饮企业不一定有主动介入的意愿。这样，当政府与丰裕餐饮合作时，二者不仅存在天然的目标分歧，而且还面临动力不足的问题，这些都成为助餐服务合作生产的障碍因素。

为了实现目标一致性，促成合作，区政府在光明村老年配餐中心成立过程中发挥了主导作用，主要表现在以下方面：

第一，评估服务外包风险，审慎选择合作伙伴。光明村助餐点建设是黄浦区"十二五"政府实事项目，覆盖服务对象人数多，社会影响范围广，光明村助餐服务质量的好坏不仅关系到政府官员的年终考核，而且还与老年人的饮食需求满意度紧密挂钩。所以，光明村老年配餐中心建设既包含着影响政治官员前途的不确定性风险，而且包含着影响老年人饮食安全和社会舆论的不确定性风险，具有政治任务和社会服务的双重特性。因此，在强大的公共政策压力和事关政府官员履职风险的全盘考虑下，为了确保助餐服务公共利益最大化，方便控制和约束代理人的行为，区政府不敢轻易选择没有任何信任基础的市场组织作为合作伙伴。当选择合适的合作伙伴时，文化兼容、经营能力、亲近顾客是三个重要的参照标准（斯蒂芬·戈德史密斯，威廉·D.埃格斯，2008）。在本案例中，丰裕餐饮作为黄浦区区属国有企业，承担着为本辖区公众服务的使命，而且其管理人员有相应的行政级别，国有企业组织文化同政府的行政风格比较相近，二者文化层面上具有相近的公共价值理念；另一方面，丰裕餐饮是上海饮食领域的专家型企业，其食品不仅做工好、口碑好、适合本地人的口味，而且其经营规模较大，自负盈亏能力较强，具有一定的抵抗经营亏损风险的潜力。这样，基于相容的公共价值理念、靠谱的经营管理能力、知名的品牌影响力，再加上政府财政资源和国有资本天然的信任关系，丰裕餐饮从备选合作伙伴中脱颖而出，得到区政府的青睐。

第二，使命征召感化，政治劝勉激励。当区政府将丰裕餐饮确定为合作伙伴对象之后，区政府负责人主动找到丰裕餐饮负责人进行了业务洽谈。区政府负责人介绍了助餐点建设的政策背景，光明村老年配餐中心的建设标准、结果期望和社会效应，希望丰裕餐饮作为黄浦区老字号的食品类国有企业发扬光荣传统，能够积极回应老年人渴望助餐服务的社会需求，承担光明村助餐点建设的重任，为发展银发经济、保障改善民生贡献力量。面对政府官员的使命征召，丰裕餐饮负责人表示，"我们是淮海集团下属企业，是区属国有企业，为区里老人做一点实事，也是我们的社会责任所在。而且，我们过去没有涉足过养老服务业，助餐点建设是一个拓展业务的好机会。"表明丰裕餐饮认同了助餐服务的公共价值取向。此外，丰裕餐饮负责人还表示，决定承担助餐点建设还有政治压力的策动，毕竟这是区政府确定的实事项目，而国有企业听从党的召唤是基本的政治原则。这样，在为老年人服务的使命感化和政府官员的劝导勉励下，丰裕餐饮产生了参与养老服务业发展的想法。

第三，政策支持诱导，贡献承诺缔结。当丰裕餐饮产生合作意愿后，区政府进一步对合作建设助餐点进行了利益诱导，包括为丰裕餐饮提供前期一次性450万的运营经费支持、免费提供占地面积为600多平方米的市中心街边门面房、政府为特困老人购买助餐服务、服务质量考核优秀给予奖励、突出助餐点公共服务属性的标志等措施。政府财政资金投入和场地支持解决丰裕餐饮投身光明村老年配餐中心建设的前期高昂成本问题，政府购买助餐服务为丰裕餐饮确定了保底顾客，解决了对顾客不足的担忧，加装社区居家养老服务助餐点标志帮助丰裕餐饮迅速获得社会公信力，这一系列措施在很大程度上消除了丰裕餐饮建设和运营光明村老年配餐中心的不确定性。丰裕餐饮负责人也做出了积极回应，表示将为老年人提供物美价廉、安全放心的餐食服务，不负社会众望。于是，区政府与丰裕餐饮找到了利益交叉点，以成本最小化为突破口，最终达成合作共识，签署合作协议，助餐服务供给中"安排"与"生产"功能得以分离。随之，丰裕餐饮的组织目标发生重大变化，生产具有公益福利性质的老年餐成为建设和运营光明村老年配餐中心的首要目标，盈利成为次要目标。

2. 服务流程细分下的功能耦合

根据比较优势原则，各成员进行分工合作前需要先明确自身的优势和劣势，随后通过优势互补、明确角色，建立起紧密、稳固的合作关系。光明村老年配餐中心的主要合作方是政府和丰裕餐饮公司，不过，助餐服务递送环节，社区居委会、老年志愿者也作为合作成员完成了助餐服务的提供。根据资源掌握的丰富程度，光明村老年配餐中心合作成员的优势和劣势可用表4-1进行总结概括。

表4-1　光明村老年配餐中心合作成员优势和劣势列表

成员 资源	区政府（A）	丰裕餐饮（B）	街道（C）	居委会（D）	志愿者（E）
1 资金	雄厚的财政实力（A1）	市场营业额稳定（B1）	经费紧张（C1）	经费缺乏（D1）	"老伙伴计划"支持（E1）
2 人员	掌握权力，协调力强（A2）	专业，餐饮经验丰富（B2）	动员和推广能力强（C2）	善于执行，联系群众（D2）	公益服务精神（E2）
3 思维	行政化思维（A3）	专业化思维（B3）	行政化思维（C3）	行政化思维（D3）	参与性思维（E3）
4 需求瞄准	间接面对公众，模糊（A4）	直接服务顾客，精准（B4）	间接面对公众，模糊（C4）	直接面对公众，精准（D4）	直接服务公众，精准（E4）
5 工作方式	自上而下控制，等级分明（A5）	产品类型丰富，生产方式灵活（B5）	自上而下控制，等级分明（C5）	对上负责，对下灵活性一般（D5）	志愿服务因时而动，较灵活（E5）

续表

成员\资源	区政府（A）	丰裕餐饮（B）	街道（C）	居委会（D）	志愿者（E）
6 政策制定	有（A6）	无（B6）	有（C6）	无（D6）	无（E6）
7 组织体系	强大的行政网络（A7）	门店少，分布零散（B7）	强大的行政网络（C7）	熟悉的群众网络（D7）	无专门的组织载体（E7）
8 社会公信力	公益影响力强，市场影响力弱（A8）	市场影响力强，公益影响力弱（B8）	公益影响力强，市场影响力弱（C8）	公益影响力强，市场影响力弱（D8）	公益影响力弱，市场影响力弱（E8）

为了清晰地观察各合作主体贡献资源过程，本文将助餐服务分为助餐安排、助餐生产、助餐递送（包括餐食配送、送餐上门、集中用餐）、助餐管理四个环节，不同环节中各方贡献资源可用表4-2来概括。

表4-2 光明村老年配餐中心合作成员贡献资源过程

成员\环节	区政府（A）	丰裕餐饮（B）	街道（C）	居委会（D）	志愿者（E）
1 助餐安排	A1、A2、A6、A7、A8	B1、B2、B8	C6、C7、C8	—	—
2 助餐生产	—	B3、B4、B5	—	—	—
3 餐食配送	—	—	C6	—	—
4 送餐上门	—	—	无	D2、D4、D7	E1、E2、E3、E5
5 集中用餐	—	—	—	D7	—
6 助餐管理	A2、A6	B3	C2、C7、C8	D2、D8	—

资源贡献确定以后，实际上，光明村老年配餐中心各合作主体职能角色也得以明确。如表4-3所示，在助餐安排环节，区政府是采购者角色，主要职能是寻找合作伙伴，协调公共资源分配。合作初始，在中心城区地价租金高、餐饮行业前期投入大的不利条件下，区政府承诺向丰裕餐饮提供前期一次性运营补贴经费450万，并通过行政命令让街道免费提供占地600平方米的街边门面

房，以期降低光明村老年配餐中心前期硬件建设成本，激发丰裕餐饮参与为老服务的热情。在助餐生产环节，作为生产者，丰裕餐饮在获得相关政策支持后，自筹资金配备相应的人力、物力建设光明村，制定了标准的作业流程，高度负责地烹饪老年餐。在助餐递送环节，光明村、居委会和老年志愿者扮演了递送者的角色，连接着老年餐生产到消费的过程。首先，光明村先将老年餐装箱放入有专门标志的配餐车，派专门的配送人员按照规定的时间送到社区。随后，社区居委会工作人员或社区老年志愿者根据就餐人员名单，将老年餐送到需要送餐上门的老人手中，从而完成"最后一公里"的助餐服务。同时，居委会工作人员还会在社区居家养老服务中心提供专门场地组织老年人集体用餐。在助餐管理环节，区政府扮演协调者角色，当丰裕餐饮经营光明村老年配餐中心遇到亏损时，区政府有关负责人通过非正式关系出面为丰裕餐饮进行业务拓展，摆脱困境。街道扮演着协调者和监督者的角色。一方面，街道负责将符合条件且需要助餐服务的特困老年人信息告知光明村，以完成政府"托底"保障任务，街道是整个助餐服务中的信息枢纽。另一方面，街道还承担着对服务质量和助餐补贴发放进行监管的职能，如不定期组织居委会对就餐老人进行随机调查，进行年度助餐满意度测评等，确保服务质量。由此，主体之间的资源互补、服务环节的功能耦合使光明村老年助餐供给体系形成了初期的稳定结构。

表4-3 光明村老年配餐中心合作主体角色及职责分工

服务环节	助餐安排	助餐生产	助餐递送			助餐管理
			餐食配送	送餐上门	集中用餐	
参与主体	区政府	丰裕餐饮	丰裕餐饮	居委会 志愿者	居委会	街道
职能内容	选择伙伴 使命征召 提供支持	建设运营 制作餐食	安全 运输 客餐	确保 饭到 人手	组织 老人 就餐	信息沟通 协调分歧 质量监督
角色类型	采购者 协调者	生产者	递送者	递送者	组织者	协调者 监督者

3. 风险承担失衡下的责任结构

识别项目的潜在风险并将风险分配给最适合承担的主体是合作成功的重要因素。而且，对于公共服务合作项目来说，风险还是公共服务问责的着力点。伴随着公共服务生产责任由公共部门转移给私人部门，公共服务自上而下的等级式问责出现断裂，如果不能建立合理的风险分配机制，就不能对私人供应商形成正确的激励。产生的结果极有可能是项目资金难以保证最佳使用价值，而且还会出现公共服务问责主体遁形、公共责任缺失的消极结果。

从整个合同风险来看，本案例中，区政府采用定向委托的方式与丰裕餐饮合作共建光明村，政府是委托人，丰裕餐饮是代理人，为了确保代理人能够实现委托者的目标，在合同条款里，政府制定了清晰的餐食服务制作标准、助餐服务质量标准、业绩考核标准等内容，明确了承包商丰裕餐饮的行动合法边界，有效地预防了道德风险的发生，形成了清晰的问责链条。

从风险承担结构来看（见表4-4），对于政府而言，助餐服务效果的好坏与否对政府的合法性会产生重要影响，而且还与政府官员的职业发展前景息息相关。政企合作建设光明村老年配餐中心的政治风险较大，丰裕餐饮没有能力也没有资格承担助餐服务的政治风险，所以，政府并没有完全放权给丰裕餐饮，而是通过食品安全监管、资质评估、业务审查、账目审计、顾客测评等手段监督丰裕餐饮的经营行为，把政治风险逐一分摊给食药监、民政、街道三大政府部门，从而形成了政治风险防范网，避免出现敏感的负面社会影响。对于光明村老年配餐中心而言，老年人饮食需求变化、就餐人数的变化、食材及配送成本的变化都会影响光明村老年配餐中心的正常运营，成为潜在的市场风险。由于不直接参与经济事务，所以，政府对这些潜在的市场风险并不敏感。相反，丰裕餐饮在餐饮市场深耕20多年，对这些潜在的市场风险早已有比较成熟的风控体系，所以，光明村老年配餐中心运营的市场风险最终由丰裕餐饮独自承担,自负盈亏。对于老年人而言,光明村老年配餐中心最需要防范的是食品安全风险,防止出现食物中毒。从助餐服务环节来看,食品安全风险最容易发生在两个环节,即老年餐装车运输配送和老年人进餐食用环节。餐食配送风险和饮食安全风险都由丰裕餐饮独自承担。为了防范餐食配送风险,丰裕餐饮采购了专门的快餐配送车,明确了配送时间节点,雇佣了区政府对口支援的云南贫困地区青年从事配送工作;为了防范饮食安全风险,丰裕餐饮要求所有工作人员都必须持健康证上岗,对食材采购、餐具消毒等都建立质量监控体系。不过,由于助餐服务的主要风险都由丰裕餐饮独自承担,所以光明村老年配餐中心运营负担较重,特别是人工成本较高,人均工资3000元左右,这也在一定程度上造成光明村老年配餐中心后期运营出现了严重的亏损。

表4-4 光明村老年配餐中心风险承担结构

风险类型	政治风险	市场风险	人身风险
影响对象	政府	光明村	老年人
影响内容	危及合法性	经营亏损	健康损失
承载主体	区食药监、区民政、街道办	丰裕餐饮	丰裕餐饮
承载符合	均匀	沉重	沉重

(三)合作运行阶段分析:伙伴关系建构

1.光明村合作生产网络的运转过程

在合作设计阶段,基于技术理性,光明村老年配餐中心项目的合作成员达成一致目标、明确角色作用、完成职责分工,为合作运行奠定基础。当进入合作运行阶段时,合作各方就要在互动中逐步形成合作生产系统完成助餐服务的提供。这种互动并不是参与者一时冲动而组织的"即兴游戏",相反,它是由一些数目有限的政策工具所建构的互动场域。政策工具设定了合作生产系统的运作程序，建立了制度化的行动模式，引导合作主体开展良性互动，形成伙伴关系。一旦程序正式启动，合作就开始发挥作用，产生价值。

本文依据政策工具"四分法"思路，根据政府干预强度的高低将政策工具划分为强制类政策工具（主要表现为财政拨款、直接投资等）、市场类政策工具（主要表现为有价证券、服务外包等）、信息类政策工具（主要表现为政策宣传、服务动员等）和自愿类政策工具（主要表现为志愿服务、公益项目等）。如图4-1所示，政府通过对不同政策工具的使用，编织了助餐服务提供的安排生产网络和执行管理网络，从而形成了光明村老年配餐中心助餐服务合作生产网络。

作为黄浦区"十二五"实事项目，能否顺利建成并运营老年助餐中心不仅关系到政府官员的职业前景，也是年终工作业绩考核的重要内容，这对区政府产生了一定的政策压力。同时，受限于自身专业能力不足，政府部门无法亲力亲为地经营助餐中心，因此，在光明村老年配餐中心建成前，区政府承受着双重工作压力。为了早日将助餐中心项目落地，合作初期，区政府使用了引致作用很强的强制类政策工具，设定了光明村老年配餐中心建设的加速程序。具体措施：一是直接投资。区政府从财政专项资金中拿出450万经费吸引丰裕餐饮积极投身光明村老年配餐中心建设，帮助其解决前期投入成本高的难题。二是行政命令协调资源。区政府通过行政命令让街道腾挪辖区闲置办公场地作为老年助餐中心的经营场址，免费提供给丰裕餐饮。

强制类政策工具的使用使老年餐的生产责任从区政府转移到丰裕餐饮，而市场类政策工具的使用则设定了光明村的具体经营规范要求，使老年餐从生产到消费具备了实现条件。主要表现在：一是外包服务。街道与光明村签订了助餐服务购买合同，丰裕餐饮就具备了生产老年餐的合法经营资格，使其开始注重助餐服务的公益性目标。二是就餐补贴。区政府为特困老人制定了就餐补贴享受办法，不同经济困难的老年人，可以享受3到8元的就餐补贴，增强了特困老人的就餐消费能力，确保所有老年人都有资格享受助餐服务，确保机会公平。三是自营业务。当光明村经营出现亏损后，经过政企双方协商，光明村最终被允许按照市场价格销售熟食糕点等自营优势业务，增强了光明村的经营自主性和灵活性。熟食糕点等自营业务不仅能满足老年人差异性的饮食需求，还能提高光明村的自我造血能力。

市场类政策工具使政府对助餐服务直接管控力减弱，因为服务外包和自营业务使光明村的自主权得到增强，而就餐补贴使老年人能更好地行使消费选择权，这为老年助餐多元供给网络塑造出一定的自治理空间。在自愿类政策工具的连带性动员下，社区、公益慈善要素进入光明村多元供给网络自治理空间，社区居委会、老年志愿者都成为老年餐日常执行管理的主体。一方面，社区居委会充分利用社区公共养老设施资源，安排专门场地组织老年人集中享用膳食，为老年人相互交流创造条件和机会，满足了老年人的情感交流需求，增强了社区团结。社区团结的增加反过来还会促进老年人参与社区活动，每次社区居委会组织助餐服务满意度调查或座谈会，大部分老年人都会积极参与，表达观点，反映就餐偏好。老年人不再仅仅是助餐服务的使用者，而且还是老年餐制作的定义者。另一方面，社区居委会借助上海市"老伙伴计划"，将低龄、有工作能力的老年人发展成为老年志愿者，与社区高龄、行动不便的老年人结成互助好友，当高龄老人需要送餐服务时，老年志愿者就可以发挥余热，志愿完成送餐服务。每一次志愿服务时间都会记录在案，当低龄老年志愿者年老需要基本养老服务时，就可以将曾经的志愿服务记录折算为服务时间无偿享受新的低龄老年志愿者的服务。

信息类政策工具在助餐服务管理中发挥中介作用。一是公共设施标志，凸显助餐中心的公益性。当光明村竣工，通过评估验收后，街道便将专门的老年助餐点标志挂在光明村大门口，方便社会公众知晓助餐中心的公共服务属性，同时，在街道官网、社区公告栏、微信公众号会及时宣传光明村的最新消息，将光明村的公共服务形象深入人心。二是传递需求信息，精准匹配供求。社区居委会会将老年人变更就餐需求的信息上报给街道，街道整理后会及时告知光明村，避免光明村的餐食资源浪费；同时，为了畅通就餐供求信息，街道或社区会定期召开助餐服务座谈会，光明村负责人和老年人代表面对面沟通就餐存在的问题，达成共识。而且，光明村负责人会定期针对在助餐中心就餐的老年人进行满意度测评，动态掌握老年消费者的满意度状况，便于调整服务策略。三是明确业绩考评程序，形成合作激励。年底，街道都会从各个社区抽调工作人员、从老年协会中抽调老年人代表组建助餐服务评估小组对光明村进行业绩考核，考核结果作为是否继续保持合作、发放奖励的重要依据。这些信息交流手段使街道、光明村、社区居委会、老年人之间形成良性互动，成为助餐服务的政府管理与网络自治理的融合剂。

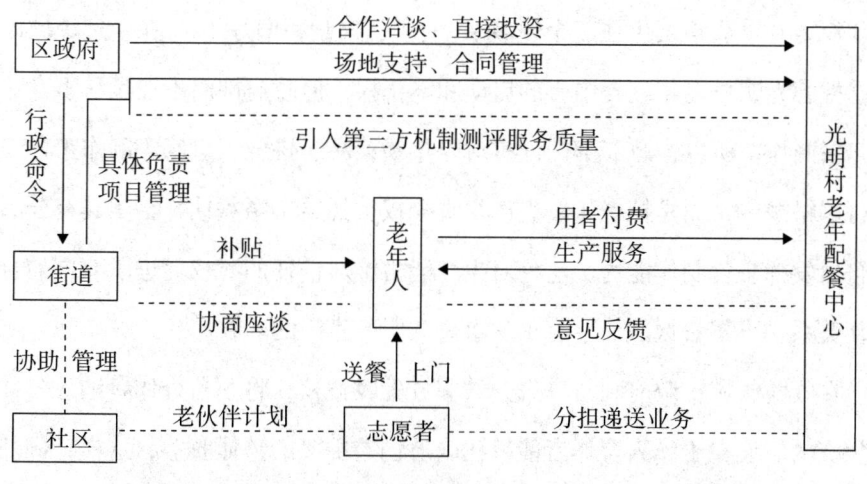

图4-1 光明村老年配餐中心合作生产网络运转过程

注：实线代表助餐服务生产网络，虚线代表助餐服务管理网络

2. 权力共享下的政企利益同构过程

组织管理理论认为，由于每个行动者所拥有或能够动用的资源不一样，能力大小不一，每个行动者拥有不同的权力，在理性原则下，每个行动者可能会利用权力为自己生产确定性、为他人制造不确定性，合作可能会走向失败。按照这一理论逻辑来看，丰裕餐饮拥有的最大资源是专业的餐食制作能力，掌握老年餐的专业生产权；政府拥有的最大资源是行政控制和制度规范，掌握老年餐的运营启动和终止权，但其最大的缺陷是对老年餐制作生产技术知识不甚了解。二者存在明显的信息不对称现象，丰裕餐饮极有可能利用生产技术的信息优势通过牺牲公众利益的方式来获得自己的特殊利益。但是，实际情况是，丰裕餐饮基本完成委托人交付的使命和任务，部分原因在于政府和丰裕餐饮在资源交换过程中不断地分享各自影响力，从而形成了适度的权力共享机制，打破了权力负和博弈的局面。

权力共享通常发生在三个领域："生产、收益和偏好[①]。"在生产领域，政府掌握着光明村老年配餐中心的启动和终止权，但政府部门不擅长从事专业的老年餐制作，所以，政府部门没有对老年餐菜品、搭配、口感等制作工艺细节进行严格规定，而是把老年餐生产之责全权委托给丰裕餐饮，给予其充分的行动自由发挥餐食制作能力。这种对生产能力绝对信任的赋权增进了双方的合作伙伴关系，丰裕餐饮从而享有了从事公共服务生产的职权。

在收益领域，政府独自享有公共服务的收益权，将私营合作者纳入公共服务生产的假设在于私人合作者能够比政府创造更多的整体收益，这样，额外的收益将如何分配就成了新的问题。如果额外收益能够在公私部门之间有效合理分配，就能形成强大的合作激励。在本案例中，区政府 450 万的资金支持相当

[①] 约翰·D. 多纳休, 理查德·J. 泽克豪泽. 合作——激变时代的合作治理 [M]. 徐维, 译. 北京: 中国政法大学出版社, 2015: 52.

于丰裕餐饮提前获得了光明村老年配餐中心未来运营利润，街道办将位于黄金地段的 600 平方米门面房用来建设光明村老年配餐中心，相当于把该地段的部分土地收益无偿出让给丰裕餐饮，区民政财政拨付的 3 到 8 元不等的助餐补贴实际上是通过财政补需方的方式间接补贴供方，确保光明村老年配餐中心有保底收入，而且丰裕餐饮独立决算运营收支、自负盈亏，这些都是政府将原本独享的有形收益与丰裕餐饮共享。此外，丰裕餐饮还获得了权力共享带来的无形收益，比如区政府允许丰裕餐饮用自己旗下光明村大酒店品牌冠名助餐点，对助餐点公益服务进行特征标志等，都使得丰裕餐饮在基本公共养老服务领域获得了主体的合法性认同，培育了养老品牌影响力，占据市场先机。

在偏好领域，虽然政府与丰裕餐饮对助餐服务公共价值趋向达成一致目标，但是具体到光明村老年配餐中心的建设与发展，二者的偏好排序有差异，政府的偏好排序是完成民生任务、确保饮食健康安全、提高老年人获得感，丰裕餐饮的偏好是获得适度利润、满足老年人需求，尽到社会责任。为了避免合作失败带来的政治风险和社会风险，政府并没有将偏好裁量权与丰裕餐饮适度共享，只是把过去由政府负责的老年人饮食偏好表达完全交给丰裕餐饮代为履职，而把完成民生任务、确保饮食健康安全放在光明村老年配餐中心运营的优先位置，置于丰裕餐饮获得适度利润的偏好之上。具体表现在，一是政府牢牢控制老年餐定价权，以低于市场价格的老年餐来衬托民生任务的政治属性和公共服务的福利属性，削弱助餐服务的市场营利属性，丰裕餐饮无权调整老年餐价格。但是这也带来了负面结果，8 元一份的老年餐价格没有随着物价上涨而进行及时调整，3 到 8 元的老年人就餐补贴缺乏动态调整机制，随着食材价格上涨，光明村做一份老年餐就要亏 3 元，再加上人工成本较高，前 3 年，光明村每年平均亏损达 100 万元左右。二是政府严格规定光明村老年配餐中心的做餐份额，食药监部门根据光明村场地面积限定光明村最大供餐数量是 1800 份。供餐限额不仅能衡量光明村的营利状况，为共享收益权提供依据，还能防止因盲目扩大经营规模导致食品安全事件发生概率增加的危险。三是政府严格限制光明村老年配餐中心的经营业务范围，只面向辖区范围内 60 岁及以上老年人提供午餐，其他区域老年人和社会人士无资格享用助餐服务，只能提供老年套餐，不能提供其他食物，这样做也是为了能够更好地为本区域内老年人提供更好的服务。不过，由于经营规模和经营业务范围的限制，光明村老年配餐中心也失去了实现规模经济发展的机会，助餐服务内含的公益属性和营利属性之间出现了失衡。

效率与责任是公共服务的价值目标。在责任方面，政府与丰裕餐饮共享助餐服务生产权、共享助餐服务收益权，使光明村老年配餐中心基本完成了老年助餐任务，有力承担起了政府委托的民生保障之责，这在每年的工作绩效考核中得到有力体现，每年街道组织的满意度测评，老年人满意度都在 90% 以上。在效率方面，单从成本与收益标准来衡量，光明村老年配餐中心前三年运营亏损大，这一结果不尽如人意。但是与黄浦区过去由街道自己负责建设助餐点的实践相比，光明村老年配餐中心明显提升了助餐服务供给效率。

3. 同质性网络结构与上下层级式伙伴关系

从静态角度来看，政府与光明村建立的合作伙伴关系是一种同质性网络结构（表 4-5），主要表现在：参与光明村建设运营的丰裕餐饮是国有控股公司，与政府部门都是具有明显公共属性的组织；建设光明村的资金来源于具有相同公共属性的政府财政资金和国有资金，而且在地理位置上，丰裕餐饮办公场所位于黄浦区，区政府熟悉丰裕餐饮的经营情况，与黄浦区政府具有天然的地缘优势。这种同质性网络结构使信息以纵向垂直沟通形式在成员间传递，而且成员间非正式关系起到了重要作用，主要表现在负责助餐中心建设的官员与丰裕公司高层熟识，通过官员的政治权威感召力，区政府与丰裕餐饮很容易地达成合作共识。而且后期光明村面临亏损困境，申请经营熟食糕点业务也是在区政府官员直接协调下而获得审批，从而使政企双方合作生产的良好预期得以存续。

表4-5 光明村和长桥助餐中心的网络结构特征

案例	成员类型	资本属性	地理位置	网络特征
光明村	+++	+++	++	同质性

注："+++"表示很相似；"++"表示相似；"+"表示一般；"－"表示不相似

从动态角度来看，在助餐服务生产网络中，社会公信力、财政资源、制度安排等是政府部门的优势，但政府缺乏直接生产助餐服务的能力，深耕餐饮多年的专业运营能力以及"老牌国字号"口碑是丰裕餐饮的优势。为了能将丰裕餐饮的市场经营能力转变为助餐服务供给能力，区政府率先拿出合作诚意，提供资金支持和免费场地，丰裕餐饮出于资源交换利好和国企回馈社会的责任对政府合作意愿进行积极回应，最终双方很顺利达成合作协议，在合作初期形成基于目标认同的互惠伙伴关系。在助餐服务管理网络中，社区居委会的强大动员能力和低龄老年志愿者分担了光明村配送老年餐的成本，老年助餐管理权力在街道、社区、老年人之间共享，三者以服务老年人为目标，形成了柔性且发散性的合作伙伴关系，网络自治理积极作用得到有效发挥。

不过，随着政企合作的深入，政府制度安排不公平和公共政策生产不足导致前期良好的合作伙伴关系出现恶化。一方面表现在筹资制度公平性缺失。如果是在民政部门注册的社会组织经营老年助餐中心可以享受税收减免及水电煤气等费用优惠，但是光明村是工商登记的丰裕餐饮企业运营，没有资格享受上述优惠政策，光明村的水电、煤气等公用事业支出费用皆以工业使用标准缴纳。同做公益事业，却因身份属性差别而产生的待遇差序格局，实则是市场竞争不平等性的表现。另一方面表现在制度生产的"缺位"。缺乏后续奖励扶助政策，如公益创投奖励、公益岗位设置等，导致光明村持续投入动力不足，光明村运营负责人曾萌生过退出的念头，但是囿于集团高层与区政府的良好私交关系，只好放弃这种想法。而且随着助餐成本上涨，就餐补贴缺乏动态调整机制，无法有效发挥财政补需方的作用，光明村老年配餐中心不仅面临着由客饭市场价差而产生的心理落差，而且还面临着由于通货膨胀产生的食材价格上涨的压力，助餐的微利性得不到适度补偿使得光明村在亏损中踯躅前行，二者合作关系开始出现裂痕。

从资金来源来看，丰裕餐饮运营的光明村老年配餐中心虽然从事助餐福利事业，但它本质上仍然是一个商业主体，能够盈利获得稳定的资金流是其独立发展的基础和动力。除了获得政府前期一次性资金和场地支持以外，光明村主要靠助餐和熟食糕点外卖获利进行再投入，没有得到任何社会捐赠，资金来源结构单一，再加上助餐服务收费空间较窄，自我造血功能较弱，对政府依赖性较强，呈现出单向性资源依赖关系，进一步加剧了双方合作地位不平等的现实。而且光明村助餐业务和熟食糕点外卖业务之间是割裂的，深受欢迎且客户群体更广的自制熟食销售过程中没有体现出本身特有的为老服务公益性质，光明村的社会效应没有得到充分体现，制约了光明村社会资本动员能力。因此，制度生产的"缺位"、对财政资源的过分依赖使政府与光明村之间"适当距离"难以维系，从而无法建立真正的公私合作伙伴关系，两者在委托人监督控制与代理人反向控制博弈中走向上下层级式的伙计关系在所难免。

（四）合作评估阶段分析：行为结果控制

1. "多龙吐水"带来的规制困境

从规制主体来看，对光明村老年配餐中心进行监管的政府机关较多，呈现"多龙吐水"的局面。区民政是光明村的业务主管部门，区食药监负责助餐服务的食品安全监管，街道办是助餐服务具体管理监督单位，公安交警部门要对助餐配送车是否符合安全上路资质进行检查，还有工商、税务等部门也直接或间接"伸手"管理，各规制主体之间囿于职权边界所限，且对兼具公益性和营利性的助餐服务理解有偏差，未能建立有效的协同监管机制。民政部门想要扩大助餐福利惠及面，对社会组织关心有余，但对由企业负责运营的光明村关心不够；食药监要确保饮食安全，却没考虑到助餐服务的公益性和微利性，僵化地将光明村等同于市场营利性的餐饮企业，监管弹性不足；街道想要高质量的助餐服务和稳定的社区环境，却不支持光明村适度提高老年餐价格的合理要求，因为涨价牵动着老年人的神经，是一件高度敏感的政治事件，在维稳的大原则下，拒绝了一切潜在的不和谐因素。最终结果是，这些主要的监管部门都不考虑其他人的目标，光明村只能在监管的缝隙中求得生存。例如，在寻求水电煤费用政策优惠时，光明村曾多次和街道、民政局进行沟通，渴望寻求支持，但是由于街道、民政局权力有限，无力调动工商、税务、燃气公司、电力公司的资源，多次沟通未果使光明村负责人在不断期望中逐渐失望。在迫不得已的情况下，通过集团总公司负责人与区政府负责人良好的私人关系，达成人格化交易，最终获得区政府首肯，才取得自制熟食外卖资格，以此弥补亏损，逐渐做到收支平衡。

从规制政策来看，光明村最初助餐最大份额是 1800 份，这是食药监部门根据经营场所场地面积按照有关规定核算而来，从 2011 年成立到现在这个份额一直未变。但是后期，光明村加大了对餐食生产自动化技术的引用，如购买了全自动米饭生产技术，烹饪流程已经从早期的人工操作变成了机械化的流水线，生产效率大幅度提高，能够提供的老年餐数量已经可以达到 2400 份。但是受限于严格监管却无法及时调整，浪费了光明村的生产能力。另一方面，为了防止食物中毒等食品安全风险的发生，合同规定光明村的经营业务范围仅限老年餐，且只能提供中餐，不能自主经营其他业务，也不能将老年餐享用范围扩大到社会用餐。直到出现亏损，政策也没有得到相应调整。但做公益并非等同亏本买卖，仍需政策关怀。对光明村运营业务的刻板规制、不顾光明村生产能力的提高和助餐服务内在的公益属性僵化地运用餐饮企业经营法规进行监管不仅剥夺了光明村实现规模经济发展的机会，而且挫伤了其持续提供优质服务的动力。

2. 光明村规范管理的多边叙事机制

网络成员之间的对话交流并不是通过命令臣服的方式进行，而是基于信任关系和民主价值内核的协商对话方式开展，各个成员通过共享基本信息来消除单方行动的机会主义和盲动性，确保稳定合作的策略预期，使整个合作能够在动态变化中持续进行。光明村项目中的合作成员叙事机制如表4-6所示。在助餐服务生产网络中，针对助餐点建设，由于区政府负责人与丰裕餐饮负责人已经建立了良好的私人关系，区政府先是强调助餐点建设的重要意义，给出了政策优惠条件，坚定了丰裕餐饮回馈社会、为老服务的决心，通过政治劝勉的方式很容易地达成合作意向。在后续发展中，正是丰裕餐饮高层与区政府官员之间良好的私人关系，才获得经营熟食糕点的资格，所以，丰裕餐饮与区政府之间建立的是人格化的叙事机制；街道通过购买合同与丰裕餐饮建立正式的委托代理关系，职责明确，合作共建光明村，双方权利和义务受合同条款的约束，合同文本就是双方正式对话交流的通道。

在助餐服务执行管理网络中，座谈会是街道、社区居委会、老年人、光明村直接对话交流的重要平台，各方代表就助餐服务中的问题进行磋商，建立了常态化的协商机制。同时，在客户关系管理基础上，光明村通过随机电话回访对享受助餐服务的老年人进行满意度调查，与老年消费者建立直接对话机制。座谈会反馈、光明村顾客满意度调查在一定程度上减少了昂贵的制度监管模式的依赖性，降低了对光明村行为监督的成本，使合作生产网络运行更加自主、高效且富有弹性。对于助餐服务质量评估，街道在后期引入了一家社会组织作为第三方评估机构，对光明村进行业务考核，街道和光明村围绕考评结果展开正式对话。

表4-6 光明村老年配餐中心成员的叙事机制

叙事机制	叙事主体	信息传递中介	政府角色	发生作用
社会化机制	区政府与光明村	信任伦理对等身份	信息连接人	缩小组织文化差异
市场化机制	街道与光明村	合同文本	信息中心	确定议事结构
社会化机制	街道、老年人代表与光明村	民主协商	信息过滤器	知识共享，运行过程可视化
市场化机制	街道、第三方评估机构与光明村	绩效标尺	信息把关人	适应性管理，平衡项目的责任性与灵活性
社会化机制	核心顾客与光明村	满意度调查	—	与顾客保持一致看法

3. 轮辐式生态上的持续价值创造

政府规制产生的行政权力约束和叙事机制产生的协商对话氛围为光明村老年配餐中心的运营创建了确定性的制度环境，锁定了不同成员的行动边界，使各成员在相互承认、相互认同下协同行动，使合作生产进入稳定运行状态，这种稳定性运行状态又进一步消除了未来合作的不确定性。这样，区政府、街道、社区居委会、老年人、丰裕餐饮都在助餐服务合作生产场域产生相互依赖关系，形成一个密不可分的整体对制度环境进行集体性适应，其生存策略从个体自生为主走向集体共生为主，最终形成一种轮辐式生态系统，满足了各个成员的生存需要（如图4-2所示）。这种轮辐式生态系统的特征表现在：一是资源流向中心化。区政府的财政资源、权力资源和制度资源，街道的场地资源和制度资源、社区的志愿服务资源等都源源不断地流向了丰裕餐饮运营的光明村老年配餐中心，使整个合作场域形成强大的向心力，而这个中心就是丰裕餐饮。二是合作成员强势化。丰裕餐饮在合作之初并没有与政府讨价还价的能力，但是随着助餐服务的发展，合作日趋稳定，资源流向中心化使光明村老年配餐中心的资产专用性越来越强，再加上助餐服务具有较强的连续性，政府单方贸然终止合作的成本很高，这进一步加强了丰裕餐饮在合作网络中举足轻重的地位。三是服务输出辐射化。区政府和打浦、五里、瑞金、淮海四个街道的资源集中流向丰裕餐饮，这使得光明村老年配餐中心具备了较强的服务辐射能力，与之前由街道单独办助餐点时期相比，光明村老年配餐中心的服务半径更长、服务对象更广，服务内容也更加丰富化。

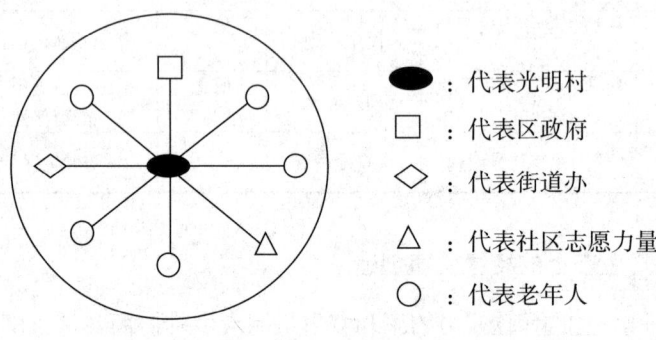

图 4-2 光明村老年配餐中心的场域生态结构

（五）光明村助餐服务合作生产的运转机制小结

根据上文分析，可以按照合作设计、合作运行、合作评估三个阶段，从任务、策略、措施、结果四个方面归纳光明村老年助餐服务合作生产的运行机制（如表 4-7 所示）。在合作设计阶段，主要任务是识别合作伙伴，采用的是聚合策略，将区政府、街道、丰裕餐饮等多元主体聚拢在助餐服务领域，其结果是对不同组织的能力进行重新匹配，实现多方参与共建光明村；在合作运行阶段，主要任务是管理利益冲突，采用的是协调策略，使多元主体建立互惠互信的合作关系，其结果是丰裕餐饮总公司负责人与区政府官员之间的良好个人关系为解决光明村亏损困境发挥重要作用，使政府与丰裕餐饮合作从利益失衡重回利益均衡；在合作评估阶段，主要任务是维系集体生产，采用的封装策略，将区政府、街道、丰裕餐饮等多元主体锁定在助餐服务合作生产的边界内，防止出现合作突然中断导致老年人福利受损。其结果是合作成员之间形成轮辐式生态，改善了黄浦区原先由街道各自独立办助餐点的低效和资源浪费局面，提高了助餐服务的供给效率和辐射范围。

光明村案例体现出以下特点：(1) 区政府官员个人感召力促成合作机会；(2) 自主管理网络减少了行政权力不当干预；(3) 私人关系发挥调节作用；(4) 公、私部门之间建立的是一种同质性网络关系，组织文化具有相似性，便于非正式沟通；(5) 规制政策僵化导致制度生产缺位，影响光明村的正常运营；(5) 多部门监管机制，使政府作为核心成员的作用发挥不明显，无法解决合作出现的重要难题；(6) 引入第三方评估，向社会传递了合作生产的价值。

表4-7 光明村老年助餐服务合作生产的运转机制

阶段	阶段一：合作设计	阶段二：合作运行	阶段三：合作评估
任务	识别合作伙伴	管理利益冲突	维系集体生存
策略	聚合策略	协调策略	封装策略
措施	1.1 达成共识 使命征召，政治劝勉 政策诱导，利益共识 1.2 耦合功能 明确角色，职责分工 资源交换，互惠互信 1.3 分担风险 合同防止道德风险 光明村自负盈亏	2.1 使用工具 设定合作生产的程序 拓宽社会参与空间 2.2 共享权力 充分共享生产裁量权 适度共享收益裁量权 政府独享偏好裁量权 2.3 建立关系 信息垂直沟通 非正式关系协调 上下层级式伙计关系	3.1 外部监管 多部门监管 限制经营业务范围 3.2 内部协商 不同主体进行多样化叙事沟通 3.3 适应环境 形成轮辐式生态 强化合作生产稳定性
结果	多元主体能力匹配，实现多方参与共建光明村	光明村出现亏损，私人关系通融下获得转机，双方利益调整到均衡点	合作场域向心力强，光明村经营规范，助餐服务满意度高
特点	1. 区政府官员个人感召力促成合作机会	1. 形成自主管理网络 2. 私人关系发挥调节作用 3. 同质性网络关系	1. 核心组织作用不明显 2. 规制政策僵化 3. 引入第三方评估

二、政府与民营企业：上海长桥助餐中心

（一）案例介绍

上海市长桥社区老年助餐服务中心（简称长桥助餐中心）位于徐汇区长桥街道龙川路、罗秀路路口的一家大型菜市场二楼，属于区域综合型助餐服务示范点。截至 2016 年末，徐汇区 60 岁及以上老年人人数为 29.42 万人，占本区总人口比例为 32%，高出全市 1.6 个百分点，人口老龄化程度比较严重。长桥街道社区户籍居民中 60 岁以上的老人有 2 万多名，约占本地区户籍总人数的 24%，其中 90 岁以上 560 多人，独居老人 1481 人。

早在 2007 年 3 月，长桥街道就开始探索为老年人提供助餐服务。街道整合社会资源，改造修建了街道两所敬老院的食堂，添置送餐车和餐具，为周边老人提供助餐服务，不去，其服务半径和服务规模较小。随着人口老龄化程度愈加严重，长桥街道独居老人、高龄老人、空巢老人人数逐渐增加，社区助餐服务需求日益迫切。为解决社区老年人就餐难的问题，在徐汇区民政局指导下，长桥街道根据上海市民政局发布的《关于鼓励社区设立老年人助餐服务点的通知》文件精神，于 2008 年初谋划为老助餐"大食堂"工程，着力打造政府主导、社会运作的"1+6"格局的立体化助餐服务体系，即一个区域型助餐中心、六个助餐服务点，助餐中心主要负责餐食制作，然后由专门人员将老年餐送到六个助餐点，方便老年人就近用餐，从而实现助餐服务社区全覆盖，使辖区每一个老年人都有机会享受助餐服务。

为了找到合适的承包商，长桥街道通过市民政局的平台发布招标信息，经过层层筛选后，最后招投标确定了上海绿捷快餐有限公司（简称绿捷公司），双方签订合同。上海绿捷快餐有限公司成立于 1999 年，位于闵行区颛兴东路

1158号，注册资金500万元，自有厂区土地30亩、建筑面积2.4万平方米，拥有万吨储藏量的冷库，另外在浙江湖州还建立了3000亩生态农业园，种植蔬菜、培育果林、养殖鸡羊；企业在册员工约4000人，具有本、专科学历员工300多人，有一、二、三级厨师证厨师400多人，技师级营养师、高级营养师、中级营养指导师及中级食品检验师20余人。2006年8月，绿捷公司顺利通过ISO9001质量管理体系和HACCP食品安全控制体系双认证，是上海市营养协会会员、上海市餐饮协会会员。公司目前已通过上海市食品药品监督管理局认可，是具有为学校提供快餐或经营管理学校食堂合法资质的快餐公司之一。经过10多年的发展，绿捷公司已经营管理着全市14个区270余所中小学及幼儿园食堂，还为政府机关，工厂企业，医院大型商厦和社区便民点供餐，每天供餐量已超过25万份。企业总资产超过1亿元，年营业收入将近5亿元，年缴税金2000多万元，是目前上海市规模最大学生营养快餐公司。

2008年11月，由上海绿捷快餐有限公司运营的长桥助餐中心正式对外营业。作为上海中心城区面积较大、专业化程度较高的一家助餐服务中心，长桥助餐中心承担着辖区内每天500多位老年人的中、晚餐供应。针对60岁以上或者行动不便的老人，每天有200份老年餐需要送餐上门。每客老年套餐收费标准为7元，包括一大荤、一小荤、一素、一汤、一饭。后来，为了满足老年人差异化的饮食需求，长桥助餐中心又推出10元套餐供老年人选择。为了体现助餐服务的公益性，长桥街道出台了社区特别补助方案，给予特困老年人3元就餐补贴，补贴后每餐核价为4元。而对于需要送餐服务的特困老人，街道会给1元送餐补贴，老年人自付1元送餐费。长桥助餐中心为所有老人都准备了就餐卡，每餐刷卡消费，收款制度为月结，老年人一月购买一次餐券卡。此外，长桥街道老龄委的六名工作人员也在助餐中心自费享用套餐，通过直接享受服务来监督供应商。

每天，长桥助餐中心做完老年餐，就交由街道委托的上海富宇（家政）劳务服务有限公司（简称富宇公司，私营企业）负责送餐到六个助餐点，富宇公司是一家专注家政服务多年的民营企业。当老年餐由富宇公司送到社区后，社区居委就会通知老人到助餐点集中用餐。为了降低送餐成本，调动社区人力资源，社区居委会根据再就业帮扶计划要求，成立了特需服务队，协助送餐上门，特需服务队成员主要由"4050"就业困难人员组成。为了确保餐食营养和安全，老年餐从做好出锅到老年人享用必须在两个小时内完成。起初，在街道的大力支持下，长桥助餐中心运营比较顺利，但是后期，由于物价上涨、做餐成本提高，长桥助餐中心出现亏损，好在绿捷公司的学生营养餐业务发展良好，这在一定程度上弥补了长桥助餐中心的亏损，从而确保长桥助餐中心得以持续运转。

（二）合作设计阶段分析：服务供给分工

1. 公益性服务和市场化运作的共识

在合作之前，长桥街道和绿捷公司没有业务往来，二者分别在不同的领域进行着组织活动。对于长桥街道而言，长桥助餐中心是徐汇区开设的第一家老人助餐点，是区政府确定的实事项目，对区政府、街道、老年人都有重大的现实意义。因此，长桥街道既承受着自上而下的行政压力，也面临着自下而上的需求压力，这种双重压力使街道负责人时刻紧绷着责任意识和危机意识。在访谈中，街道分管民政事务的副主任对助餐点建设相当重视，表示"为了老年人手中的这碗饭，这些年如履薄冰"。而且，建设一家区域型助餐中心是新项目，长桥街道过去没有类似工作经验，也缺乏相应的专业服务能力，为了稳妥起见，长桥街道负责人选择遵循官僚制程序，逐步落实项目，主要表现在：一是街道成立助餐点建设专班，由街道分管民政分副主任担任主要负责人。二是街道召开会议商定助餐点建设目标,并征得徐汇区民政局同意,长桥助餐中心每顿生产制作 1.5 万份老年餐,其中有 1 万份老年餐送到各个社区助餐点供老年人享用;运作模式是采用政府给予适度补贴、市场化招标经营的方法;助餐服务范围是 3 个街道的 18 个社区。三是严格按照政府采购要求,将助餐点建设项目放入市民政局公开招投标平台筛选承包商。最终,官僚制输出的结果是确定了长桥助餐中心建设的三个核心目标,分别是福利最大化、运作市场化、服务专业化,从而清晰地界定了助餐服务领域组织的行动范围,明确了承包商的入选标准,即专业化、规模化、有责任心的大企业。

对于绿捷公司而言,承包学生食堂、政府机关食堂等主营业务比较成熟,为了寻求更好的发展,公司负责人想在现有业务基础上拓展业务范围,而人口老龄化催生的老年餐饮需求,使其看到了拓展业务的契机,从而产生了进军养老服务业的意愿。同时,学生营养餐、政府机关食堂工作餐等核心业务都具有明显的公益属性,多年的工作实践明确了绿捷公司的以利润为发展导向、兼顾公益社会效应的经营理念,使其很容易接受老年食堂的福利最大化目标。另一方面,经营学生营养餐等业务既需要按照市场规律进行成本控制实现盈利,也需要确保实现部分公共价值,这对绿捷公司的运作能力提出很高的要求,10 多年的实践结果表明绿捷公司很好地实现了盈利与公益的平衡,积累了丰富的公共服务市场化运作的经验,而且其专业化的快餐制作实力、强大的物流配送能力赢得了良好的市场口碑。

长桥街道想提供助餐服务,但供给能力不足,绿捷公司想进军养老服务业,但苦于没有机会。当长桥街道发布本市第一个助餐点建设招标公告时,绿捷公司抓住了契机递交投标方案,在专业化、规模化、责任心三个重要指标评审中,绿捷公司从众多竞争者中脱颖而出,迅速走入政府合作伙伴备选视野。在合作洽谈中,长桥街道提出在繁华商业区免费提供地理位置优越、占地面积达

1500平方米的商业用房作为助餐中心运营场所，该场地位于龙川路菜市场二楼。对于选址原因，街道办分管民政的副主任谈道："一是考虑到老年人生活习惯。菜市场是老年人经常去的地方，助餐中心设置在菜市场二楼能够迅速扩大助餐服务的影响力，便于凝聚消费人气；二是方便助餐中心采购食材，减少采购成本；三是能够促进并带动社区餐饮服务业发展。毕竟在繁华的商业区拿出这么大的地方开设老年食堂肯定不如招商带来的经济利益大，但是从长远来看，这是利用政府资源为老年人办实事，把资金用在'刀刃上'，老年人吃得放心了，子女才能无忧，社区才有更好的发展环境。"同时，街道采用以奖代补的方式支持助餐中心发展，如果每季度的就餐老人满意度调查达到85%以上、连续两次满意度90%以上、当月未发生食品卫生问题，街道都会给予一定奖励。可以说，长桥街道对于合作表现出十足的诚意。绿捷公司对于合作优惠条件表示满意，愿意为长桥街道老年人提供优质的助餐服务，双方签署了合作协议。

所以，官僚行政程序对合作领域的界定、公开招投标的资质遴选、合作洽谈的利益诱导使作为公共组织的长桥街道和私人组织的绿捷公司走向一个新的助餐服务领域，对老年助餐服务的公益性本质、市场化运作形成一致目标。

2. 公私边界厘清下的主体功能耦合

长桥助餐中心的主要合作方是街道和绿捷公司，不过，助餐服务递送环节，富宇家政公司、社区居委会、特需服务队也作为合作成员完成了助餐服务的提供。根据资源掌握的丰富程度，长桥助餐中心合作成员的优势和劣势可用表4-8进行总结概括。

表4-8 长桥助餐中心合作成员优势与劣势

成员\资源	街道（A）	绿捷公司（B）	富宇公司（C）	居委会（D）	特需服务队（E）
1 资金	经费紧张（A1）	营业额稳定（B1）	营业额稳定（C1）	经费缺乏（D1）	再就业工程资助（E1）
2 人员	强大的行政控制能力（A2）	专业的餐饮制作能力（B2）	专业的社区服务能力（C2）	强大的群众动员能力（D2）	具有公益服务精神（E2）
3 思维	行政化思维（A3）	市场化思维（B3）	市场化思维（C3）	行政化思维（D3）	参与性思维（E3）
4 需求瞄准	间接面对公众，模糊（A4）	直接服务顾客，精准（B4）	直接服务顾客，精准（C4）	直接面对公众，精准（D4）	被动参与服务，模糊（E4）
5 工作方式	自上而下控制，等级分明僵化（A5）	规模化经营，生产方式灵活（B5）	小微连锁经营，工作灵活（C5）	对上负责，对下灵活性一般（D5）	公益服务，被动参与（E5）
6 政策制定	有（A6）	无（B6）	无（C6）	无（D6）	无（E6）
7 组织体系	强大的行政网络（A7）	广泛的承包网络（B7）	发达的社区网络（C7）	熟悉的群众网络（D7）	无专门的组织载体（E7）
8 社会公信力	公益影响力强，市场影响力弱（A8）	公益影响力中，市场影响力强（B8）	公益影响力弱，市场影响力弱（C8）	公益影响力强，市场影响力弱（D8）	公益影响力弱，市场影响力弱（E8）

在助餐服务不同环节中，各合作主体贡献资源过程如表4-9所示。

表4-9 长桥助餐中心合作成员贡献资源过程

环节\成员	街道（A）	绿捷公司（B）	富宇公司（C）	居委会（D）	志愿者（E）
1 助餐安排	A2、A6、A7、A8	B1、B2、B8	C2、C4、C5、C7	—	—
2 助餐生产	—	B3、B4、B5	—	—	—
3 餐食配送	—	—	C4、C7	—	—
4 送餐上门	A6	—	—	D2、D4、D7	E1、E2、E3、E5
5 集中用餐	—	—	—	D2、D7	—
6 助餐管理	A2、A6、A7	B3、B5	—	D2、D8	—

长桥助餐中心各合作主体在资源交换中逐渐明确了各自职能角色。如表4-10所示，在助餐安排环节，长桥街道承载着采购者角色，主要职能：一是遵循上级指示，逐一分解助餐点建设目标，并使项目可操作化；二是寻找合作伙伴，确定助餐点运营模式；三是在现有政策框架下，给予制度支持。合作伊始，由于中心城区地价租金高，为了解决助餐点前期建设成本，长桥街道通过整合闲置资源，在商业区免费提供占地1500平方米的场地作为助餐点经营场所，为绿捷公司的承包运营减轻了负担。在助餐生产环节，作为生产者，绿捷公司配备人力、物力建设长桥助餐中心，引入政府机关食堂生产作业流程迅速进入老年餐制作场景，负责完成长桥街道每天大约500人规模的客饭生产。在助餐递送环节，考虑到送餐服务人工成本较高，为了进一步减轻长桥助餐中心的运营成本，结合再就业工程和政府购买养老服务的政策文件精神，长桥街道一方面通过定向委托的方式将送餐服务委托给本区域内具有多年家政、上门服务经验的富宇家政公司，富宇公司负责餐食配送至社区，居委会再组织老年人到社区服务社集中用餐，部分社区也由富宇家政公司小时工负责送餐上门；另一方面，设立公益岗位，成立特需服务队，把社区"4050"就业困难人员组织起来，负责送餐上门工作。在助餐管理环节，街道是协调者和监督者角色，一方面作为信息枢纽，传递助餐供求信息变动情况；另一方面，通过季度满意度调查、年度考核、安全卫生检查等方式监督绿捷公司的经营行为，确保服务质量。这样，长桥街道、绿捷公司、富宇公司、居委会、特需服务队相互协作形成了老年助餐混合福利图景。

表4-10 长桥助餐中心助餐合作主体角色及职责分工

服务环节	助餐安排	助餐生产	助餐递送			助餐管理
			餐食配送	送餐上门	集中用餐	
参与主体	街道	绿捷公司	富宇公司	特需服务队	居委会	街道
职能内容	确定目标 选择伙伴 政策诱导	建设运营 制作餐食	送客饭到社区	确保饭到人手	组织老人就餐	信息沟通 质量监督 协调分歧
角色类型	采购者	生产者	递送者	递送者	组织者	协调者 监督者

3. 与组织能力相称的风险共担结构

从合同风险来看，长桥街道采用公开招标与绿捷签订合同共建长桥助餐中心，合同对助餐中心服务目标、质量标准、绩效考核标准等关键指标都有明确的要求，合同约束使街道与绿捷公司进行了有效的利益捆绑，预防了道德风险发生。

从风险承担结构来看（见表4-11），对于政府部门而言，长桥助餐中心是当时上海市第一家区域型助餐点，徐汇区政府上下都很重视，其运营好坏对整个官僚体制会产生重要影响。为此，长桥街道按照官僚制正常工作流程，逐一分解助餐点建设目标，把涉及老年人利益相关的目标和职能掌握在自己手里，使政治风险可控。对于长桥助餐中心而言，老年人饮食需求变化、就餐人数的变化、食材及配送成本的变化都会影响长桥助餐中心的正常运营，长桥街道严格按照政府购买养老服务的指导要求，将助餐点的市场运营职能完全交给绿捷公司负责，并以合同作为约束，所以，长桥助餐中心的市场风险由绿捷公司独自承担，自负盈亏。对于老年人而言，食物中毒等安全隐患是长桥助餐中心最需要防范的风险，而食物安全风险最易发生在配送和食用两个环节，配送时间过长可能导致食物变质，老年人进餐过程中由于身体原因可能会有一些意想不到的情况发生。为此，长桥街道将餐食配送风险从助餐中心剥离出来，交给在家政、配送等领域有丰富经验的富宇公司负责，规定了送餐时间节点，并为出门就餐的老年人购买了人身意外伤害保险，明确了风险承担主体，减少了绿捷公司后顾之忧。

表4-11　长桥助餐中心风险承担结构

风险类型	政治风险	市场风险	配送风险	食品风险
影响对象	政府部门	长桥助餐中心	老年人	老年人
影响内容	危及合法性	经营亏损	餐食变质	健康损失
承载主体	区民政、长桥街道	绿捷公司	富宇公司	长桥街道
承载负荷	均匀	适中	适中	适中

（三）合作运行阶段分析：伙伴关系建构

1. 长桥合作生产网络的运转过程

如图4-3所示，长桥街道通过不同政策工具的使用，编织了助餐服务生产网络和助餐服务管理网络，最终形成长桥助餐中心整个助餐服务合作生产运行网络。

（1）助餐服务生产网络的形成过程

强制类政策工具发挥基础作用。长桥街道通过行政命令发布龙川路市场整改说明，将龙川路菜市场二楼经营杂货、小商品的商家进行了集中清理整治，腾挪出1500多平方米的场地作为长桥助餐中心运营场所，免费提供给绿捷公司，为绿捷公司承包运营长桥助餐中心解决了选址难、固定成本高的难题，表现出合作诚意，有利于双方建立互惠信任关系。同时，考虑到助餐点项目具有突出的社会效应，对失业人员具有就业帮扶带动作用，长桥街道结合"再就业工程"要求，拿出专项资金为社区助餐服务点设立公益岗位，成立特需服务队完成特需老人的送餐服务，进一步帮助实现长桥助餐中心"轻资产"运营。

市场类政策工具发挥关键作用。长桥街道采用公开招投标的方式与绿捷公司签订助餐中心运营合同，使绿捷公司具备了生产老年助餐的合法性，二者正式契约关系得以建立；同时，长桥街道通过定向委托与富宇公司签订送餐服务合同，使富宇公司具有递送助餐服务的资格，从而使老年餐的安排、生产、配送有了明确的责任主体，多元化的合作网络具备雏形；7元标准的老年餐低于市场同等盒饭的价格使长桥助餐中心具有了稳定的顾客群，奠定了助餐中心运营基础，体现了市场交换平等原则，有利于培育养老服务市场；3元就餐补贴、1元送餐补贴减轻了特困老人们的经济负担，增强了消费购买力，使每一个老年人都有机会享受助餐服务；街道为每个就餐老年人购买商业人身意外保险，降低了老年人就餐风险，激发了各主体的参与性，为合作生产网络注入强心剂；长桥助餐中心除了提供助餐服务外，还允许供应社会餐、工作餐业务，帮助助餐中心扩大服务对象，实现规模经营，有利于提高长桥助餐中心自我造血能力，减少政府资金依赖。

信息类政策工具发挥中介作用。长桥街道通过社区公告栏、官方网站等媒体对长桥助餐中心从建设到正式运营进行跟踪报道和大力宣传，为老年人提供重要的市场信息，刺激了老年人潜在的消费需求，起到一定的社会动员效果；长桥助餐中心设立了电子信息公告栏，每天提前告知当日菜单、单价等服务信息，方便老年人就餐选择，打通了服务供求信息壁垒。

自愿类政策工具发挥补充作用。通过"老伙伴计划"，社区居委会发动低龄老年志愿者与身体状况较差的高龄老人结对，提供送餐上门服务，有效发挥了志愿服务精神在公共服务传递中的积极作用。

由此，不同类型政策工具的搭配使用让长桥街道、绿捷公司、富宇公司、社区居委会、特需服务队、老年志愿者在助餐领域建立起相互协作关系，形成了多主体参与的助餐服务生产网络。

（2）助餐服务管理网络的形成过程

首先，强制类政策工具确定了助餐中心绩效标准。徐汇区民政局出台了《上海市徐汇区老年人助餐服务点建设和管理的指导意见》《徐汇区为老助餐食品安全工作指导意见》等文件，为长桥助餐中心建设提供了业务指导。为了约束代理人的行为，长桥街道严格按照《社区老年人助餐服务点管理实用手册》《徐汇区社区助老餐工作业务考核办法》等文件精神，制定了具体考核指标，对绿捷公司负责运营的长桥助餐中心进行季度满意度测评和年度测评，作为奖惩重要依据。而且街道还组织联合执法力量不定期对助餐中心进行卫生、消防检查，预防集体性食物中毒事故发生，确保社区居民饮食安全，形成了自上而下的问责体系。

其次，信息类政策工具和自愿类政策工具为老年人参与助餐管理创造机会。食品监管是工作难点，为了形成监管合力，长桥街道组织召开新《食品安全法》普法动员会、举办食品安全专题讲座，通过黑板报、宣传栏、电子屏开展宣传活动，增强助餐中心工作人员和老年人食品安全理念，促进供需主体对助餐服务质量共识，在一定程度上提升老年人监督助餐服务质量的专业水平。在自愿类政策工具的连带性动员下，老年人代表、老年志愿者通过座谈会、助餐联席会议等形式有序参与助餐服务日常管理。在组织用餐方面，街道六个集中用餐点都有老年志愿者帮忙管理，减轻了社区居委会的工作负担；在意见反馈方面，长桥街道居家养老中心还搭建起平台，让助餐中心承包方绿捷公司与老年人代表面对面交流，倾听老人的意见。而且长桥街道老龄委的六位老同志自费在助餐中心购买工作餐，通过就餐体验直接感知助餐服务质量，形成了对助餐中心的横向监管体系。

这样，徐汇区民政局、长桥街道、社区居委会建立了纵向的助餐服务管理体系，而老龄委、老年志愿者、老年人代表建立了横向的助餐服务质量问责体系，从而形成了纵横交错的助餐服务管理网络。

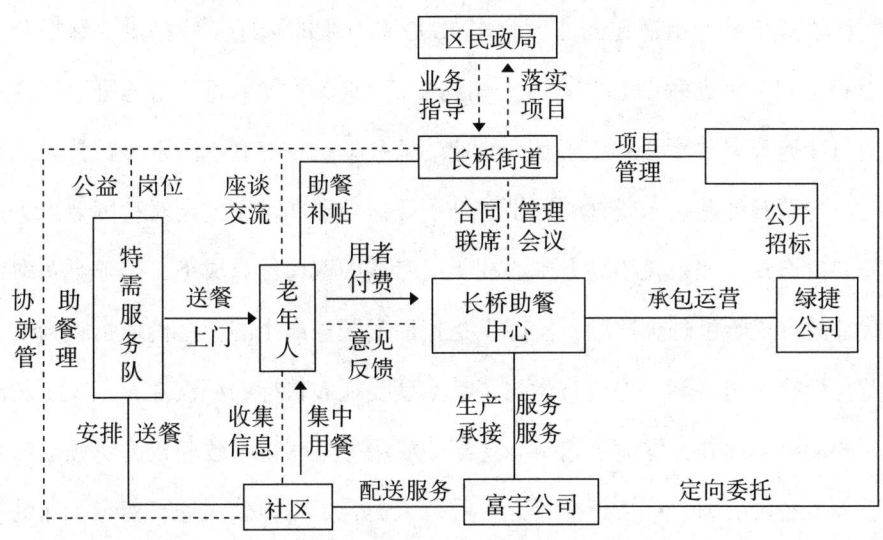

图 4-3　长桥助餐中心合作生产网络运转过程

注：实线代表助餐服务生产网络，虚线代表助餐服务管理网络。

2. 市场放权孕育出深度权力共享

在生产领域，长桥助餐中心的生产裁量权由街道、绿捷公司和富宇公司三方共享。长桥街道掌握助餐中心的承包商选择权，街道根据承包商绩效表现有权终止其经营助餐中心的资格，使承包商面临公权力监管压力，有利于降低合作的噪声干扰，凸显街道关键角色。当绿捷公司成功中标，负责运营助餐中心后，街道将老年餐制作全权交付给绿捷公司行使，绿捷公司根据老年人需求自行决定老年餐的菜单、菜品、营养、口感等标准，充分发挥了绿捷公司的比较优势，这种基于生产能力绝对信任的赋权进一步使政企合作伙伴关系有了坚实的伦理基础。由于长桥助餐中心是区域型助餐点，出于降低成本和整合资源的考虑，街道将长桥助餐中心的送餐服务职权委托给富宇公司，富宇公司按照合同规定的送餐服务要求，根据自己的社区家政服务网络，自行安排人力、物力和送餐方式，享有充分的行动自由。这样，生产裁量权的三方共享使街道、绿捷公司、富宇公司形成均衡的权力关系结构，使权力冲突的可能性降到最低。

在收益领域，街道在商业区拿出 1500 平方米的场地免费提供给绿捷公司建设和运用长桥助餐中心，实际上相当于把 1500 平方米商业用地可以产生的租金与绿捷公司共享，刺激了私人企业的营利动机，有利于激发绿捷公司的参与动力。就餐补贴、送餐补贴分别弥补了绿捷公司和富宇公司对特困老人提供服务的价格差。如果长桥助餐中心在年终考核中取得优秀成绩，街道会采取以奖代补的方式给予现金奖励，实际上是把助餐服务产生的社会价值折算为现金收益与绿捷公司共享，进一步激发了其实现委托人目标的积极性，减少了利己行为的动机。此外，绿捷公司参与老年助餐服务还获得了政府权力所独有的养老服务公益影响力、社会声誉等无形收益，契合了绿捷公司进军养老行业的初衷，增强了其与长桥街道合作的动力。

在偏好领域，街道是以效果为导向，其偏好排序是完成民生任务、确保饮食健康安全、提高老年人获得感，绿捷公司是以效率为导向，其偏好排序是低成本运营、适度获利、满足老年人需求，富宇公司是以效率为导向，其偏好排序是获得营业利润、安全配送老年餐。为了缓解偏好冲突，能够赋予代理人一定的行动自主权，街道做了以下工作：一是掌控助餐服务定价权，街道将老年餐标准价为 7 元，远低于市场快餐价格，强化助餐服务公益性的同时削弱助餐服务的营利性，扼制绿捷公司的营利动机。不过，街道允许绿捷公司在 7 元标准餐基础上推出 10 元套餐，供老年人选择，绿捷公司也认同这种定价方式，二者形成一致性的价格偏好；二是在做好老年餐的基础上，街道允许绿捷公司可以按照市场价格优先承接街道机关事业单位培训工作餐或社会餐业务，帮助其提高自我造血能力，在一定程度上满足企业的营利诉求，克服了助餐服务微利性产生的合作持续动力不足问题；三是将送餐成本转移到富宇公司，送餐服务价格按照市场标准协商而来，降低了助餐中心运营成本，增强获利能力，而且送餐方式都由富宇公司自行决定，必须在街道规定的两个小时内完成送餐任务。这样，长桥街道就把助餐服务的公益性偏好置于绿捷公司、富宇公司营利性偏好之上，适度兼顾了合作伙伴的营利诉求，三方形成比较一致的偏好排序，从而使企业的注意力聚焦于助餐服务提供，有效防止共享生产裁量权可能带来的利己行为发生。

3. 同质性网络与能力互补型伙伴关系

从静态角度来看，政府与长桥助餐中心建立的合作伙伴关系是一种异质性网络结构（如表4-12所示），主要表现在：一是成员类型相异。绿捷公司和富宇公司都是私营组织，而街道是公共组织；二是资金属性相异。建设长桥助餐中心的资金是政府公共财政资金与社会资本的结合；三是地理位置相异。长桥街道位于上海市徐汇区，绿捷公司位于上海市闵行区，双方是跨区域合作。在这种异质性网络结构中，长桥街道和绿捷公司是在合同文本下缔结合作关系，双方地位比较平等，而且助餐服务信息主要是以横向传播的方式在成员间共享，

表4-12 长桥助餐中心的网络结构特征

案例	成员类型	资本属性	地理位置	网络特征
长桥助餐中心	—	—	—	异质性

注："+++"表示很相似；"++"表示相似；"+"表示一般；"—"表示不相似

从动态角度来看，在助餐服务生产网络中，长桥街道掌握行政权威协调、公共资源整合优势，但缺乏专业的老年餐生产能力，绿捷公司深耕快餐行业多年，跟政府机关食堂、学校食堂合作积累了丰富的经验，具有扎实过硬的专业生产能力和良好的市场口碑，在长桥街道搭建的平台上，两者最初形成了优势互补型的合作伙伴关系。在后续合作伙伴关系维系中，长桥街道发挥了核心组织的作用，一方面街道将生产裁量权与绿捷公司充分共享，将收益裁量权与偏好裁量权与绿捷公司适度共享，权力共享带来的结果是绿捷公司在与政府合作过程中享有充分的行动自主性。绿捷公司在运营长桥助餐中心过程中可以发展多元化的快餐业务，多元化的业务又为绿捷公司带来了多元的资金来源，提高

了长桥助餐中心自我造血能力,降低了对政府资源的过度依赖,自我造血能力的增强又进一步地向街道发出有效的信号,即表明绿捷公司拥有良好的运营能力,是值得信赖的合作伙伴。于是,长桥街道和绿捷公司由最开始的单向性资源依赖格局转变为双向性的资源依赖格局,信任关系在双向性资源依赖带来的平等对话协商中不断深化走强。另一方面,街道结果导向式的管控手段使公私合作有了清晰的目标指引和行为规范要求,降低了绿捷公司利用自身享有的自主权谋取私利的机会主义倾向,防止私人组织逐利性动机对合作利益的侵蚀。因此,这种优势互补型合作伙伴关系在后续发展中得到很好的维系,没有出现明显的裂痕,成为长桥街道与绿捷公司持续合作的源动力。而事实进一步检验了双方优势互补型合作伙伴关系的稳定性和友好性,从2008年长桥助餐中心成立以来,绿捷公司一直是承包运营方,中间没有更换过合作伙伴,而且长桥街道目前也没有更换合作伙伴的打算。

在助餐服务管理网络中,绿捷公司与富宇公司共同管理助餐服务的生产到派送,街道老龄委工作人员、社区居委会、老年志愿者通过直接参与、意见反馈、协助管理等方式共同完成了助餐服务的日常管理,不需要街道对助餐中心进行直接管理,社区自治潜力得以释放。在社区居委会的统筹安排下,各主体之间以互信互惠为基础形成富有弹性的合作伙伴关系,关系网络边界具有很强的开放性。在后续发展中,这种富有弹性的合作伙伴关系由于其对网络成员进入和退出没有强制性的规定,所以,社区自治管理机制并没有因部分成员的偶然退出而出现组织瘫痪和功能失效。

(四) 合作评估阶段分析:行为结果控制

1. 兼顾公益和微利诉求的政府规制

从规制主体来看,对长桥助餐中心进行监管的政府机关主要有三大主体:

徐汇区民政局、徐汇区食药监分局和长桥街道居家养老服务中心。区民政局负责各助餐点的设置备案和业务指导、监督和检查，业务考核是区民政局对助餐点监管的重要手段，一般在年底或翌年年初进行。区民政局会组建考核小组，考核小组人员均由各街道镇推荐产生并进行统一培训，考核共分四个小组，互相交叉进行考核，考核总分为 200 分，为分优秀、良好、合格、不合格四个层次。长桥助餐中心在历次业务考核中，多次获得优秀，老年人满意度较高，特别是对工作人员服务态度、送餐及时性、收费合理性评价较高，已成为徐汇区助餐服务示范点。

区食药监分局负责对各助餐点的硬件设施和许可证办理进行指导，对各助餐点的食品安全状况提出建议，加强对食品从业人员的培训和助餐点的日常监督及膳食安全质量的抽样检测。区食药监分局根据《盒饭卫生与营养要求》(DB31/160-2005) 和《食（饮）具消毒卫生标准》(GB14934-1994) 制定抽样检测指标，定期向区民政局、街道反馈监督检查和采样中发现的问题和隐患，确保各助餐点有序运转和辖区内老年用餐的安全。

长桥街道居家养老服务中心（与街道老龄委合署办公）负责定期对本社区助餐点进行考核和日常管理。一方面，街道老龄委要对助餐点进行严格验收，按照合同中对饮食服务、膳食加工、堂吃提供、从业人员管理等方面设立的考核指标对绿捷公司进行工作考核，建立了"社区老人助餐管理委员会、老年人助餐自我管理小组、居委会助餐满意度测评"三级助餐管理模式。另一方面，街道老龄委制定了为老助餐堂吃点抽查记录表，使检查、抽查制度化，而且还以使用者的身份通过消费体验进行直接监督。老龄委一位受访工作人员表示："老人吃什么，我们就吃什么，老人餐口味好不好，我们自己尝了就知道。叫外卖的另一个好处是，我们能保证任何时候都有人在办公室，老人用餐发现什么情况，打电话来直接就能找到人。"针对考核结果，如果每季度的就餐老人满意度调查达到 85% 以上、连续两次满意度 90% 以上、当月未发生食品卫生问题，街道都给予物质奖励，激励绿捷公司做好助餐服务。

从规制政策来看，《徐汇区为老助餐食品安全工作指导意见》《徐汇区老年人助餐服务点建设和管理的指导意见（暂行）》《徐汇区社区助老餐工作业务考核办法》《社区老年人助餐服务点管理实用手册》等一系列政策文件的出台，对助餐服务的公益性和微利性进行了官方确认，明确了各监管主体的监管目标和职责分工，起到了重要的信息传递作用，有利于减少跨部门合作监管的缝隙。另一方面，为了有效发挥监管部门间的协同治理作用，减少不必要的行政干预，在区级层面，徐汇区民政局牵头建立了区食品安全例会制度，由区食药监分局、区民政局和街道负责为老助餐服务工作的同志参加，完善信息沟通机制，确保为老助餐的食品安全；在街道层面，街道老龄委建立了为老助餐联席会议制度，由街道老龄委、老年人代表、社区居委会、绿捷公司代表参加，定期召开，搭建供需信息交流平台，起到了引领和指导作用，有助于强化绿捷公司的自我约束意识。

2. 长桥规范管理的多边叙事机制

长桥助餐中心合作成员之间的叙事对话机制如表 4-13 所示。在助餐服务生产网络中，长桥街道与绿捷公司是通过公开招投标建立正式的合同契约关系，政企双方围绕合同文本就助餐点建设、服务规范、业务考核等话题进行正式对话。长桥街道是通过定向委托的方式与富宇公司建立合作关系，合同文本是双方就送餐业务进行协商交流的重要中介。

在助餐服务管理网络中，徐汇区民政局、长桥街道、社区居委会之间是传统的官僚层级式对话，工作总结、数据上报等工作材料是三者进行正式对话的重要中介。在街道和老年人之间，长桥街道老龄委设立了投诉热线和接待点，老年人可以将就餐意见直接反馈给街道，街道会对反馈意见逐一核实。在助餐点和消费者之间,街道要求享受助餐服务的老人(有困难的可由其家属)与长桥助餐中心签订承诺书,承诺不外带饭菜、不食用隔餐膳食,通过书面承诺和义务责任防止出现食物安全风险。在老年消费者群体间,社区居委会激发老年人志愿服务精神,指导建立助餐自我管理小组,通过老年人睦邻友好关系,协助进行食品安全教育宣传、就餐意见收集反馈等工作。在供需信息对接上,街道老龄委建立了为老助餐联席会议制度,由老龄委、老年人代表、绿捷公司、社区居委会四方组成,定期召开,旨在让助餐中心承包方绿捷公司倾听老年消费者的意见,取得良好效果。长桥助餐中心运营早期,老年餐少一份菜的投诉率较高,街道老龄委将意见反馈给绿捷公司,绿捷公司调查完毕,反馈给街道老龄委。为了澄清误会,街道老龄委组织召开联席会议,绿捷公司阐清"漏勺"现象主要缘于人工疏忽,并提出整改办法。绿捷公司在生产流水线末端配置了一名员工,专门检查错漏现象。而且,还启动摄像头监控,对老人餐制作的每个环节实时监管,进行"终端实时审查"。随后,老年餐"漏勺"现象几乎不再出现,重新赢得了老年人的信任。此外,老年人还组建了助餐自我管理小组,参与日常管理。

表4-13 长桥助餐中心合作成员的叙事机制

叙事机制	叙事主体	信息传递中介	政府角色	发生作用
市场化机制	长桥街道与绿捷公司	合同文本	信息中心	确定叙事对话结构
市场化机制	长桥街道与富宇公司	合同文本	信息中心	确定叙事对话结构
社会化机制	长桥街道、老年人代表、社区居委会与绿捷公司	民主协商	信息过滤器	匹配供求信息增进信任关系
社会化机制	老年消费者之间	邻里关系	信息连接人	增进社区团结培养互助精神
市场化机制	老年人与绿捷公司	书面承诺	—	增强自我责任意识共防食品安全风险

3.链条式生态上的持续价值创造

在制度规范刚性环境约束和叙事机制柔性环境调和下,长桥助餐中心合作成员在相互承认、相互认同下协同行动,助餐服务合作生产进入稳定运行状态,这种稳定性状态使合作成员间权力关系达到局部均衡,最终形成一种满足集体生存需要的链条式生态系统(如图4-4所示)。这种链条式生态系统的特征表现在:一是生态位适度分离。生态位是一个生物对资源利用和对环境适应性的总和。在自然界,当两个生物都想使用同一资源或者共同占据某个环境资源时,两个生物所处的生态位就会出现重叠,竞争就自然出现,而不会出现合作。长桥街道扮演关键的助餐服务网络设计者角色对助餐服务资源进行了横向整合和线性划分,绿捷公司占据助餐服务的生产资源,富宇公司占据助餐服务的递送资源,特需服务队占据助餐服务的公益岗财政资源,街道和社区居委会占据助餐服务的监管资源,这样,在助餐服务生态圈里,每个成员的生态位适度分离,合作关系产生,任何一方的缺位或越位都会影响集体生存。明确的生态位会使各个参与主体将注意力集中在价值创造上,而不必将所有注意力投入到降低成本上,从而在整体上产生了不断提高助餐服务质量的激励。二是平台式价值创造。长桥街道为助餐服务生态圈搭建了一个资源共享平台,绿捷公司专业的快餐生产能力、富宇公司发达的社区服务网络、街道和居委会的动员能力,都在这个平台上分享使用,从而使助餐服务的价值创造活动能够得以系统化地组织。于是,整个助餐服务生态系统从过去单一成员利用社区资源和能力的模式向多个成员共享互惠模式转移。三是内源性的合作动力。长桥助餐中心的良性运作并不是来自系统外部的行政命令,也不是组织功能的机械拼接,而是来自系统内部各个成员之间的相互配合产生的信任互惠关系。互惠表现在缺少任何一个成员,整个助餐服务生态系统就会出现无序状态或崩溃;信任表现在绿捷公司的品牌声誉带来的消费认同、联席会议制度产生的民主协商氛围、合同约束带来的对等权利和义务。这样各个成员有机地联合成一个整体，自发地协同为老年人创造价值，实现助餐服务生态圈的整体价值最大化。

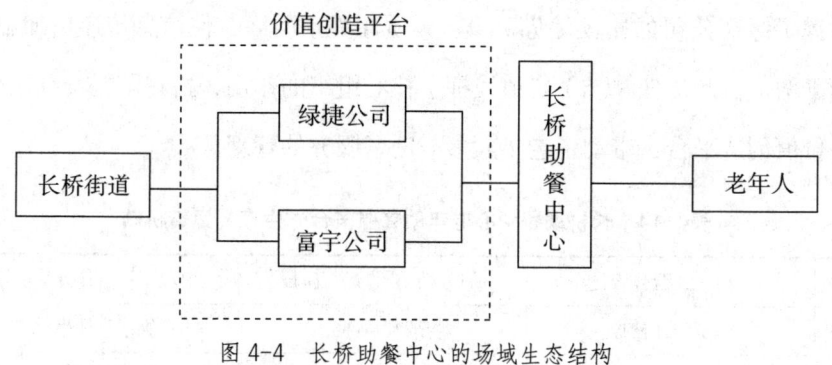

图 4-4　长桥助餐中心的场域生态结构

（五）长桥助餐服务合作生产的运转机制小结

长桥助餐中心老年助餐服务合作生产的运行机制如表 4-14 所示。在合作设计阶段，主要任务是识别合作伙伴，采用的是聚合策略，将长桥街道、绿捷、富宇公司等多元主体聚拢在助餐服务领域，其结果是对不同组织的能力进行重新匹配，实现多方参与共建长桥助餐中心；在合作运行阶段，主要任务是管理利益冲突，采用的是协调策略，使多元主体建立互惠互信的合作关系，深度共享权力，使各方权力关系出现局部均衡，减少了冲突和分歧；在合作评估阶段，主要任务是维系集体生产，采用的封装策略，将长桥街道、绿捷、富宇公司等多元主体锁定在助餐服务合作生产的边界内，防止出现合作的突然中断导致老年人福利受损，街道充分发挥了平台搭建作用，在纵向一体化管理和横向一体化协作方面起到引领作用，其结果是合作成员之间形成链式生态，创造了社区助餐服务价值创造平台，各个成员有机地联合成一个整体，自发地协同为老年人创造价值，实现助餐服务生态圈的整体价值最大化。

长桥助餐中心案例体现出以下特点：（1）街道采用市场化手段为社会创造

合作机会；（2）多方风险共担机制，把不同类型风险交给最佳承担者，降低了合作成本；（3）深度权力共享，为长桥助餐中心带来更大的自主运作空间，充分发挥了绿捷公司的比较优势；（4）异质性关系网络，使信息传递更加扁平，有助于增进彼此信任；（5）街道发挥了核心组织的作用，搭建了一个社区助餐服务价值创造平台，带动了老年人参与助餐服务的管理。

表4-14 长桥助餐中心老年助餐服务合作生产的运转机制

阶段	阶段一：合作设计	阶段二：合作运行阶段	阶段三：合作评估阶段
任务	识别合作伙伴	管理利益冲突	维系集体生存
策略	聚合策略	协调策略	封装策略
措施	1.1 达成共识 　行政程序输出目标 　市场手段公开招标 1.2 耦合功能 　明确角色、职责分工 　资源交换、互惠互信 1.3 分担风险 　合同防止道德风险 　多方共担风险 　商业保险介入	2.1 使用工具 　设定合作生产的程序 　拓宽社会参与空间 2.2 共享权力 　充分共享生产裁量权 　充分共享收益裁量权 　适度共享偏好裁量权 2.3 建立关系 　信息横向沟通 　优势互补伙伴关系	3.1 外部监管 　明确助餐服务属性 　厘清监管职责 3.2 内部协商 　多样化叙事机制 　与老年人签订承诺书 3.3 适应环境 　形成链条式生态 　互惠互信驱动合作
结果	多元主体能力匹配，不同主体风险承载适度，实现多方共建长桥助餐中心	长桥助餐中心运营顺畅，不同利益诉求得到满足	不同组织边界合法性增强，合作场域凝聚力强
特点	1. 公开招标识别合作伙伴 2. 多方风险分担机制	1. 深度权力共享 2. 异质性网络关系	1. 街道发挥平台搭建作用 2. 释放老人合作生产潜能

第五章 养老服务合作生产的政社场域

一、政府与官办社会组织：天目社区居家养老照料中心

（一）案例介绍

浙江省安吉县天目社区居家养老照料中心位于安吉县城东南部的昌硕街道，街道命名是为了纪念晚清民国时期艺术大师吴昌硕而来，属于县城核心区域。作为浙江省老龄工作先进县，截至2016年末，安吉县60岁以上人口10.12万人，占总人口的21.7%；80岁以上高龄老年人近2万，占老年人数量16.7%，空巢老年人家庭比例将近2/3，人口老龄化程度比较严重，100%的城市社区和70%的农村社区建成了居家养老服务照料中心。作为安吉县最早的社区之一，天目社区辖祥溪花园、安深花园、天目小区、后寨小区、东庄弄小区、银苑小区六个小区，常住居民11 000多人，老年人口有1000多人。

天目社区居家养老照料中心是安吉县第一批社区居家养老服务项目之一，成立于2014年9月，原址是社区居委会办公场所，后经改造而来。目前，天目社区居家养老照料中心由社区老年协会负责运作，老年协会理事成员在社区居家养老照料中心工作属于志愿服务，中心由社区老年活动室、社区老年食堂、社区日间照料室、社区热心人工作室四部分组成。

老年活动室是天目社区居家养老照料中心的基础，始建于2002年，占地

面积120平方米，单独设立在社区另一居民集中点，配有两张桌子供麻将、打牌、下棋使用，藏有图书近3000本，这些书几乎都是捐赠的，四种报纸，活动室外还配有健身器材，主要提供棋牌娱乐、报纸阅读、茶水聊天等服务。老年活动室总共有12名工作人员，都是社区老年协会会员，每天有两名工作人员在老年活动室值班，负责烧开水、整理书刊报纸、打扫卫生等，志愿工作，不拿工资。老年活动室每周一到周五下午开放。老年活动室面向社区60岁以上所有老年人开放，服务都是免费的。

社区日间照料室位于居家养老照料中心二楼，给老年人白天提供床位或按摩椅休息服务，附带提供阅读、视频、音乐等服务。分男女休息室，总共配有30张床位以及若干按摩椅。日间休息收费标准为5元/次。最初，社区日间照料室上午、中午和下午都开放，但是后来使用率不高，开放时间改为每周一到周六上午和中午。

老年食堂位于居家养老照料中心一楼，是由仓库改建而来。最初，老年食堂提供中餐和晚餐，但是后来晚上来吃饭的老年人很少，后来改为只提供午餐，不提供送餐上门服务。老年食堂开放时间是周一到周六，周日休息，因为周末老年人大多会和子女在一起，来吃饭的人很少。老年食堂面向本社区60岁以上老年人开放，不属于本社区的老年人不能享受老年餐服务。最初，每份午餐的价格分为6元、7元、8元，三菜一汤，6元餐没有肉荤但有鸡蛋，7元餐没有大荤但菜品里会掺杂一些肉一起炒，8元餐包括一大荤，有肉、鱼、鸡、鸭等。后来，由于物价上涨等原因，6元餐被取消，现在只有7元餐、8元餐两种套餐。老年人吃饭通过购买餐券的形式支付餐费，每周一老年人来社区居家养老照料中心购买餐券，特困老人就餐会享有1到2元补贴。老年食堂配有7名工作人员值班，不拿工资，都属于志愿服务，其中4名人员是社区老年协会的理事，剩下的3名人员是社区居委会的工作人员，每天安排1名工作人员负责老年食堂的管理。除了值班人员外，老年食堂雇用了1名炊事员，每月工资2000元，1名会计，每月工资500元，属于政府开发公益岗位，不用老年人承担。炊事员除了做饭外，还承担着采购食材任务，每天根据就餐信息采购食材，填写食堂采购清单，交由值班人员验收。

热心人工作室位于居家养老照料中心一楼，以前是在社区居委会设点办公，后来出于整合资源考虑，为解决老年人常见的家庭矛盾、财产纠纷等问题，将热心人工作室设在居家养老照料中心，主要为老年人提供法律咨询服务，帮助老年人维护自身合法权利。热心人工作室由天目社区党政机关退休的老同志负责运行，公益性质，也是天目社区居家养老服务的特色，除法律咨询服务外，热心人工作室还提供心理疏导服务。

（二）合作设计阶段分析：服务供给分工

1. 行政权力吸纳下的组织动员

从项目发展来看，早在2012年，安吉县政府就将城乡社区居家养老服务照料中心建设纳入每年的县政府实事项目，开始在老年活动室基础上探索发展居家养老服务。2014年，根据《浙江省人民政府关于加快发展养老服务业的实施意见》（浙政发〔2014〕13号）和《浙江省人民政府关于发展民办养老产业的若干意见》（浙政发〔2014〕16号），县政府第24次常务会议通过了《安吉县人民政府关于加快发展养老服务业的实施意见》，明确了安吉县养老服务业发展目标，到2020年，全面建成以居家为基础、社区为依托、机构为支撑，功能完善、布局合理、规模适度、覆盖城乡的养老服务体系。基本形成"9643"的养老服务总体格局，即96%的老年人居家接受服务、4%的老年人在养老机构接受服务、不少于3%的老年人享有养老服务补贴，并按照省里提出的"社会化运营"要求，大力推进公建民营模式。这份文件成为安吉县指导居家养老照料中心建设和发展的纲领性文件。因此，落实社区居家养老服务照料中心项目是一项关系国计民生的重要政治任务。

为了落实县政府重大决策，作为项目落实主要负责单位，县民政局做了两项慎重决策：一是充分认识到社区居家养老服务照料中心的民生保障福利属性，把社会组织作为前期主要承包商，暂时不考虑企业。安吉县高新区社会发展局Y局长表示"因为企业是要营利的、靠利益驱动的，居家养老服务总体来说还不是那种投入就能立刻赚钱的行业，一旦不赚钱，企业跑了，我们就被动了。另外，现在有一些企业打着养老的旗号，却给老年人推销保健品之类的，还有骗老年人钱的，这些都是风险，我们力量有限，暂时还不足以能控制这些事情"。

二是考虑到安吉县民办社会组织数量少且实力弱的现状，县民政局与县老龄办召开专题会议，决定在前期，将具有官办社会组织性质的老年协会作为合作伙伴，鼓励老年协会主动承接这项工作。这样，在政治压力驱动下，县民政和县老龄委运用行政权力将天目社区老年协会嵌入官僚机器，办好社区居家养老服务中心就成了天目社区老年协会新的工作职责。

从工作业务来看，天目社区老年协会是官办社会组织，与县老龄办有密切的工作联系，在县老龄办指导下开展业务工作，是天目社区老年协会运作的主要方式，两者天然的隶属关系，使天目社区老年协会很容易认同县老龄办提出的工作目标和任务。而且，天目社区老年协会L会长在退休前是安吉县一所公办中学校长，长期在类政府组织中工作形成的科层制决策思维，使其也更容易理解上级部门提出的目标和任务。此外，天目社区位于老城区，退休老人较多，老年人经济条件较好，有强烈的居家养老服务需求，为老年人服务本身就是天目社区老年协会的宗旨，因此，承接社区居家养老服务照料中心运营很自然地成为天目社区老年协会履行宗旨的责任担当。

2. 公共资源依赖下的功能耦合

天目社区居家养老服务照料中心合作成员主要包括县民政局、昌硕街道、社区居委会、社区老年协会、社区物业公司，各成员优势和劣势如表5-1所示。

表5-1　天目社区居家养老服务照料中心合作成员优势与劣势

资源\成员	县民政局（A）	昌硕街道（B）	老年协会（C）	居委会（D）	物业公司（E）
1 资金	资金充足（A1）	资金充足（B1）	资金不足（C1）	资金紧张（D1）	资金充足（E1）
2 人员	强大的行政决策能力（A2）	强大的协调控制能力（B2）	专业的组织动员能力（C2）	强大的群众动员能力（D2）	专业的小区管理能力（E2）
3 思维	行政化思维(A3)	行政化思维(B3)	公益性思维(C3)	行政化思维(D3)	市场化思维(E3)
4 需求瞄准	间接面对公众，模糊（A4）	间接面对公众，模糊（B4）	直接服务公众，精准（C4）	直接服务公众，精准（D4）	直接服务公众，精准（E4）
5 工作方式	自上而下控制，等级分明僵化（A5）	自上而下控制，等级分明僵化（B5）	公益志愿服务，工作方式灵活（C5）	向上负责，对下灵活性一般(D5)	市场需求导向，生产方式灵活（E5）
6 政策制定	有（A6）	无（B6）	无（C6）	无（D6）	无（E6）
7 组织体系	强大的行政网络（A7）	强大的行政网络（B7）	发达的社区网络（C7）	熟悉的群众网络（D7）	发达的社区网络（E7）
8 社会公信力	公益影响力强，市场影响力弱（A8）	公益影响力强，市场影响力弱（B8）	公益影响力中，市场影响力弱（C8）	公益影响力强，市场影响力弱（D8）	公益影响力弱，市场影响力强（E8）

为了清晰地观察各合作主体贡献资源过程，本文将社区居家养老服务提供过程分为安排、生产、管理三个环节，不同环节各方贡献资源可用表5-2来概括。

在服务安排环节，县民政局是决策者角色，主要负责出台安吉县居家养老服务制度规范，并给予政策支持激发社会力量的参与热情。街道是采购者角色，主要负责项目落地，通过公开招投标方式与承包商签订合同，实现社区居家养老服务中心公建民营。县民政局规定安吉县社区居家养老服务照料中心按基础型、标准型（带老年食堂）、全托型进行分类建设，相应财政资助标准为基础型 10 万、标准型 15 万、全托型 20 万，资助金额按照县、街道或乡镇 1:1 标准配套。各个街道或乡镇按照本地区人口需求特征申报居家养老服务照料中心，经县民政局审批后，再一次性下拨资金。天目社区居家养老服务照料中心属于标准型，一次性获得了县民政局和街道给予的 15 万元建设经费，而且街道从社区资源整合角度出发，通过行政权力将占地 240 多平方米的天目社区居委会原工作场地腾挪出来，免费提供给老年协会作为建设运营居家养老服务照料中心的场地，同等场地的市场租金为 5000 元/月。天目社区居委会新工作场所安置在居家养老服务照料中心正对面，隔路相望，以期实现"一门式受理、一站式服务"的便捷养老服务。

对于 60 周岁以上的孤寡老人和失能失智的困难老人、80 周岁以上的失独老人、90 周岁及以上独居老人和空巢老人以及百岁老人，经街道居家养老服务中心上门对身体、经济、服务需求等状况进行全面评估后，核查认定政府购买养老服务对象，给予养老服务补贴，养老服务补贴是通过向补贴对象提供等价服务的方式来实现，因为最初县民政局发钱给本人，老年人花钱很谨慎，不一定把补贴花在居家养老服务上，这就会影响居家养老照料中心的收入来源。居家养老服务采取"小时制上门服务"方式，由县居家养老服务指导中心按照测算核定计划指标，下达给各乡镇（街道、度假区），依托城乡社区居家养老服务站及指定的服务网点，为老年人提供各项养老服务。有了政府购买服务，天目社区居家养老服务照料中心就有了保底消费顾客，具备了一定市场运营能力。

老年活动室经费来自民政福利彩票基金，120 平方米场地是街道免费提供，而且社区物业公司免收物业费，还捐赠了质量较好的二手家具，帮助改善老年活动室基础硬件设施。县民政局、街道、社区物业公司的合力帮助降低了天目社区居家养老服务照料中心的前期建设成本和运营成本，消除了合作参与障碍，激发老年协会参与社区居家养老服务的热情。

表5-2　天目社区居家养老服务照料中心合作成员贡献资源过程

成员 环节	县民政局（A）	昌硕街道（B）	老年协会（C）	居委会（D）	物业公司（E）
1 服务安排	A1、A2 A6、A8	B1、B2	C2、C3 C7、C8	—	E1、E7
2 服务生产	—	—	C3、C4 C5、C7		
3 服务管理	A7	B2、B7	C5	D2、D4 D7、D8	—

在服务生产环节，天目社区老年协会是生产者角色，主要负责提供助餐、助浴、助洁、助急、助医等服务，打造居家养老15分钟服务圈。以收费服务老年食堂为例，老年协会从空间利用效率考虑，集体商议决定将原来属于居委会的仓库改建为老年食堂，配备了堂食餐桌，制定了一系列制度文本，管理水平较高。工作人员排班表，使志愿服务的7名工作人员都能践行自己的公益服务精神；值班记录表，从食堂采购、食堂供应、安全检查、卫生巡查、情况反馈五个方面对每天服务进行记录，形成工作日志；老年食堂菜谱记录表，按每周菜单内容，誊入台账本；食堂采购清单由炊事员填写，工作人员验收，确保财务收支明晰；老年食堂核算表，向社区公开每月餐费收入、购菜支出、用餐人次等数据，欢迎老年朋友们前来查账、核账，接受社区公众监督。有一个细节特别值得重视，除了重要的文件，天目社区居家养老服务照料中心办公室文件打印都是重复利用废弃纸张，体现出社会组织倡导的环保理念。总体来说，老年协会并不直接提供具体服务，而是通过志愿精神管理社区居家养老服务照料中心的硬件设施从而实现服务的传递。

在服务管理环节，街道是监督者角色，主要负责对居家养老服务质量进行评估和监管。监管形式分为常规检查和专项检查两种方式。常规检查主体是街道老龄办，检查方式是查阅天目社区居家养老服务照料中心台账、满意度测评，打分评级，根据年度工作评估结果分为不同等级给予奖励，奖励金额3万到6万元不等。专项检查由市老龄办、县老龄办、街道老龄办派人组成检查组，不定期突击检查，检查方式既有实地勘察、查阅台账、召开老年人座谈会等形式，还会进行暗访，在老年食堂与老年人一起就餐，掌握具体信息。自2014年成立以来，天目社区居家养老服务照料中心每年都获得奖励，老年协会工作表现优异。社区居委会充当协调者角色，主要负责协调服务提供中各种分歧和矛盾，上传下达各类信息。遇到复杂或权限不够的问题，社区居家养老服务照料中心先将问题报给社区居委会，社区居委会进行核实确认，然后再上报街道老龄办，街道老龄办如果能解决的就立刻解决，不能解决的就上报给县老龄委。日常事务办理中，老年协会有问题就直接找社区居委会相关负责人，重要的是社区居委会与老年协会彼此相互很熟悉，大部分情况下，打电话就能解决日常问题，比如调整服务内容、更新服务对象信息、调整服务范围等，特殊情况下就召开社区议事会共同商议对策。

表5-3　天目社区居家养老服务照料中心合作主体角色及职责分工

服务环节	服务安排			服务生产	服务管理	
参与主体	县民政局	街道	社区物业	老年协会	昌硕街道	社区居委会
职能内容	制定标准 政策支持	选择伙伴 推进项目	免收费用 捐赠物品	建设运营 提供服务	政策执行 质量监督	传递信息 协调分歧
角色类型	决策者	采购者	协助者	生产者	监督者	协调者

3. 政府托底担责下的风险共担

昌硕街道是通过公开招投标的方式与天目社区老年协会签订合同共建社区居家养老服务照料中心，合同中规定了服务内容范围、服务考核标准、奖励惩戒措施等内容，将老年协会公益服务的理念诉求与居家养老服务的公共性相连，形成具有法律效应的激励约束机制，有效预防代理人道德风险的发生。

在风险承担结构方面（见表5-4），天目社区居家养老服务照料中心是第一批居家养老服务照料中心项目之一，是昌硕街道唯一提供助餐服务的居家养老照料中心，且位于安吉县政府机关林立的核心城区，具有明显的示范效应。再加上安吉县民办社会组织数量少、力量弱，县民政局不希望在项目落实过程中出现任何负面社会影响，为了便于掌控项目进展，县民政局和县老龄委将老年协会作为首选合作伙伴，企业、实力弱小的民办社会组织暂不考虑；同时考虑到老年协会对老年人意外风险承受力不足的现实，2016年，县民政局启动了社区居家养老服务机构综合保险试点项目。综合保险以社区养老服务运营机构作为被保险人，在提供养老服务过程中，被保险人因疏忽或过失造成老年人受到人身伤害的，投保机构按照合同条款进行理赔，理赔额度最高为6000万元，有效保障了居家养老服务照料中心的正常运营。天目社区居家养老服务照料中心的市场风险由老年协会独立承担，自负盈亏，不过老年协会不像企业，本身没有盈利诉求，只想发挥余热做好一项事业，所以，天目社区居家养老服务照料中心主要是在县民政局财政拨款、县民政局和街道政府购买养老服务资金预算中运营，收支平衡，压力不大。

唯一出现亏损的服务是老年食堂，出现亏损的原因是菜价上涨和就餐人数不稳定。L会长在访谈中说道："不要看安吉只是一个县，但是安吉的菜价比上海还要高！所以，老年食堂运营起来还是很有压力的，我们都是精打细算的管理老年食堂，不浪费一分钱。"就餐人数不稳定有多方面原因，比如老年人生活习惯不同、身体健康状况变化、就餐口味众口难调等，老年食堂平均每天20多人来就餐，最多的时候能达到30多人，不过最少的时候只有10来人，导致就餐人数很难固定下来，一旦来的老年人少了，就很容易出现亏损。不过，亏损倒不是特别严重，不会超过千元。在解决老年食堂亏损过程中，社会组织工作方式的灵活性得到充分体现。天目社区老年协会在经费有限、无其他收入来源情况下，通过成本测算，发现面食要比老年套餐成本低，于是，当本月老年食堂出现亏损的时候，在下月菜品里，每周有一到两天将老年套餐改为面食，比如面条、包子、饺子之类，一方面可以降低成本，用面食和套餐成本差来弥补亏损，另一方面，还能给老年人换换口味。就这样，一年下来，老年食堂基本上能正常运营下来，老年食堂的少量盈余用于再投入，比如重阳节给来就餐老年人免费提供自制糕点，发扬尊老爱老的社会风尚。

表5-4　天目社区居家养老服务照料中心风险承担结构

风险类型	政治风险	市场风险	人身风险
影响对象	政府部门	居家养老服务照料中心	老年人
影响内容	危及合法性	无法经营	健康损失
承载主体	县民政局、县老龄委	县民政局、老年协会	县民政局
规避策略	程序控制	利益捆绑	商业保险

（三）合作运行阶段分析：伙伴关系建构

1. 天目社区养老服务合作生产网络的运转过程

如图5-1所示，安吉县政府部门通过使用不同政策工具，明确了居家养老服务供应责任主体与生产责任主体，不同福利供给主体之间形成良性互动，最终形成天目社区居家养老服务多元主体合作生产网络。

（1）居家养老服务生产网络的形成过程

强制类政策工具先行，发挥政府引导作用。在标准规范方面，县民政局将城乡社区居家养老服务照料中心分为基础型、标准型、全托型三类，并制定了相应的基础设施标准和服务内容，各乡镇在建设配置上按照基础型40%、标准 40%、全托 20% 的比例规划布局。昌硕街道就是按照上述要求，综合考虑下辖区域人口需求特征，将天目社区居家养老服务照料中心建设标准定义为标准型，为老年协会承包运营提供了指导依据，有助于明确其职责，消除政社合作的不确定性；在资源投入方面，天目社区居家养老服务照料中心建设后，经过验收，达到合格标准，获得了县民政局和街道拨付的一次性补助 15 万元，一定程度上弥补了照料中心前期投入成本高的难题。除建设经费补助外，县民政局还出台了运行经费补助标准，按照考核结果，70 分到 80 分 2 万元、80 分到 90 分 3 万元、90 分以上 6 万元，天目社区居家养老服务照料中心每年考核都是 90 分以上，连续多年获得运行经费补助。昌硕街道通过行政权力将占地达 240 多平方米的天目社区居委会原址腾挪出来，作为照料中心工作场所，免收租金，解决了照料中心选址难的问题。此外，县人社部负责照料中心公益岗位的人员配置，天目社区居家养老服务照料中心的老年食堂炊事员获得公益岗位支持，炊事员工资由政府负责，减轻了老年协会的运营负担。标准指引、资金补助、人力支持等举措表现出公共部门的合作诚意，极大激发了老年协会做好居家养老服务工作的热情和动力，有助于建立信任关系。

市场类政策工具跟进，使居家养老服务供给责任得以明确划分。昌硕街道通过单一来源公开招投标的方式与天目社区老年协会签订照料中心委托运营合同，赋予了老年协会生产养老服务的合法资质，政社合作行动边界得到合同法规约束，降低了组织自主权发生冲突的可能性；在服务收费方面，除老年食堂、日间照料室酌情收费外，其他为老服务项目都是免费性质。社区内 80 岁以上、60 岁以上失独、低保老人以及经县居家养老服务中心评估为 1 类、2 类对象都属于低偿服务对象，享受 1 到 2 元就餐补贴，其他老人为有偿服务对象，按照老年餐成本价收取就餐费用，用者付费使照料中心有了一定的自我造血能力，为老年协会自主创新服务奠定了物质基础。

自愿类政策工具发挥补充作用。在社区居委会协调下，社区物业公司承诺免费为老年活动室提供硬件设施维护服务，免收水电费、物业费，而且还把质量较好的二手家具捐赠给老年活动室，充分发挥了社区团结精神，增进了社区内组织间信任关系，降低了老年协会的运营管理成本。

（2）居家养老服务管理网络的形成过程

强制类政策工具确定了管理主体职责关系。在日常管理方面，为了确保照料中心的公益性，照料中心和老年食堂不允许私人承包，在社区老龄委领导下，成立照料中心管理小组来负责照料中心日常管理，不同类型居家养老照料中心专职管理服务人员（政府设立公益岗位）要求不同，即基础型配备两名以上、标准型三名以上、全托型四名以上。天目社区居家养老服务照料中心主任由天目社区居委会主任兼任，社区老年协会会长担任常务副主任，是实际负责人，专职管理服务人员两名，形成了老年协会为主，社区居委会适当参与、协同管理的局面。在业务指导方面，安吉县建立了从县到乡镇或街道的二级居家养老服务中心体系，昌硕街道居家养老服务中心负责天目社区居家养老服务照料中心绩效评估、签订委托协议、审核养老服务补贴（政府购买服务）等工作。于是，天目社区居家养老服务照料中心形成了自上而下的刚性纵向问责体系。

信息类政策工具是老年协会提供服务的自我问责的主要载体，也为老年人参与服务监管创造机会。天目社区居家养老照料中心收费服务主要有两项，即老年食堂和日间休息室。休息室使用率很低，基本闲置。老年食堂使用率高，日均顾客20多人，为了赢得老年人和政府的信任，老年协会建立了标准的台账，每月公开食堂采购、食堂供应、食堂菜谱信息，鼓励老年消费者前来查账、核账，监督食堂工作。台账信息公开使老年人不仅是顾客，而且是监督者，发挥了老年公民合作管理的潜力，构建了居家养老服务的弹性横向问责体系。

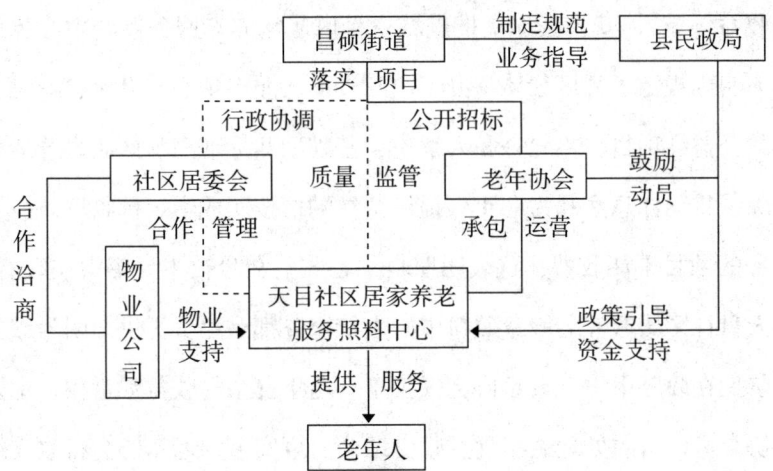

图 5-1 天目社区居家养老服务照料中心合作生产网络运转过程

注：实线代表居家养老服务服务生产网络，虚线代表居家养老服务管理网络

2. 有限的社会赋权与老年协会策略性依赖

在生产领域，天目社区居家养老服务照料中心的生产裁量权由昌硕街道、天目社区老年协会、社区居委会三方共享。在引入老年协会之前，昌硕街道居家养老服务中心掌握照料中心合作伙伴选择、建设运营、评估终止为核心的生产裁量权。当街道与老年协会签订委托协议后，街道就把建设运营权让渡给社区老年协会独自行使，老年协会自行决定如何运转居家养老照料中心。在功能划分方面，老年协会根据动静分离原则，将注重安静的照料室放在二楼，一楼被划分为三个区域，即老年食堂、热心人工作室、管理办公室；在服务提供方面，老年食堂由老年协会自行安排菜单、选聘炊事员、调整菜品等，享有充分的自主权；老年活动室管理员由老年协会排出工作表，拟定管理员每日工作内容。特别是当老年食堂遇到亏损的时候，老年协会自主决定调整菜谱，用面食取代老年套餐的方式弥补亏损，并没有受到外部行政干预，充分体现出社会组织工作方式的灵活性和创新性，亏损问题的有效解决，使街道更加相信老年协会的工作能力，进一步增进了二者合作信任。

在收益领域，《安吉县加快推进城乡社区居家养老服务照料中心建设的实施方案》明确规定了社区集体举办、政府资助的照料中心和老年食堂是为老年人服务的公益性项目，不允许私人承包，基础型和标准型社区居家养老服务照料中心除了日间休息室和为老年人提供餐饮酌情按照成本定价收费外，其他为老人服务的项目不能收费，这表明照料中心收益裁量权主要集中在政府手里。所以，天目社区居家养老服务照料中心大量服务都是免费提供，因为服务收益裁量权掌握在政府手中，老年协会仅仅享有老年食堂的收益裁量权，主要表现在老年协会可以自主处理老年食堂收支结余。事实上，老年协会将收支结余主要用于老年食堂再投入，比如在重大节假日推出自制糕点作为节日礼物送给老年人，给予节日慰问，进一步体现出老年协会敬老爱老的价值倡导及非营利性一面，减少了私利动机的噪声干扰。同时，自运营以来，天目社区居家养老服务照料中心年终考核都在 90 分以上，老年协会每年都获得 6 万元的考核奖励，考核奖励相当于政府与老年协会合作产生的额外收益的再分配，这不仅是对老年协会工作能力的官方认可，而且为老年协会提供了更多的资金来激励其更好地行使生产裁量权。

在偏好领域，县民政局、街道、社区居委会与天目社区老年协会具有高度的一致性，都是以为老年人提供就近、便民、经济的居家养老服务为第一目标，都认同居家养老服务的公益属性，政社之间并无明显的偏好差异。于是，安吉县政府颁布的居家养老服务政策文件内容很容易得到天目社区老年协会认同，变成其工作指导方针，在政府部门独享偏好裁量权的基础上，天目社区老年协会按部就班地按照政策文件和合同要求运营居家养老服务照料中心，因为这是确保组织生存安全，减少合作不确定性的最佳做法。带来的好处是，政社合作阻隔较小，项目运作比较容易达到政府预期。同时，产生的消极结果是天目社区居家养老服务照料中心服务内容比较单一、服务范围较窄、服务创新性不强。

3. 同质性网络与权威吸纳型关系

从静态角度来看，昌硕街道与天目社区老年协会建立的合作伙伴关系是一种同质性网络结构（见表5-5），主要表现在：天目社区居家养老服务照料中心成立之初的成员类型比较相似，官办性质的天目社区老年协会和昌硕街道都是具有公共属性的组织，而且天目社区老年协会负责人L会长曾经担任中学校长，享有一定行政级别，部署安排居家养老服务工作呈现较明显的行政思维倾向；资金来源上，天目社区老年协会的经费主要来源于政府购买服务，自营收入很少，与政府财政拨款具有相似的国有资本属性，而且安吉县民政局、天目社区老年协会、昌硕街道都位于半径15分钟的生活圈，具有天然的地缘优势。这种同质性的网络结构有利于网络成员通过非正式关系迅速识别合作伙伴身份及特点，降低信息筛选成本，快速缔结合作关系。在同质性网络结构中，信息传递主要以纵向垂直方式在成员间扩散，而且同质性网络更容易使网络成员间非正式关系发挥重要作用，这表现在天目社区老年协会负责人L会长是安吉县某中学校长退休而来，在县老龄委、天目社区居委会都有曾经培育过的学生，大家共事起来知根知底，彼此拥有良好的信任基础，有助于信息分享，增进合作主体集体行动的协同性。

表5-5 天目社区居家养老服务照料中心的网络结构特征

案例	成员类型	资本属性	地理位置	网络特征
天目社区居家养老服务照料中心	++	++	+++	同质性

注："+++"表示很相似；"++"表示相似；"+"表示一般；"—"表示不相似

从动态角度来看，由于安吉县居家养老服务事业尚处于初步探索阶段，专业的养老服务社会组织数量少且力量弱，为了能更好地贯彻省里推进居家养老服务公办民营的精神，推动安吉县居家养老服务发展，同时降低政策执行失败的风险，基于组织身份属性认同，安吉县民政局（老龄办）在政策文件中规定了老年协会是居家养老服务照料中心的唯一主体，暂时不考虑企业、弱小的民办社会组织，制定了服务内容、收费标准等具体内容，天目社区老年协会就是在县政府自上而下的行政权威驱使下被动地吸纳到养老服务领域，成为官僚组织的命令执行单位。于是，两者在居家养老服务生产网络中最初形成了权威吸纳型合作伙伴关系。在后续发展中，这种权威吸纳型合作伙伴关系并没有发生本质改变，反而更契合天目社区居家养老服务运营过程。一方面，除了组织老年娱乐活动外，天目社区老年协会并没有过硬的养老服务专业能力，也缺乏相应的资金来源，提供的服务项目及内容等均由县民政局发布政策文件指导安排。所以，行政指令帮助天目社区老年协会克服了专业化服务思维不足的局限，天目社区老年协会对政府的单向性资源依赖较明显；同时，天目社区老年协会具有较强的组织管理能力和队伍动员能力，善于做事情，当其被行政权威吸纳到官僚机器中时，这种管理能力和动员能力在科层命令调动下就转化为高效的政策执行能力，政社双方在决策与执行中进一步巩固了权威吸纳型合作伙伴关系。另一方面，虽然安吉县正在有计划地培育民办养老社会组织，但是培育过程需要一个漫长的周期，所以，只要没有可供选择的良好合作伙伴，老年协会都将是安吉县政府部门优先选择的最佳合作伙伴，这也预示了在未来相当长时间，弱竞争性的社会组织生存环境会使天目社区老年协会和昌硕街道形成的权威吸纳型合作伙伴关系在养老服务领域长期存续。

在居家养老服务管理网络中，天目社区居委会和天目社区老年协会通过值班表轮流排班共同管理天目社区居家养老服务照料中心，以天目社区老年协会管理为主，再加上天目社区居委会有两位负责人曾经都是天目社区老年协会 L 会长的学生，彼此之间很熟悉，所以，双方形成了以信任为基础的弹性合作伙伴关系，协商、洽谈是双方解决管理分歧的主要方式。在后续发展中，正是由于管理者之间的特殊背景联系，使得这种以信任为基础的弹性合作伙伴关系得以维系和存续。这样，居家养老服务生产网络中具有较稳定的组织身份认同产生的信任，居家养老服务管理网络中具有稳定的非正式关系产生的信任，使得权威吸纳型合作关系成为天目社区老年协会的策略性选择，不再是最初的被动而为。

（四）合作评估阶段分析：行为结果控制

1. 自上而下的全域性监管

从规制主体来看，安吉县养老服务监管部门之间形成了清晰的职能分工，民政部门（老龄委）是牵头单位，履行监督管理、行业规范、业务指导职责；财政部门负责加强经费保障和监督使用；人社部门负责对居家养老服务照料中心公益性岗位人员配置。其中，在最重要的考核环节，县民政局、卫生、财政、人社、老龄委是社区居家养老服务照料中心主要考核主体，没有引入第三方考核，将养老服务水平列入乡镇街道绩效考核主要内容。首先，天目社区居家养老服务照料中心建成后，要进行建设项目考核，验收考核标准分为服务功能、组织保障、制度管理、农村银龄互助四个指标，先由天目社区老年协会自评，然后由昌硕街道老龄委初评，再由县民政局、卫生、财政、人社、老龄委负责计算最终考核分数。其次，天目社区居家养老服务照料中心年终还要接受运行考核，考核标准分为环境设施、内部管理、安全卫生、队伍建设、服务规范五个指标，先由天目社区老年协会自评，然后由昌硕街道老龄委初评，再由县民政局、卫生、财政、人社、老龄委负责计算最终考评分数。除了定期考核外，天目社区居家养老服务照料中心还面临着湖州市、安吉县两级行政专班组织的养老服务专项检查。

从规制政策来看，县级层面《安吉县人民政府关于加快发展养老服务业的实施意见》《安吉县加快推进城乡社区居家养老服务照料中心建设实施方案》

对社区居家养老服务照料中心监管机制做出了明确规定,制定了安吉县城乡社区居家养老服务照料中心建设项目考核申报表、安吉县城乡社区居家养老服务照料中心建设项目考核评价表、安吉县城乡社区居家养老服务照料中心运行考核评价表、安吉县城乡社区居家养老服务照料中心基本信息表,建立百分制考核,对考核分在 70 分以上的,由县财政每家每年给予运行补助 2 万元;对考核分在 80 分以上的,由县财政每家每年给予运行补助 3 万元;对考核分在 90 分以上并评为县级以上优秀居家养老服务照料中心的,运行经费补助每家再增加 3 万元。这些政策文件和管理表格提出了清晰的考核指标,消除了考核工作的不确定性,不仅有利于规范监管主体的行为边界,防止监管自由裁量权带来的负面效应,而且还有利于天目社区老年协会加强自我监督,形成行政监管和自我监管合力,减少合作摩擦。在社区层面,县民政局政策文件规定,社区居家养老服务照料中心主任由社区老龄委主任兼任,在天目社区居家养老照料中心,主任由社区居委会主任兼任,老年协会会长担任副主任,以老年协会管理为主,社区居委会参与管理,而且社区居委会和照料中心门对门,这就形成了治权与事权的可视化制约,一定程度上减少了监管成本。

2. 天目社区养老中心规范管理的叙事机制

在居家养老服务生产网络中,昌硕街道与天目社区老年协会是通过公开招投标签订了委托协议,政社双方按照合同文本就居家养老服务照料中心建设、运营、管理、考核等进行正式对话,合同文本是政社双方进行沟通交流的重要中介。天目社区居家养老服务照料中心老年食堂按照合同要求最早是提供中晚餐的,但是后来晚餐就餐人数很少,就餐资源浪费比较严重,老年协会 L 会长率队调研了其他社区老年食堂,发现能提供晚餐的老年食堂一般都是临街设立且面向所有人开放,而天目社区老年食堂位于社区内部,既不临街,也不面向所有人开放,所以向街道提出变更合同内容,老年食堂只提供午餐。昌硕街道核实情况后,同意变更合同内容,政社合作的第一次重要分歧在合同文本约束下协商谈判中得到妥善解决。

在居家养老服务管理网络中,与县级政府部门沟通交流方面,天目社区老年协会很擅长用表格、文档的方式向上级主管部门汇报工作,这点体现在L会长在访谈中如数家珍地把居家养老照料中心各个文件夹都拿出来展示,从2014年建成到现在,年度工作统计表格、月度工作统计表格、值班记录表等管理文件都保存得井井有条,不同类型文件都建档立卡。L会长虽然已经65岁,但依然能够准确地找到相应的管理表格,充分体现出老年协会的管理专业性,另一方面也表明老年协会出现了类政府征兆,即组织同化现象,政府部门文牍主义式工作交流方式已经成为天目社区老年协会与政府部门正式沟通的主要形式。在日常管理方面,社区居委会Z主任和老年协会L会长私交甚笃,因为Z主任曾经是L会长的学生,Z主任在访谈中表示L会长做工作很有思想、很有条理,社区居委和社区养老照料中心合作管理很顺畅。有良好的师生情谊,社区居委会与老年协会可以在充分信任的基础上进行柔性对话,并不需要在等级式的框架内对话。当老年食堂出现亏损时,用面食代替套餐的方案就是L会长召集社区居委会Z主任等管理人员共同商讨研究出来的应对措施,取得了不错的效果。老年食堂不仅能够正常运转,而且老年人还能换换口味,丰富了饮食结构。所以,社区居委会和老年协会之间在叙事对话中更多的是依赖双方师生信任关系进行的非正式交流,具有较强的民主协商特征,管理网络凝聚力强。

表5-6 天目社区居家养老服务照料中心合作成员的叙事机制

叙事机制	叙事主体	信息传递中介	政府角色	发生作用
市场化机制	昌硕街道与老年协会	合同文本	信息中心	确定分歧处理方式
科层化机制	县级政府部门与老年协会	表格文档	信息把关人	向上传递服务信息
社会化机制	社区居委会与老年协会	民主协商	信息过滤器	匹配供求信息增进信任关系

3. 层级式生态上的共栖生存与持续价值创造

在制度规范刚性环境约束和叙事机制柔性环境调和下，天目社区居家养老服务照料中心合作成员之间利益诉求一致，运营三年以来，政社合作状态稳定，未出现严重的合作裂痕，这种稳定的合作关系状态逐渐衍生出一种满足集体生存需要的层级式生态。这种层级式生态系统的特征表现在：一是共栖生存的状态。天目社区老年协会与昌硕街道进行合作，对昌硕街道、县民政局很有利，因为能贯彻落实安吉县社区居家养老服务各项工作，但是对天目社区老年协会来说并没太明显的直接利益，不过也没有带来任何坏处，而且当二者终止合作后，双方都能独自生存，天目社区老年协会也可以脱离官僚制程序自主进行行动。二是不对称的受益。天目社区老年协会运营居家养老服务照料中心获得了政府部门的大量支持，组织直接受益较多，而政府部门更多的是间接受益，比如赢得民众支持、增强社会公信力等，直接受益不明显。三是组织外形同构。为了保持集体生存的格局，过于依赖政府的社区老年协会也和政府机关进行协同进化，比如日常管理中的文牍主义倾向、上行下效中的行政命令思维、成员交流中的官方语言等，组织外形同构有助于增强双方身份属性的认同和集体行动的一致性，但也在一定程度上削弱了老年协会作为社会组织的本来优势，比如创新性思维等。四是资源依赖突出。天目社区居家养老服务照料中心场地、建设经费、硬件设施、消费补贴都是由县级财政和昌硕街道合力提供，而且大部分服务都是免费提供，两项收费服务老年食堂和日间休息室只能按照成本定价，不能产生自我造血的能力，如果没有政府资源投入，老年协会无法独自提供居家养老服务。五是行动黏性较强。受行政权威的管控，天目社区老年协会自主性较弱，大多数服务行为都是由政府部门的行政命令和文本决策转化而来，时刻保持与上级行政主管部门的行动一致性，这种一致性的行动逻辑带来的是天目社区老年协会公共行动的合法性增强。

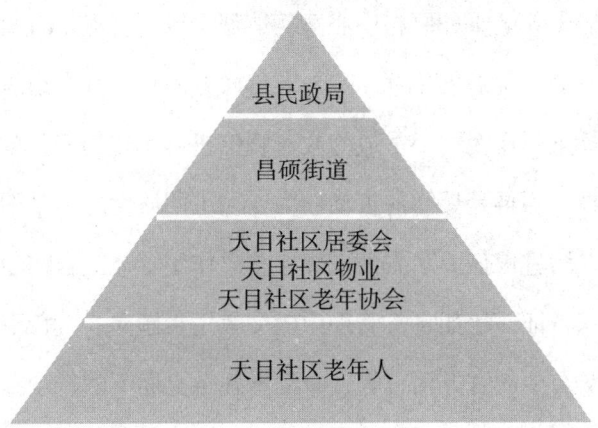

图 5-2 天目社区居家养老服务照料中心场域生态结构

（五）天目社区养老服务合作生产的运转机制小结

天目社区居家养老服务合作生产的运行机制如表 5-7 所示。在合作设计阶段，主要任务是识别合作伙伴，采用的是聚合策略，县民政局针对民办社会组织较少的特殊现实条件，通过行政权力明确老年协会的承接主体地位，用行政权威将老年协会吸纳到安吉县社区居家养老服务体系建设中；在合作运行阶段，主要任务是管理利益冲突，采用的是协调策略，就合作生产利益分配而言，本案例中，行政权力协调利益分配色彩比较明显，主要表现在县民政局规定大部分服务都是免费提供，只有极少一部分居家养老服务可以适当收费；另一方面，日常事务分歧管理中，老年协会 L 会长与社区居委会负责人之间的师生关系产生的熟人社交对促进双方有序行动发挥重要作用。由此，老年协会合格完成县民政局部署的任务，但服务中规中矩，专业性和创新性都不足；在合作评估阶段，主要任务是维系集体生产，采用的封装策略，县民政局通过制定养老服务发展政策将政社行动边界予以确定。这样，街道、社区居委会、社区老年协会就形成了一个密不可分的整体，受行政权威的直接影响，持续合作最终形成了一种层级式生态，使不同组织生存需要得到满足。

天目社区居家养老服务照料中心案例体现出以下特点：(1) 政府的统筹谋划能力是合作机会产生的催化剂；(2) 老年协会的官办社会组织性质对前期促成政社合作发挥重要作用；(3) 成为政府官僚机器运转的一部分是老年协会的主动策略性选择，不再是最初的被动而为；(4) 同质性的关系网络，使传统的熟人身份政治在增进信任关系方面发挥着重要作用；(5) 合作生产使老年协会出现类政府组织特征，比如日常管理中的文牍主义倾向、上行下效中的行政命令思维、成员交流中的官方语言等，有助增强自上而下的行动黏性，便于政府养老服务战略目标的实现。

表5-7 天目社区居家养老服务合作生产的运转机制

阶段	阶段一：合作设计	阶段二：合作运行阶段	阶段三：合作评估阶段
任务	识别合作伙伴	管理利益冲突	维系集体生存
策略	聚合策略	协调策略	封装策略
措施	1.1 达成共识 行政权力吸纳 自上而下推动 1.2 耦合功能 明确角色 职责分工 1.3 分担风险 程序控制和利益捆绑 商业保险介入	2.1 使用工具 设定合作生产的程序 拓宽社会参与空间 2.2 共享权力 充分共享生产裁量权 严格控制收益裁量权 政府独享偏好裁量权 2.3 建立关系 权威吸纳型关系 师生关系发挥作用	3.1 外部监管 厘清监管职责 政策指引 3.2 内部协商 多样化叙事机制 以民主协商为主 3.3 适应环境 层级式生态 双向认同一致行动
结果	行政吸纳老年协会实现政社合作	老年食堂亏损，但集体决策找到解决方案，能合格完成任务，但活力不足	街道、社区、老年协会合作稳定，彼此间行动认同度和关系信任度高
特点	1. 行政吸纳社会 2. 老年协会准官方性质更容易获得政府信任	1. 老年协会成为官僚机器的一部分是策略性选择 2. 同质性关系网络 3. 熟人身份产生有序行动	1. 老年协会出现类官僚组织的趋势 2. 组织间行动黏性较强

二、政府与民办社会组织：易来福养老驿站

（一）案例介绍

北京易来福居家养老服务中心（简称易来福）是经北京市顺义区民政局批准成立的民办非企业单位，成立于 2015 年 8 月，是易来福品牌旗下专业从事居家养老服务的机构。易来福品牌还包括北京易来福居家养老服务有限公司、北京易来福家政服务有限公司、北京易连科科技发展有限公司（经营养老辅具）、北京市返老还童装饰装潢有限公司、北京市顺义区易来福职业技能培训学校（民办非企业）五家机构，都在顺义区机场东路澜西园顺科大厦 B 座 1-2 层办公。自"易来福"品牌 2015 年 4 月创立以来，易来福所有机构员工共计 140 人，"让居家老人顺心、让忙碌儿女安心"是易来福的服务宗旨，"安全、专业、体贴、高效"是易来福的服务理念，"成为中国最有价值的养老综合服务运营商"是易来福的发展愿景。

易来福居家养老服务中心是易来福居家养老服务体系的枢纽机构，主要是起到统筹管理作用，具体服务由各个易来福社区养老服务站点来提供。2015 年 11 月，易来福自建自营的第一家社区居家养老服务站和日间照料中心在顺义区空港街道万科城市花园社区成立，成为顺义区首家利用互联网模式运作的社区居家养老服务站点。2016 年北京市提出了四级养老服务体系，第一级是市级民政养老服务大平台，第二级是区级养老服务指导中心，第三级是街镇级日间照料中心（要设置 50—100 张床位），第四级是社区养老服务驿站，鼓励街镇养老照料中心、社区养老服务驿站采取公建民营方式运营。在此背景下，易来福调整发展思路，重新制定了两个发展战略，第一个是"走出去"战略，即易来福的养老服务员走出去，到易来福自建自营的社区养老服务站或承包运

营的社区养老服务驿站，为老年人提供上门服务；第二个是"请进来"战略，即把老年人接到日间照料中心享受日间照料服务。这样，易来福发展重心从最初自建自营社区居家养老服务站转向承包运营社区养老服务驿站。目前，易来福居家养老服务中心承包运营顺义区街道日间照料中心 4 家、养老院 2 家、社区养老驿站 11 家，2017 年底预计运营社区养老驿站 24 家，基本形成了以易来福居家养老服务中心总部为核心、社区养老服务站（自建自营）、社区养老驿站（公建民营）为服务载体的"一核多点"式居家服务供给体系。

在服务内容方面，易来福居家养老服务中心依托社区养老服务驿站提供五大类服务，分别是生活照料类、居家护理类、就医陪护类、精神关怀类、康复产品类。具体来看，在社区养老服务驿站，老年人可以享受 10 项服务，包括享用三餐、放松休息、喝茶聊天、读书阅览、听戏观影、益智棋牌、健康监测、健康理疗、康复护理、讲座论坛、游戏活动等。开放时间是周一至周日 7:10 到 19:10，法定节假日休息。除了享用三餐收费外（早晚餐都是 5 元/人、午餐 15 元/人、送餐 16 元/人，仅支持午餐外送服务），其他服务都是免费提供。在上门服务方面，老年人可以享受 15 项服务，分别是买菜做饭、洗晒衣被、清洁家电、换季整理、家庭保洁、洗澡翻身、喂饭喂药、购物配药、缴领资费、家电维修、看护病人、陪同就医、精神陪护、理发、人文关怀等。理发和人文关怀是免费提供，其他服务按照 25 元/小时收费，具体上门服务时间由老人与工作人员协商确定。易来福居家养老上门服务需要老年人先向居住地所在社区的易来福居家养老服务站提出申请，然后服务站派人上门采集信息，评估需求，签订协议，服务站录入用户信息，编制服务计划，安排上门服务。

在服务模式方面，易来福居家养老服务中心开创了顺义区"互联网＋"居家养老新模式，通过呼叫中心、E-life 智能化网络养老服务平台、手机 APP 等线上媒介搜集整合养老需求，线下以社区养老服务驿站为平台，建立标准化的服务流程和专业化的服务队伍，对服务人员工作进行即时闭环管理，更好地掌控为老年人上门服务质量，使顺义区多了一座"没有围墙的虚拟养老院"，打破老人居家养老的僵局。在队伍建设上，2016年，易来福成立了党支部、工会及易起来义工小组。易起来义工小组通过社会招募并完全自愿参与，定期或不定期组织为社区年满60岁以上老年人和残障人士进行服务、提供帮助、慰问关怀、精神关爱等活动，通过义务劳动等实际行动，为老人和残障人士解决实际困难。

（1）业务服务流程：老年人电话预约—上门采集信息粘贴二维码—信息录入系统生成关怀计划—服务员上门服务—话务回访—质量走访。

（2）服务员入户工作流程：提前10分钟到老年人家门口—核对老人信息自我介绍—换工作鞋确认工单—扫二维码记录服务开始时间—开始工作—结束前15分钟与老人确认仍需服务事项—老人在工单上确认服务并签字—扫二维码记录服务结束时间—叮嘱老人关好门并离开。

（3）日间照料中心预约流程：呼叫中心记录预约人基本信息—预约单转交日间照料中心工作人员—日间照料中心工作人员将信息录入系统。

在服务过程方面，易来福社区养老驿站配备站长1名、8到10名养老服务人员。服务人员上门提供服务是通过易来福居家养老服务中心的call-center（呼叫中心）进行派单，具体服务过程得分两个方面来看。首先，对于自营收费服务，当老年人需要一些临时性服务，比如家庭保洁、上门洗衣等，可以拨打热线电话，也可以到社区养老驿站申请，然后易来福通过呼叫中心的派单系统派遣养老服务员上门为老年人提供服务。对于提供不了的服务，易来福就安排签约合作服务商来提供，比如修脚服务，易来福与足源修脚店签订了服务协议，由其代替易来福提供上门修脚服务。目前，易来福已经签约了8家服务商作为商业合作伙伴，以此满足老年人差异性需求。当老年人需要长期性的上门服务，先向社区养老驿站提出申请，然后易来福派人上门进行身体状况评估，随后签订服务协议，确保服务的连续性。其次，对于政府购买养老服务，易来福按照服务对象、服务内容、服务时间等指标将每个政府购买服务的老年人全部工作量算出来，然后录入派单系统，再指派给养老服务员。

养老服务员接到工单后，第一次上门需要向老年人阅读告知书、注意事项，用手机扫描老年人家中带有二维码的"居家养老爱心服务卡"，签到打卡，在 E-life 智能化养老服务平台上，就能清楚地看到服务员的经度和维度，这就能判断服务员是否准时达到、是否开始服务。服务结束后，服务员用手机再次扫描二维码，就能知道服务员是否按照规定服务时长完成服务。待服务结束后15 分钟到 20 分钟，呼叫中心会对享受临时性养老服务的老年人进行电话回访。为了防止电话回访信息造假，呼叫中心不同班组员工的电话回访录音会进行互听互查，从而确保回访信息的真实性；对于持续性养老服务，由站长上门定期回访，倾听老年人意见。

截至 2017 年 1 月 22 日，易来福服务人数累计达到 4731 人，服务小时数累计达到 44 871 小时。由于养老服务工作实绩表现突出，2017 年 3 月，易来福居家养老服务中心荣获"北京市社会组织诚信建设争创单位"。如今，易来福居家养老服务中心是北京市养老助残卡服务商、北京市残联中标单位、敬老模范单位、北京孝星榜样；易来福职业技能培训学校是北京市居家养老护理员指定培训机构。

（二）合作设计阶段分析：服务供给分工

1. 养老政策红利刺激下的目标引导

创业者的初心驱动。易来福创始人 W 先生是顺义区本地人，80 后，大学毕业后，曾在首都机场集团工作，主要负责商业项目拓展，做到区域经理级别。

后来，进入顺义区政府工作，担任正科级领导职务，成为一名公职人员。在区政府工作五年后，W 先生深感体制内循规蹈矩的生活并不适合自己敢闯、敢拼的个性，于是在 35 岁这年，他做出了人生重要的决定——跳出机关生活围城，寻求属于自己的事业。可是，具体做什么，W 先生并没有成熟的想法，但是有一点，他是明确的，即怀着对出生地、成长地的深厚感情，在顺义区做一份既是为自己干，也为他人干的事业，而且还要有持久性，可以干一辈子。抱着这份创业的初心，W 先生将自己的创业想法告诉了发小 Z 先生，Z 比 W 年长十岁，70 后，阅历丰富，对养老服务行业比较了解，提议做养老。两人经过多次深入详谈，得出一致结论是养老服务是一个潜力很大的行业，顺义区养老服务业发展比较慢，有实力的品牌服务商较少，而且做养老不仅是帮助老年人善养余生，而且也是为自己未来老有所养提供保障，符合 W 先生"为人为己"的创业初心。

另一方面，《北京市居家养老服务条例》等纲领性文件出台，提出构建市、区、街（乡镇）、居（村）四级养老服务体系，加快实施居家养老幸福工程，进一步坚定了 W 先生进军养老服务业的创业初心。于是，2015 年，W 先生果断辞去公职，与发小 Z 先生一起去考察全国各地养老服务发展情况，学习经验。同年 4 月，二人合伙成立北京易来福居家养老服务有限公司。5 月，易来福与顺义区空港街道万科城市花园社区老年人代表就居家养老问题进行座谈，了解老年人的居家养老需求。为了适应政策文件要求，便于承接政府公共养老服务，8 月，创立民办非企业单位性质的北京易来福居家养老服务中心，W 担任中心主任一职，Z 担任理事长。11 月，易来福自建自营的第一个社区居家养老服务站和日间照料中心在顺义区空港街道万科城市花园社区设立，成为顺义区首家利用互联网模式运作的社区居家养老服务站点。这样，易来福开始独自探索居家养老服务事业。

政策红利的信号指引。社区养老服务驿站是一个新生事物，如何建设和管理运营，政府和社会组织并没有现成经验可供借鉴，两者都没有十足的信心和把握开启合作实践。为了激发社会力量参与社区养老服务驿站建设，消除政社合作的潜在不确定性，北京市政府出台的养老服务政策起到重要的指引作用。据 W 先生介绍，易来福能够牵手顺义区民政局，达成合作，主要是受到了三个政策文件的启示和指引。

（1）为进一步推进和完善北京市、区、街道（乡镇）、社区（村）四级养老服务体系，2016 年 5 月，北京市老龄工作委员会发布《关于开展社区养老服务驿站建设的意见》，决定从 2016 年开始，在全市社区层面展开社区养老服务驿站建设，以此更好满足老年人多样化养老服务需求。这份政策文件释放出以下重要信息：一是明确了社区养老服务驿站的性质。社区养老服务驿站是街道（乡镇）养老照料中心功能的延伸下沉，作为居家养老服务的基础，是政府为社区老年人提供基本养老服务的重要载体和主要途径，是社区老年人家门口的"服务管家"，是构建四级养老服务体系的基层基础。二是确定了社区养老服务驿站的基本功能，包括日间照料、呼叫服务、助餐服务、健康指导、文化娱乐、心理慰藉。在此基础上，划出一定经营场所鼓励运营商提供延伸性服务（自营收费性质）。三是圈定了社区养老服务驿站的责任主体。对于区政府来说，要做的是购买、租赁其他单位的设施，作为社区养老服务设施，无偿交给企业和社会组织运营，"政府无偿提供设施、运营商低偿运营"成为社区养老服务驿站发展思路。四是区分社区养老服务驿站的类型及运营模式。按照建筑规模、设备配置、人员配备、服务功能不同，社区养老服务驿站可分为 A 型驿站、B 型驿站和 C 型驿站。社区养老服务驿站运营方式主要有连锁运营、单体运营、联盟运营和 PPP 运营四种。社区养老服务驿站性质和功能明确、责任主体及运营模式明晰，有助于易来福进军政府主导的社区居家养老服务领域时，找准自己的定位，找到比较优势的结合点。

（2）由于《关于开展社区养老服务驿站建设的意见》对驿站建设运营要求较为宏观，多为原则性规定，基层单位对如何推进驿站规划建设、如何组织开展居家养老服务等问题把握不准，2016年9月，北京市民政局发布《社区养老服务驿站设施设计和服务标准（试行）》，分为总则、设施设计标准、服务管理标准和分则4个部分50条，详细清楚地规定了驿站设施设计内容和服务管理内容。这份文件主要是对社区养老服务驿站建设和管理运营具体规范做出了界定，政府出资建设驿站，运营由企业或社会组织承担，公私部门行动边界清晰，减少了潜在利益冲突的可能性，进一步消除了易来福与政府合作的顾虑。

（3）北京市民政局，北京市老龄工作委员会办公室发布《北京市社区养老服务驿站建设规划（2016—2020年）》，其中顺义区在"十三五"期间总共要建立40个社区养老服务驿站，城市20个、农村20个，分批建成。2017年建成18个，城市8个、农村10个，2018年建成12个，城市8个、农村4个，2019年建成6个，城市3个、农村3个，2020年建成4个，城市1个，农村3个。这一量化指标帮助易来福捕捉到市场契机，及时调整组织目标，在战略高度上寻求与政府保持一致性的期望。

这样，在易来福创始人W先生"为己及人"的创业初心内在驱动下、北京市养老服务驿站政策红利外在刺激下，再加上易来福产业链式的产品布局、在顺义区万科城市花园社区先行探索社区养老服务站的实践以及W先生过去政府官员的身份背景，2017年1月，易来福与顺义区胜利街道签订合作协议，共建胜利社区养老服务驿站，同年5月，顺义区首家以智能化养老服务为特色、占地面积最大的胜利社区养老服务驿站建成并投入使用。胜利社区驿站通过E-life智能化养老服务管理平台实现对胜利社区186位高龄独居老年人及255位重度伤残人员的人身安全进行实时安全监控。一旦出现火灾、煤气泄漏等紧急情况，后台服务人员就可第一时间通知老年人或老年人的家属。驿站还配备一支紧急救援队伍，由七名员工组成，在特殊情况下可以提供紧急救援服务。

2. 公私职责边界清晰下的功能耦合

易来福已经运营了胜利、双丰、南竺园、西辛等多家社区养老服务驿站，且都是标准化、连锁化的经营，重复性很高。为了简化分析，本节选取实地调研过的胜利社区养老服务驿站（A型驿站）作为研究对象，分析政社合作的功能耦合。在胜利社区养老服务驿站建设和运营中，顺义区民政局、顺义区胜利街道、易来福、社区居委会、易起来义工团队，各成员优势和劣势如表5-8所示。

表5-8 易来福胜利社区养老服务驿站合作成员优势和劣势

成员\资源	区民政局（A）	胜利街道（B）	易来福（C）	居委会（D）	易起来（E）
1 资金	专项经费（A1）	配套经费（B1）	收入稳定（C1）	资金不足（D1）	无固定资金（E1）
2 人员	审慎的行政决策能力（A2）	强大的协调控制能力（B2）	专业的服务提供能力（C2）	强大的群众动员能力（D2）	多元的志愿服务能力（E2）
3 思维	行政化思维（A3）	行政化思维（B3）	公益性思维（C3）	行政化思维（D3）	公益性思维（E3）
4 需求瞄准	间接面对公众，模糊（A4）	间接面对公众，模糊（B4）	直接服务公众，精准（C4）	直接面对公众，精准（D4）	直接服务公众，精准（E4）
5 工作方式	自上而下控制，等级分明僵化（A5）	自上而下控制，等级分明僵化（B5）	智能化可视化管理，高弹性（C5）	向上负责，对下灵活性一般（D5）	因时而动，高弹性（E5）
6 政策制定	有（A6）	有（B6）	无（C6）	无（D6）	无（E6）
7 组织体系	强大的行政网络（A7）	强大的行政网络（B7）	成熟的服务网络（C7）	熟悉的群众网络（D7）	发达的社区网络（E7）
8 社会公信力	公益影响力强，市场影响力弱（A8）	公益影响力强，市场影响力弱（B8）	公益影响力中，市场影响力较强（C8）	公益影响力强，市场影响力弱（D8）	公益影响力强，市场影响力弱（E8）

在服务安排、服务生产、服务管理三个维度，胜利社区养老服务驿站各合作主体成员进行着资源交换，确定各自核心业务边界，从而形成清晰的职能角

色分工（表5-9所示）。

在服务生产环节，区民政局是决策者，负责推进北京市政府部署的社区养老服务驿站工作计划，设定项目目标、时间节点、验收标准、考核要求，并设立专项建设经费，由市、区两级财政分别投资930万元和660万元，预期在顺义区各社区建设1所养老服务驿站，服务辖区5万余名老年人。胜利街道是社区养老服务驿站具体落实单位，是社区养老服务的采购者，主要职能是确定合作伙伴，协调公共资源分配。合作初始，胜利街道严格按照《社区养老服务驿站设施设计和服务标准（试行）》要求，通过行政权力在整合社区闲置资源，免费提供建筑面积达500平方米的场地作为胜利社区养老服务驿站运营场所，一次性投资148万元作为基础设施建设经费，并通过政府购买第三方服务的方式与易来福签订委托运营协议。这些举措充分体现了政府渴望与社会组织合作的诚意，降低了易来福运营社区养老服务驿站的前期投入成本。同时，社区居委会也承担了部分采购者角色，主要负责安排一些主动关爱老人的公益活动。例如，在重阳节等重大节假日，胜利社区、双兴南区、幸福西区社区居委会为了发扬社会"尊老、爱老"的传统美德，各自策划了重阳节主动关爱老年人、母亲节鲜花送妈妈、集体生日会等活动，都是委托易来福胜利社区养老服务驿站协助提供，活动大都是志愿服务性质，但部分活动社区居委会给予易来福2000到3000元的经费支持。

表5-9　易来福胜利社区养老服务驿站合作成员贡献资源过程

成员 环节	区民政局（A）	胜利街道（B）	易来福（C）	居委会（D）	易起来（E）
1 服务安排	A1、A2 A6、A7	B1、B2、B7	C2、C3、C4	D4	—
2 服务生产	—	—	C1、C2、C4 C5、C7	—	E2、E5 E6、E7
3 服务管理	A7	B2、B7	C5	D2、D4 D7、D8	

在服务生产环节，易来福是生产者角色，依托社区养老服务驿站负责提供上门服务和日间照料服务。易来福与胜利街道签订委托运营协议后，自筹资金、配备人员、建立服务规范使社区养老服务驿站得以顺畅运转。在胜利社区养老服务驿站日间照料功能区，设有健康检测室、放映室、睡眠室、餐厅、活动区；在服务管理区，依托易来福居家养老中心 E-life 智能养老服务平台，驿站也建立了能够实现数据对接的智慧养老管理平台，包括健康监测系统，为老人建立健康档案；子女 APP，老人子女随时查询老人健康数据、医生诊断建议；健康监测设备，现场及远程健康建设，实时数据上传、实时更新健康档案；老人智能卡，紧急 SOS 按键、即时定位老人、设定电子围栏、避免老人走失。在硬件配备方面，易来福利用经营养老服务的便利，为驿站配备了专业的工具设备，服务人员有统一上门服务工具箱，驿站内有移动助浴床、空气波治疗仪、电动护理椅、电动护理床等先进设备。除了驿站提供的基本服务外，易来福还提供延伸性的自费服务，服务价格低于市场价格，自费服务主要由易来福签约的服务供应商来提供，目前易来福已经签约 8 家合作伙伴，代表性的服务供应商有：与颐道中式按摩、足源修脚合作提供保健疗养服务，与北京京顺医院建立合作关系提供医养结合服务，与贵族发型合作设立社公益理发日，老年人理发 3 元/次。此外，易来福积极响应顺义区社区义工联合会号召，成立易起来义工组织提供公益免费关爱老人服务，义工组织成员主要由易来福员工及北京城市学院大学生组成。自 2016 年成立以来，易起来义工组织在社区居委会的配合和支持下，已经完成诸多具有影响力的公益项目，包括社区老人生日会活动（每季度组织一次）、社区轻度失能老人迎新会、社区老年人圣诞节书画彩蛋活动、社区失能老人家属及社工减压出游活动等，部分活动已经成为常态化的经典项目，深受老年人欢迎。

在服务管理方面，区民政局担任监督者角色，负责业务审批、组织专项检查,具体措施是区民政局派业务科室的工作人员到易来福查账,检查项目资金是否用在合同中规定的地方。胜利街道也担任监督者和协调者角色。胜利街道建立了服务质量评价制度,评价主体为社区养老服务驿站自我评价、服务对象评价、街道评价和区民政、老龄部门委托的第三方社会机构评价。评价指标包含服务流量、服务对象满意度、家属/监护人满意度、服务时间准确率、服务项目完成率、有效投诉结案率。评价方法为意见征询(上门和电话)、实地查看、检查考核、服务信息和档案查询。社区居委会配合街道协助对易来福胜利社区养老服务驿站进行服务质量监管,主要是听取老年人投诉意见,将整改意见转达给易来福。由此,主体之间的资源互补、服务环节的功能耦合使易来福胜利社区养老服务驿站形成了初始的合作框架结构(见表5-10)。

表5-10 易来福胜利社区养老服务驿站合作主体角色及职责分工

服务环节	服务安排			服务生产		服务管理		
参与主体	区民政局	胜利街道	社区居委会	易来福	易起来	区民政局	胜利街道	社区居委会
职能内容	业务指导资金支持	选择伙伴提供资源落实项目	策划志愿服务项目	管理运营提供服务	提供主动关爱志愿服务	专项检查	信息传递协调分歧质量监管	配合落实项目
角色类型	决策者	采购者	采购者	生产者	生产者	监督者	监督者协调者	协助者

3. 风险负担分配合理的责任结构

社区养老服务驿站项目风险出现在三对关系中:政府与老年人、政府与运营商、运营商与老年人。首先,在政府与老年人关系方面,社区养老服务驿站能否提供优质服务满足老年人的需求直接关系到政府执政的合法性基础,但是,养老服务是由运营商来提供,为了确保运营商能够规范提供服务,顺义区民政部门对运营商设置了进入门槛、建立了退出机制。在进入门槛方面,社区养老服务驿站执业应具备以下资质证明和材料：（1）企业法人营业执照或民办非企业单位登记证书。（2）与街道办事处（乡镇政府）签订的双方协议。（3）房产归属证明及第三方机构出具的房屋安全检测报告。（4）第三方机构出具的消防安全检测报告。（5）社区养老服务驿站服务事项和流量记录账簿或信息系统记录凭证。（6）设置医疗卫生机构的，须取得医疗机构执业许可证。为了能够遴选出优质运营商，顺义区民政局确定了公开招标、品牌机构连锁运营等方式选择合作伙伴，共同规划建设。

在退出机制方面，顺义区民政局建立区、街道、第三方机构等多方参与的监管体系，建立定期核查机制。社区养老服务驿站的管理者、使用者擅自改变政府投资或资助建设、配置的养老服务设施功能和用途的，由民政部门责令限期改正，并责令退赔补贴资金和有关费用；逾期不改正的，收回管理权、使用权。高标准的进入门槛、富有弹性的退出机制，使顺义区民政局作为老年人的代理人能够更好地履行公共服务供给之责，在外包公共服务时，不忘政府本位职责。

其次，在政府与运营商关系方面，社区养老服务驿站面临的潜在风险是运营失败的可能性。这种失败的可能性来源于两个方面：一是前期高额的固定设施建设费用，企业或社会组织可能会无力且不愿承担项目；二是运营商的经营管理能力不足，损害社区养老福利。为了防止出现企业或社会组织不愿参与社区养老服务驿站建设而出现的市场失灵，顺义区政府按照《关于开展社区养老服务驿站建设的意见》要求，通过购买或租赁的形式无偿提供社区养老服务设施，交给企业或社会组织运营。与易来福最初自建自营社区养老服务站相比，区政府承担了社区养老服务驿站建设费用，极大降低了易来福的服务提供成本，这样，易来福就可以集中财力用于优质服务提供中，充分发挥其专业服务能力。同时，为了防止出现运营商终止合作带来的养老服务中断风险，顺义区民政局规定社区养老服务驿站运营方应缴纳风险保障金，具体数额由设施提供方和驿站运营方双方参照《北京市养老机构公建民营实施办法》有关规定商定，防止和降低因运营方经营不善对老年人利益的影响。易来福按照规定缴纳了10万元风险保障金，一定程度上降低了政社合作关系的维护成本。

最后，在运营商和老年人关系方面，老年人在易来福运营的社区养老服务驿站享受服务可能会出现摔倒、疾病突发等人身伤亡意外风险，一旦风险发生，易来福不仅要承担直接责任，面临金额不菲的民事赔偿，而且街道、社区居委会也要被牵连进去，事故处理不好很容易激发群众矛盾。为此，顺义区民政局要求社区养老服务驿站运营商要向指定保险机构购买综合责任保险，街道和社区居委会宣传鼓励老年人购买意外伤害保险。易来福所运营的所有社区养老服务驿站都已购买综合责任保险，同时，为了让老年人能更加清楚了解服务职责边界，易来福与长期服务对象及其子女签订服务协议、知情同意书，在服务区域公告栏，出示服务安全须知、意外事故保险理赔事宜，从而进一步降低易来福运营社区养老服务驿站的意外风险。

表5-11 易来福社区养老服务驿站风险承担结构

风险类型	政治风险	市场风险	人身风险
影响对象	政府部门	易来福	老年人
具体表现	危及合法性	经营亏损	健康损失
承载主体	区民政局、街道	区民政局、街道、易来福	易来福、老年人
规避策略	程序控制	利益捆绑	协商沟通

（三）合作运行阶段分析：伙伴关系建构

1. 易来福养老驿站合作生产网络的运转过程

（1）社区养老服务驿站生产网络的形成过程

强制类政策工具划分了政社合作的职责边界，齿合了公私合作利益缝隙。

首先，在发展思路方面，北京市老龄委提出了社区养老服务驿站要按照"政府无偿提供设施、运营商低偿运营"思路建设运营，从根本上解决了政社合作职责模糊不清的问题，便于政府、市场、社会充分发挥各自作用。其次，在运营模式方面，《关于开展社区养老服务驿站建设的意见》指出了社区养老服务驿站主要有连锁运营、单体运营、联盟运营和PPP运营四种方式，政府要通过公开招投标的方式与运营商签订承包运营合同，这为政社互动、建立合作伙伴关系提出了指导依据。于是，顺义区首家社区养老服务驿站，就是由胜利街道通过公开投标方式与易来福居家养老服务中心签订承包运营合同，约定了双方的职责义务，按照PPP模式缔结合作关系。胜利街道出资140余万元、免费提供占地500平方米的场地，根据易来福提供的驿站设计平面图及要求，进行硬件设施建设，再交付易来福运营管理。此后，顺义区新建投入运营的社区养老服务驿站，也是采取同样模式与易来福建立合作伙伴关系。再次，北京市民政局出台了社区养老服务驿站建设标准和服务管理标准，细化了政府、运营商各自行为规范，特别是对运营商要求在完成六大基本服务基础上可以拓展延伸性服务的要求，使运营商更有发挥自己优势的主动性，有助于厘清公共服务的问责主体，防止服务外包导致问责链条中断而出现的"空心政府"现象。所以，易来福社区养老服务驿站能够在短短一年时间内迅速发展起来，并将自己的产品优势和驿站充分结合，取得良好的服务效果。强制类政策工具清晰地界定了政社合作责任边界起到基础作用。

市场类政策工具创建了社区养老服务驿站内部市场，缩短了易来福与潜在老年消费者的距离。首先，社区养老服务驿站是一个新生的公共事务，作为消费者，老年人不了解，作为运营商，易来福也没从事提供公共服务的社会认同基础。为了解决供求双方信息不对称问题，街道与易来福签订了政府购买服务合同，赋予了易来福从事驿站经营管理的合法性，而且社区养老服务驿站的名称、功能、标志都是按政府统一标准设计,并在附近区域设有道路交通指示标志,对老年人起到了重要的公共服务信号指引作用,进一步帮助易来福获得社会公信力。其次,社区养老服务驿站六大基本服务中大部分是免费项目,低价收费项目较少,考虑到运营商的经营诉求,为培育其独立经营能力,顺义区民政局将2014年全市推出的养老助残消费范围接入到社区养老服务驿站。北京市养老助残卡的申领对象是80岁以上老年人,每月政府补贴金额100元,老年人可到悬挂统一北京通—养老助残卡服务单位标志牌的大型超市和社区便利店、服务商家的专用POS机上使用。这样,老年人就可以用养老助残卡在社区养老服务驿站消费享用易来福提供的延伸性收费服务(由易来福签约商业合作伙伴提供),激活了社区养老服务市场的活力。再次,除了获得顺义区政府部门的政府购买服务支持外,易来福居家养老中心还积极参与了北京市民政局、北京市残联、北京市社工委公开征集的养老服务公益创投项目,并且成功中标。例如,2017年3月,易来福凭借经营的一套荷兰先进的可移动式助浴设备,成功中标北京市民政局政府购买上门助浴服务项目,获得福彩金10万元支持;2017年5月,易来福考虑到自己承包服务的顺义区老年公寓老年人生活圈子封闭、生活单调,而社区养老服务驿站大多数是比较年轻、有活力且有才艺表演需求的老年人,于是向北京社工委申报了总价30万元的"老老相依、其乐融融"的项目。该项目旨在让社会老人进入养老机构,倡导年轻老人与年长老人互助养老,通过才艺展示、互动游戏、手工制作、书画交流的方式让社会老人与机构老人形成老老互助、相互融合的活动氛围。每月举办一次,最终获批10万元政府购买服务资金支持。上述成功中标项目都是通过易来福社区养老服务驿站为老年人提供服务。市级政府部门购买养老服务不仅激发了易来福的服务创意,起到了重要的组织培育作用,而且还打通了社区养老服务内部市场的供需阻隔,满足了不同年龄段的老年人养老需求。

自愿类政策工具起到了服务补充作用，在资源连带中重塑社区自治内部空间。易来福居家养老服务中心与同位于顺义区的北京城市学院成立了"易起来义工团队"，由易来福社区养老服务站站长作为义工活动的组织者，北京城市学院大学生作为活动的参与者，共同为社区老年人提供主动关爱志愿服务，成功完成了"社区老人集体生日会、母亲节为妈妈送鲜花、重阳节文艺表演"等经典活动，这些活动已成为常态化的社区志愿服务项目。在这些志愿服务活动组织策划中，社区居委会发挥了重要的引导和协助作用，社区居委会将老年人生日信息与易来福共享、重阳节提供活动场地、帮助宣传，每一次志愿服务活动的实施，凝结了社区居委会与易来福的协商与共识，双方在协同共治中形成了以信任为基础的社区公共服务自治理机制。

（2）社区养老服务驿站管理网络的形成过程

强制类政策工具确定了管理主体职责及方式，建立了清晰的问责链条。顺义区民政局、老龄委建立了社区养老服务驿站服务质量评价制度，服务质量评价打分由驿站自评、顾客评价、街道评价、区民政委托的第三方评价组成。评价指标包含服务流量、服务对象满意度、家属/监护人满意度、服务时间准确率、服务项目完成率、有效投诉结案率。评价方法具有多种形式，包括定量评分表、意见征询（电话、座谈会）、实地察看、档案查询等。而且，按照合同协议，街道是社区养老服务驿站的质量监管第一责任主体，是驿站业绩考核组织单位，易来福必须在履约期间接受街道每年的考核，根据考核结果决定奖惩措施。因此，街道虽然外包了公共服务，但并没丢掉自己作为老年人代理人的监管之责，老年人、街道、易来福之间有着清晰的问责纵向链条。另外，易来福还承接了北京市民政局等市级行政机关的政府购买项目，为了检查项目实施效果，市民政局委托了另一家社工事务所，对易来福进行第三方监管。由此，易来福社区养老服务驿站既有区级层面的管理网络，也有市级层面的管理网络，两者边界清晰,并不冲突,都对易来福的经营行为起到有力的约束。

信息类政策工具是社区自治理有效运转的中介。在易来福社区养老服务驿站服务过程中,社区居委会发挥着重要的信息传递作用,社区居委会接受老年人的投诉,并把意见归纳、提出整改意见反馈给易来福,使易来福提供的社区居家养老服务更具有回应性和有效性;同时,在易来福实施的志愿服务活动中,社区居委会会征询老年人意见,帮忙进行活动宣传,使志愿服务活动更接地气,扩大易来福的社会公益影响力,增进易来福与老年人的信任,增强社区团结,为社区自治理注入驱动力。这样,易来福、社区居委会、老年人三者之间形成了横向的柔性问责体系,这种问责是在服务信息反馈传递中不断修正易来福的行为规范而得以实现。

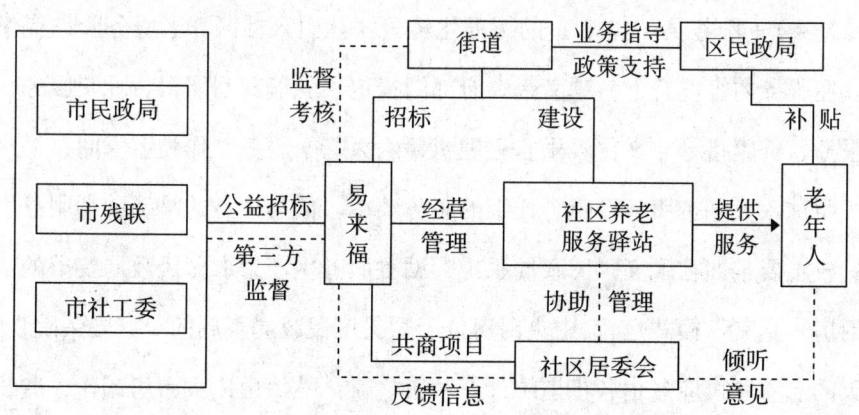

图 5-3　易来福养老驿站合作生产网络运转过程

注:实线代表居家养老服务服务生产网络,虚线代表居家养老服务管理网络

2. 充分的社会赋权与易来福能力培育

在生产领域,易来福社区养老服务驿站的生产采裁量权由顺义区政府部门与易来福居家养老服务中心共享。在与政府部门合作前,易来福居家养老服务中心是自己投资、自己负责建设运营顺义区空港街道城市花园社区养老服务站,独立决定社区养老服务站的运营模式。2016 年北京市出台《关于开展社

区养老服务驿站建设的意见》，为社区养老服务发展指明了方向，文件明确指出"广泛动员社会各界力量积极参与，大力推行驿站连锁化、品牌化运营，充分发挥市场在养老服务资源配置中的基础性作用，'放水养鱼'、壮大居家养老服务商，促使社会力量成为养老服务业的主体"。同时，北京市《社区养老服务驿站设施设计和服务标准（试行）》也明确规定政府应无偿提供社区养老服务设施。这样，社区养老服务驿站生产裁量权就分为政府负责建设、社会力量负责运营两部分。在易来福与顺义区部分街道签订运营管理合同后，在具体操作过程中，政府部门先按照易来福提供的平面改造图、室内装修图、所需基础设施等要求来建设社区养老服务驿站。社区养老服务驿站硬件设施通过验收后，易来福将 E-life 智能养老服务平台引入社区养老服务驿站作为管理中枢，将站长（1 名）+ 服务员（10 名）的标准化经营团队引入社区养老服务驿站提供服务。在服务内容设置上，顺义区政府部门指定了涵盖日间照料、呼叫服务、助餐服务、健康指导、文化娱乐、心理慰藉六大基本服务，作为运营商，易来福就按照这六大基本服务设定了详细的服务菜单。值得注意的是，助餐服务生产裁量权主要掌握在顺义区民政局手中，助餐服务生产采取区民政局要求的"中央厨房＋送餐"模式运营，中央厨房位于顺义区民政局下属的一家光荣院食堂，每天的老年餐供应量由各街道统计好就餐份额，然后由中央厨房制作，餐食制作完毕再配送到社区养老驿站，老年人可以在社区养老驿站集中就餐，也可以打包带走，只有午餐。由于地理位置偏远，送餐成本较高，送餐时间较长，有两家易来福社区养老服务驿站自建了老年食堂，提供早中晚三餐，周一到周日都提供。这种"中央厨房＋送餐"模式最大的优点是能够控制食品安全风险、易于规模化经营，但是不可忽视的缺点是，助餐服务刚需明显、收费刚性较强，是运营商能够获得稳定收入的重要来源，但易来福却不掌握生产裁量权，实际上一定程度上削弱了其自我造血能力，不利于自主发展。

在收益领域，顺义区民政局明确了社区养老驿站运营的低偿性，意味着易来福运营社区养老服务驿站可以适度获益，但必须确保公益福利优先。而且，政策文件中明文规定了驿站的收费原则：(1)服务项目收费价格应低于本区域市场平均价格，高于成本价格；(2)在文化娱乐、心理慰藉，以及量血压、健康知识讲座等方面设定公益服务项目，不收取服务对象费用；(3)由街道办事处（乡镇政府）、相关政府部门无偿提供设施建立的社区养老服务驿站，具体收费标准在区民政部门指导下，由驿站运营方与属地街道办事处（乡镇政府）协商确定；(4)按照政府有关规定，为城乡特困老人和低保低收入家庭老人提供的基本公共养老服务项目，由政府通过购买服务方式给予补助。所以，易来福社区养老服务驿站六大基本服务目录里大部分项目是免费提供，体现出公益福利属性，收费服务是助餐服务（早晚餐5元/人/餐、午餐15元/人/餐），买菜做饭、洗晒衣被、清洁家电、换季整理、家庭保洁、洗澡翻身、喂饭喂药、购物配药、矫领资费、家电维修、看护病人、陪同就医、精神陪护都是25元/小时，低于市场家政小时工时薪。不过，在六大基本服务基础上，易来福在社区养老服务驿站提供延伸性的市场收费服务，比如易来福养老辅具租赁、扦脚、按摩等。所以，社区养老服务驿站六大基本养老服务收益裁量权主要归政府所有，而六大基本养老服务目录外的延伸性服务收益裁量权归易来福所有。这种收益裁量权共享模式既确保了社区养老服务驿站的公共福利性，实现了政府基本公共服务职能，而且还有助于运营商创新服务项目，提高自我造血能力。政社双方在利益分配方面既能保持适度距离、防止政社合谋，又能抱团取暖、实现互助双赢发展，使社区养老服务驿站具有较强的可持续发展能力。

在偏好领域，社区养老服务驿站建设归政府、运营归易来福，偏好裁量权在两个领域有不同程度的共享。在建设领域，政府与易来福充分共享偏好裁量权，政府规定了驿站选址、装修环境、功能分布等设施设计标准，易来福出具体的建设方案蓝图，政府部门再按照易来福提交的设计蓝图进行建设，充分满足易来福的服务管理偏好，激发其服务动力。另一方面，由于社区养老服务驿站是由政府负责无偿投资建设、提供基础设施，所以，确保社区养老服务驿站的公益福利性是政府部门委托运营商经营的根本要求。为了防止社区养老服务驿站运营属性走偏，政府部门通过制度规范，明确规定了六大基本服务目录、具体服务标准和收费原则，引导易来福严格按照要求提供养老服务，同时，也鼓励在六大基本服务基础上提供延伸性服务。所以，公益福利性养老服务运营偏好裁量权主要归政府，市场性养老服务运营偏好裁量权适度归易来福共享，这种富有弹性的偏好裁量权共享满足了易来福的经营管理诉求，为其壮大发展提供了成长空间，体现出政府努力培育养老服务市场的智慧。

事实也表明，权力共享促进了易来福社区养老服务驿站发展。易来福从2015年初创发展到现在，逐渐在顺义区养老服务业站稳脚跟，不仅是顺义区社区养老服务驿站主要运营商，而且是北京市社工委、顺义区民政局等多家政府机关的购买养老服务口碑单位，通过公开招投标，易来福承接了北京市民政局助浴服务项目、北京市残联助残家政服务项目、顺义区民政局老年公寓养老服务外包项目等金额较大的政府购买项目，已经成为顺义区标杆性社会组织。

3. 异质性网络与资源互补型伙伴关系

从静态角度来看，易来福社区养老服务驿站蕴含的合作伙伴关系是一种异质性网络结构，主要表现在：易来福居家养老服务中心是民办社会组织，还签约了社区营利性医疗、养生、便民服务机构作为自己的服务合作伙伴，而顺义区民政局、街道等机构是公共组织，合作成员类型相异；资金来源上是政府公共资源与民间资本相结合；在地理位置上，易来福属于顺义区本土社会组织，与顺义区政府机关在地缘上具有一定的亲近性。但是，这种亲近性因政府行政级别不同，会产生微妙差异。就W先生所言，由于过去是顺义区政府公职人员，他与部分区级委办局比较熟悉,但与街道等基层行政机关并无直接往来。这样,易来福与顺义区政府机关在地理位置上的亲近性用适中来表示(如表 5-12 所示)。这种异质性网络结构使信息以横向水平传递形式在成员间流动,易来福与街道在正式合同契约下进行平等协商对话,而且易来福还通过公益招投标的方式,参与北京市民政局、社工委等市级机关的养老服务项目征集,并获得立项,双方建立契约合作关系,使易来福的项目决策权和行动自主权在合作关系建立之初就已经得到官方确认,进一步增加了易来福与政府机关平等对话的谈判能力,从而使合作网络信息传递更加扁平化。

表5-12　易来福社区养老服务驿站的网络结构特征

案例	成员类型	资本属性	地理位置	网络特征
易来福养老驿站	—	—	○	异质性

注:"+++"表示很相似;"++"表示相似;"+"表示比较相似;"○"表示一般;"—"表示不相似

从动态角度来看,在北京市推出社区养老服务驿站以前,易来福就开始在顺义区空港街道万科城市花园小区自建自营社区养老服务站,作为易来福"走出去"和"请进来"战略实施载体,探索社区居家养老服务,并取得一定服务效果,但囿于资源不足,易来福社区养老服务站并没有扩展到其他社区。当北京市社区养老服务驿站政策出台后,社区养老资源共享机会得到识别和利用,易来福获得新的发展契机,由自建自营社区养老服务站转为公建民营社区养老服务驿站,社区养老服务驿站基础设施由政府部门负责提供,易来福就可以将资源和注意力集中在驿站管理和服务提供方面,社区养老资源得到重新优化配置,双方在居家养老服务生产网络中形成了资源互补型合作伙伴关系。在后续发展中,这种资源互补型合作伙伴关系没有发生本质改变,而且还是易来福社区养老服务驿站迅速发展的重要推力。一方面,资源互补契合了街道与易来福之间的权力分享结构，带来了不同性质的服务融合。街道的资源负责驿站建设、易来福的资源负责驿站运营，赋予了易来福充分的生产裁量权和偏好裁量权，易来福按照合同要求提供六大基本服务外，还可以结合自身经营养老辅具的优势在社区养老服务驿站提供收费服务，从而使公益性的养老服务与市场性的养老服务相融合，这就使易来福在公私资源弥合产生的公益与营利之间找到平衡点，减少了公私合作目标的冲突性。另一方面，资源互补产生的注意力集中优势使易来福在运营社区养老服务驿站过程中能够发现潜在需求，创新服务项目，增强组织实力，有助于维护主体间平等对话地位。北京市民政局购买易来福的助浴服务、北京市社工委购买易来福的"其乐融融，老老相依"项目、北京市残联购买易来福的残疾人家庭照护服务项目等都是易来福在连锁经营社区养老服务驿站过程中，针对老年客户群体的潜在需求，依托驿站进行策划而来的新项目。新项目的增加为易来福带来了多元的资金来源，进一步加深了公私资源互补程度，使易来福不必过度依赖街道资源进行发展，双方呈现双向性资源依赖关系。同时，易来福自我造血能力的增强还塑造了组织良好的社会声誉，释放出有益的合作信号，延续了政社合作的期望。

在居家养老服务管理网络中，易来福是社区养老服务驿站管理主体，为了便于开展合作，易来福与社区居委会建立了驿站站长与居委会主任定期沟通机制，双方形成了互相信任、相互支持的合作伙伴关系。在后续发展中，由于双方职责清晰，在组织重大社区老人关爱活动中采取协商对话机制，使双方合作伙伴关系得到很好的维系，社区居委会成为易来福扩大社会影响力、提高社会公信力的重要合作伙伴。

（四）合作评估阶段分析：行为结果控制

1. 合同监管与第三方监管的引入

从规制主体来看，在区级层面，社区养老服务驿站监管主体之间形成了比较清晰的职能分工。区老龄委是核心监管机构，发挥统筹协调作用，组织民政、财政、卫生计生等部门合力推进驿站建设，对驿站选址、建设、服务提供业务指导，并加强督促检查。区民政局负责驿站资质评审和备案工作，并组织第三方机构对驿站进行专项检查。区住建委、公安消防部门负责对驿站施工建设进行验收和检查；区食品药品监管局负责驿站助餐服务、康复护理服务业务指导和检查；区工商部门建立驿站工商注册绿色通道，为驿站登记注册提供便捷服务，使驿站获得合法经营身份。在具体监管操作中，区民政局和区老龄委通常做法是抽调业务科室人员组成专门的驿站业务专项检查队伍，到易来福社区养老服务驿站查账，看看项目资金是否用在合同中规定的地方。但是这种监管问题较大，因为业务科室的工作人员不是财务专家，不一定能够发现经营中的财务问题。此外，对政府购买养老服务项目，区民政局会委托一家社工事务所作为第三方监管机构对易来福进行独立检查，包括专业的审计检查、项目中期执行情况督查等，专业性比较强。在街道层面，街道与易来福签订了驿站委托经营管理合同，街道会按照合同约定的绩效指标，对易来福服务质量进行年终满意度测评，根据测评结果决定奖惩方案以及是否继续合作。

从规制政策来看，顺义区民政局、老龄委建立了社区养老服务驿站服务质量评价制度，服务质量评价打分由驿站自评、顾客评价、街道评价、区民委托的第三方评价组成。评价指标包含服务流量、服务对象满意度、家属/监护人满意度、服务时间准确率、服务项目完成率、有效投诉结案率。评价方法具有多种形式，包括定量评分表、意见征询（电话、座谈会）、实地查看、档案查询等。为了便于上门检查，顺义区民政局、老龄委要求社区养老服务驿站建立档案管理制度，档案包括驿站档案和服务档案。驿站档案包括文书档案、财务档案、员工信息等资料，比如在驿站大厅要求公开所有服务员工从业信息，否则视为不规范行为。服务档案包括老年人信息、服务协议、服务项目、服务安排、服务记录等资料。

面对强大的外在监管压力，易来福创始人W先生并没有将政府规制视为一种工作负担，他表示："项目品牌做好了，无论谁来监管，来上门核查，咱都无所谓，毕竟我们是在做事业。"W先生之所以会产生这样的想法，主要缘于易来福建了一套比较完善的内部监管体系，与政府规制形成了内外呼应。易来福建立了三级质量管理机制：(1)话务监督。由易来福居家养老服务中心总部呼叫中心跟进服务全程，从服务预约到完成服务，话务人员会对服务对象进行服务回访，及时了解服务状况、问题反馈、质量反馈。(2)站长监督。对于上门服务，站长会在服务结束后，登门造访服务对象进行服务质量调查，及时了解服务情况，反馈及监督养老服务员的行为。(3)主管监督。由易来福居家养老服务中心业务主管进行服务质量抽查，以此监督各个社区养老服务驿站站长工作及整体服务绩效。有了良好的内部监管体系和严格的外部监管机制，在运营社区养老服务驿站过程中，易来福没有出现任何违规行为，凭借优质的服务和高效的智能化管理，易来福赢得了市场口碑和政府信赖，北京市政府、顺义区政府重要领导多次到易来福参观交流。2017年易来福居家养老服务中心荣获"北京市社会组织诚信建设争创单位"，更是极大鼓舞了W先生做老人满意、政府放心的养老服务事业的信心。

2. 易来福养老驿站规范管理的多边叙事机制

在社区养老服务生产网络中，对于社区养老服务驿站六大基本服务，易来福与街道签订了社区养老服务驿站委托管理合同，政社双方按照合同内容就社区养老服务驿站建设、运营、管理等话题进行正式对话，合同文本是政社双方进行沟通交流的重要中介，双方以正式交流为主。对于延伸性收费服务，易来福需要向街道、区民政局申报，得到审批后方可开办，官僚科层式的文件申报是政社之间调整业务经营范围的重要沟通方式。对于志愿性免费服务，易来福需要获得社区居委会的支持。不过，驿站与居委会最初合作过程中由于沟通不畅，出现过几次重复举办相同活动的问题，如重阳节关爱老人活动，社区居委会要办文艺演出，易来福也要办文艺活动，导致场地使用出现争执，影响了活动效果，使双方合作产生了一些不必要的误会。为此，易来福总部及时召开了全体驿站站长会议，提出建立驿站站长与居委会主任定期沟通机制，并得到社区居委会的支持。此后，对于易来福自办的公益志愿活动，在寻求社区居委会支持后，易来福举办，居委会配合动员社区居民参加；对于社区居委会想办的公益志愿活动，居委会会优先询问易来福意愿，如果易来福愿意承办，居委会会给予一定经费支持，比如胜利街道按季度举办的社区老年人集体生日会，就是由居委会提出、给予经费，易来福配合。易来福派易起来义工团队策划，让老年人在胜利社区养老服务驿站欢声笑语中集体庆生的经典合作实践，取得了老年人的一致好评。

在社区养老服务管理网络中，区民政局、老龄委对易来福的管理是通过官僚科层制常用的书面检查方式进行对话，驿站档案和服务档案是双方正式对话的媒介，检查意见也是通过书面形式反馈给易来福。街道与易来福之间是委托代理的合同关系，街道以合同文本进行考核管理，将存在的问题和意见反馈给易来福。由于地理位置很近，社区居委会与易来福之间更多的是通过非正式沟通来协商日常工作分歧，社区居委会会协助驿站向老年人介绍服务，鼓励老年人到驿站来体验服务，帮助易来福赢得社会公众信任。例如，在万科城市花园社区，社区居委会与易来福携手在社区活动室举办"万科社区居家养老路线图说明会",方便社区老人知晓万科社区养老服务驿站的功能和使用指南。此后,万科城市花园社区居委会许主任致电易来福将社会捐赠的两台身体健康检测设备交给社区养老服务驿站,供社区老人免费使用。为了调整服务功能,2017年8月,易来福工作人员受邀参加万科社区居委会为老人组织的"万科社区老人居家养老需求协调会",会议主要对易来福万科社区养老服务驿站有关功能是否可提升进行讨论,倾听老年人"社区便民助医点"需求意见,达到驿站医养结合的目标,最终,易来福通过签约北京京顺医院,拓展了万科社区养老服务驿站医疗护理功能。对于顾客管理,易来福通过与长期服务对象签订服务承诺协议书,约定意外风险发生的责任承担主体和化解机制。

表5-13 易来福社区养老服务驿站合作成员的叙事机制

叙事机制	叙事主体	信息传递中介	政府角色	发生作用
科层化机制	区级政府部门与易来福	档案台账	信息把关人	传递公共权威控制合作秩序
市场化机制	街道与易来福	合同契约	信息中心	明确职责范围确定叙事结构
社会化机制	社区居委会与易来福	民主协商	信息过滤器	匹配供求信息增进信任关系
市场化机制	服务对象与易来福	书面协议	—	增强自我责任意识共防服务安全风险

3. 链圈式生态上的共生发展与持续价值创造

在制度规范刚性环境约束和叙事机制柔性环境调和下,易来福与各街道之间合作状态稳定,未出现严重的合作分歧,这种稳定的合作关系状态逐渐衍生出一种满足集体生存需要的链圈式生态。这种链圈式生态的特征主要表现在:(1)双向价值重构。在内部,社区养老服务驿站公建民营模式打破了公私部门行动边界,为驿站运营带来了异质性的资源、知识和技术,激发了潜在参与主体开展跨界互动和融合的动力。这样,顺义区民政局、街道、社区居委会、易来福、志愿者、老年人在资源共享层面就服务设计、服务生产、服务消费三个环节形成一个内部闭合的生态链，将基本公共养老服务和付费延伸性养老服务进行垂直整合，拓展了服务范围和服务内容，创造出的服务价值远远超过了易来福早期自建自营的社区服务站产生的服务价值。同时，易来福依托 E-life 智慧养老服务平台，在服务消费端对养老服务需求进行大数据分析，在服务设计端对养老服务项目进行升级再造，从而在社区养老服务生态链的两端与北京市民政局等市级机关，京顺医院、足源修脚店等营利性服务商，北京城市学院大学生志愿者，在价值共享层面开发出多个利益共生关系，通过横向跨服务链的价值重构，使更多的外部跨界资源在社区养老服务驿站转化为新的服务项目，产生新的服务价值。于是，社区养老服务驿站外部形成了一个开放动态的生态圈，商品、资金和信息等通过生态圈和生态链在整个场域生态中流动和循环，从而实现成员之间的资源互补、跨界创新、共生发展。（2）多层共生关系。在战略合作层面，顺义区民政局、街道是易来福运营社区养老服务驿站的战略合作伙伴，可替代性较弱，政社双方在社区养老服务领域进行协作创新，共生深度较大；在业务合作层面，北京市民政局、社工委、残联等市级机关，京顺医院、足源修脚店等营利性企业是易来福重要的业务合作伙伴，依托社区养老服务驿站进行养老服务业态创新，不断满足社区差异化的养老需求，业务合作伙伴具有可替代性，共生深度一般；在对接联系层面，北京城市学院大学生志愿者与易来福共同组织了易起来义工团队，开展社区养老志愿服务活动，为社区养老服务驿站链接了外部公益资源，为驿站注入了生命力；在社区养老服务驿站享受服务且具有才艺表演技能的健康老人也是易来福的对接联系伙伴，在易来福公众微信号、驿站微信群等互联网新媒体链接下，易来福把具有相同偏好和习惯的老年"艺术家"聚合起来，将他们的才艺表演诉求最终转变为易来福"老老相依，其乐融融"关爱养老公寓老人的公益项目。于是，老年"艺术家"既是驿站服务的消费者，又成为驿站服务的生产者，帮助易来福打通了驿站生产和消费的壁垒，为社区养老驿站发展带来了新的发展契机。不过，对接联系伙伴之间共生深度较小、可替代性强。多层次、多维度的共生关系为易来福社区养老服务驿站带来了充足的资源，产生了多个利益分享机制，满足了不同合作伙伴的诉求，使合作既有稳定性，又不失灵活性，滋育了不同成员之间持续合作的信心。

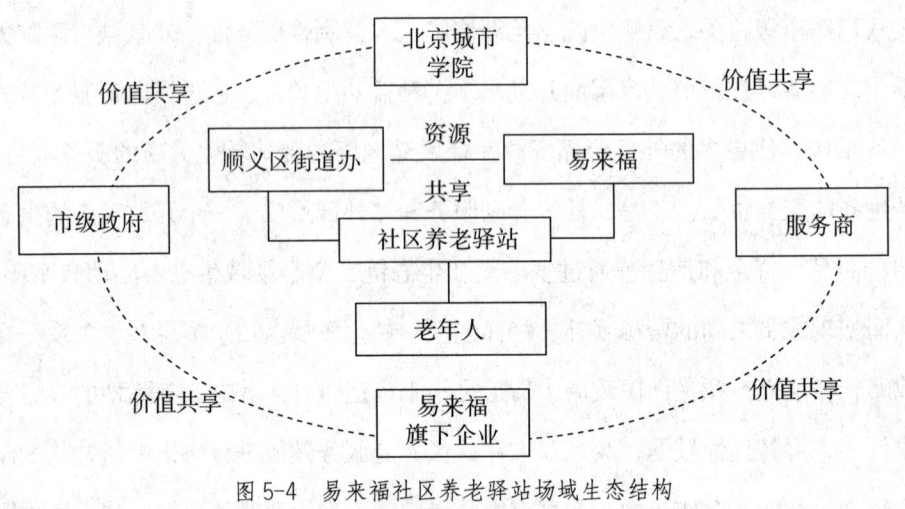

图 5-4　易来福社区养老驿站场域生态结构

（五）易来福养老驿站合作生产的运转机制小结

易来福养老服务驿站居家养老服务合作生产的运行机制如表 5-14 所示。在合作设计阶段，主要任务是识别合作伙伴，采用的是聚合策略。不同组织聚合在社区养老服务领域受到了易来福创始人的初心和北京市关于社区养老服务政策红利的交互作用而得以实现，其结果是易来福由最初的自建自营社区养老服务站转型为政社合作共建社区养老服务驿站，释放了易来福的专业化服务运营潜能；在合作运行阶段，主要任务是管理利益冲突，采用的是协调策略。政府通过组合使用多种政策工具建构了养老服务驿站内部市场运营规则，满足了政企双方利益诉求，并且及时出台政策明确组织行动边界，减少了权力关系冲突的可能，政府将公权力充分与易来福共享，使易来福获得了较大的自由行动权，有助于培育社会组织的自我造血能力。同时，技术对调整供求利益发挥重要的促进作用。易来福的 E-life 智慧养老管理系统深度挖掘了老年人差异需求，在北京市民政局等机关公益招标项目刺激下，将老年人潜在的需求转化为新的服务项目，与养老驿站基本服务形成互补，互联网技术为驿站发展注入活力；在合作评估阶段，主要任务是维系集体生产，采用封装策略。严格的制度约束和第三方评估机制与易来福内部三级质量监管体系形成呼应，降低了易来福私利性行为发生的可能性；多样化叙事机制促进了社区养老驿站信息交流，减少了由信息不对称产生的矛盾。养老服务驿站合作成功的实践强化了合作生产的积极作用，为了集体生存，政社之间形成链圈式生态，使社区养老服务合作生产既有稳定性，又不失灵活性，滋育了不同成员之间持续合作的信心。

易来福养老服务驿站案例体现出以下特点：（1）易来福创始人的经历及高层团队的管理素质对识别合作机会产生一定影响；（2）社区养老服务驿站政策体系释放出合作信号，起到市场刺激作用；（3）合理的多元风险分担机制，降低了易来福养老服务驿站建设运营成本；（4）E-life 智能化养老服务管理平台有效整合了社区零碎、闲散的养老服务资源；（5）社区养老服务驿站内部市场运营规则明确，利益流向顺畅；深度权力共享，培育了易来福经营管理能力，使养老服务驿站能提供更多优质养老服务；（6）内外呼应的监管机制，降低了合作生产监管成本；（7）链圈式生态使易来福养老服务驿站跨界互动和融合程度高，服务整体具有较强的创新和自我更新能力；（8）易来福善于向具有才艺表演能力的老年人借力，用较低成本形成新的"老老相依，其乐融融"服务项目，使合作生产在政府、社会组织、老年人之间传播，产生更多的价值创造，说明健康且有专长的老年人是养老服务合作生产可以争取的对象。

表5-14 易来福养老服务驿站居家养老服务合作生产的运转机制

阶段	阶段一：合作设计	阶段二：合作运行阶段	阶段三：合作评估阶段
任务	识别合作伙伴	管理利益冲突	维系集体生存
策略	聚合策略	协调策略	封装策略
措施	1.1 达成共识 创业者初心 政策红利与公开招标 1.2 耦合功能 明确角色 职责分工 1.3 分担风险 程序控制 利益捆绑 商业保险	2.1 使用工具 设定合作生产的程序 拓宽社会参与空间 2.2 共享权力 充分共享生产裁量权 充分共享收益裁量权 充分共享偏好裁量权 2.3 建立关系 双向性资源依赖 签约多元服务商 资源互补型伙伴关系	3.1 外部监管 明确且严格的制度 第三方监管 3.2 内部协商 多样化叙事机制 建立社区对话平台 3.3 适应环境 内部闭合的生态链 外部开放的生态圈 共生发展
结果	由易来福自建自营社区养老服务站变为政社共建社区养老驿站	社区养老服务驿站具有较强的可持续发展能力，易来福成为明星社会组织	社区养老驿站成为枢纽，链接内外资源为老人服务，形成多层次共生关系
特点	1. 较高的创业者素质有助于识别合作生产机会 2. 政策红利释放市场信号 3. 合理的多方分担机制	1. 智慧养老管理系统打通供需阻隔，促进服务创新 2. 深度权力共享，易来福获得充分经营自主权 3. 内部市场运行规则明确	1. 跨界互动和融合程度高 2. 内外呼应的监管机制 3. 合作生产在组织和个人间相互传播 4. 服务整体具有较强的创新和自我更新能力

第六章 结论与讨论

一、从养老服务看合作生产的内涵延伸

（1）从组织角度来看，上述四个案例反映出合作生产本质上是不同类型组织间的分工与协作，任何一个组织单独生产社区居家养老服务都不足以产出理想的结果。同时，不同领域的组织能够走到共同领域进行分工与协作，形成初始合作是技术理性驱动下的结果，符合组织管理理论的经济人假设。但是，当合作生产持续一段时间后，技术理性会放大组织间的利益冲突，从而妨碍组织间合作生产活动顺利进行，这时候，多中心治理暗含的伦理信任、网络治理强调的信任关系的维系对化解利益冲突起到了重要的润滑剂作用，而且组织间进行的社会化叙事机制越多，则彼此间更容易形成信任关系，更有助于使合作生产活动得以稳定地保持下去。在制度环境的约束下、成员内部叙事机制的调试下，合作生产最终会进入一种比较稳定的状态，形成适合集体生存的生态系统，从而减少不同组织在合作生产中的不确定性。由此，与传统的官僚制提供公共服务相比，合作生产便产生了更高的价值，公共服务的效率、质量、品质都得以提升，合作生产自然也就成为政府公共服务改革优先选择的工具之一。所以，本研究将合作生产定义为一种始于技术理性、长于开放空间、归于稳定理性的组织间协作活动，外化为利益关系的局部均衡状态，其根本目标是消除组织未来发展的不确定性，提高集体生存的可能性。合作生产具有主体的多样性、目

标的共识性、过程的互动性、利益的互惠性四个显著特点，这个定义为研究公共服务合作生产提供了新的方向指引。

（2）值得注意的是，四个案例还反映出养老服务合作生产具有资产专用性很强、持续性久的特点。一是表现在政府没有轻易更换合作伙伴，即使双方合作出现不愉快，但是双方会采取办法保持合作。其主要原因在于社区居家养老服务的固定资产往往都是政府来提供并按照合作伙伴的要求进行量身定制，一旦将硬件设施交给合作伙伴来使用，其资产专用性就会表现出来，如果短期内终止合作，政府会面临着较高的交易成本。二是与其他公共服务不同，养老服务合作生产不是一个时点性活动，而是一个连续性活动，符合养老服务的持续性和连贯性的本质属性。这就意味着在合作设计阶段，政府机构要摒弃当前主流的"项目化"思维，即把养老服务设计成一个时点性项目，通常不超过三年，然后外包给社会组织或企业来完成。"项目化"思维忽视了老年照料的全生命周期，无法满足一些连续性较强的养老需求，比如老年护理、康复照料服务等。这是当前合作生产研究没有关注到的问题，也是部分学者利用公私合作伙伴关系理论（PPP）研究养老服务所忽视的问题。这意味着要想使合作生产能够达到预期效果，对不同公共服务领域合作生产的适用条件进一步深入研究和细化是必要的。

（3）对养老服务合作生产的过程分析可以发现，不同组织对合作生产在不同服务阶段的传播发挥着不同作用。在合作设计阶段，四个案例都呈现出区级政府的主导作用，政府官员的动员感召、官僚制程序对任务的分解、对市场化政策工具的运用都直接促成了养老服务合作生产的实现，赋予了社会组织或企业的公共服务生产的合法性；在合作运行阶段，作为合作伙伴的社会组织或企业能否利用自身优势有效完成任务关系到合作生产能否延续，其贡献的价值也向不同服务阶段中的其他参与组织推广了合作生产的价值。也就是说，为了在区、街道两级治理环境中推动合作生产，养老服务合作生产的不同阶段都应遵循同样的逻辑；在合作评估阶段，街道发挥着关键作用，街道是规制政策的执行者，也是利益协商平台的搭建者，街道能否有效监管合作伙伴的行为、化解矛盾分歧直接关系到合作生产的前景及服务效果的实现。这一点与玛利亚弗兰西丝卡·西西莉亚等关于自闭症儿童公共服务的合作生产研究结论一致。

二、养老服务合作生产的内在逻辑与理论模型建构

从合作设计、合作运行、合作评估三个不同阶段对四个案例的分析可以发现养老服务合作生产的内在逻辑是由合作生产的出现机制、合作生产的调适机制、合作生产的存续机制组成（如图6-1所示）。

从合作生产的出现机制来看，合作设计阶段的养老服务合作生产是不同组织基于技术理性分工的逻辑，采用聚合策略，对潜在的合作伙伴进行识别的活动。在该阶段，政府发挥了重要作用，对合作目标达成共识、根据比较优势进行功能耦合、根据承受能力进行风险分担使不同组织之间的角色、职责得以明确，减少了初始合作的不确定性，为合作生产奠定了坚实的基础，其结果是合作主体兼容度得到增强、合作匹配性得以提高、集体参与得到实现，从而将分属不同领域的公、私组织紧密聚合在养老服务领域，养老服务合作生产由此出现。

从合作生产的调适机制来看，合作运行阶段的养老服务合作生产是不同组织基于伙伴关系建构的逻辑，采用协调策略，对合作伙伴关系的建构与维系的活动。在该阶段，合作生产会产生大于个体生产的集体利益，这些利益会诱使合作成员出现机会主义倾向。为此，政府通过组合使用政策工具，缔

结了公、私部门之间的关系模式，撬动了合作生产场域的资源结构，调整了合作生产的利益流向。通过权力共享使合作成员的权力关系走向局部均衡，减少权力零和博弈发生的可能性，进一步确保集体行动的策略一致性，其结果是合作利益均衡度得到改善、合作协同性得到提高，降低了合作成本，协同发展得以实现。

从合作生产的存续机制来看，合作评估阶段的养老服务合作生产是不同组织基于行为结果控制的逻辑，采用封装策略，对合作成员的行为进行约束的活动。在该阶段，制度约束、协商机制使各组织在相互承认、相互认同、同频共振下集体行动，提高了集体环境适应力，并形成了适合集体成员生存的生态系统，使初始不太稳定的合作状态走向制度化的稳定合作状态，其结果是合作行动稳定度得到提高、合作持续性得到增强，集体生存得以保障，合作生产进入持续创造价值的状态。

由此，合作设计阶段基于技术理性分工发展了合作主体兼容度，合作运行阶段基于伙伴关系建构发展了合作利益均衡度，合作评估阶段基于行为结果控制发展了合作行动稳定度。合作生产的主体与利益、主体与行动、利益与行动彼此之间建立良性循环联系，养老服务合作生产就产生了应有的价值，即增加服务供给、提高服务效率、增强服务回应性、满足老年人需求。

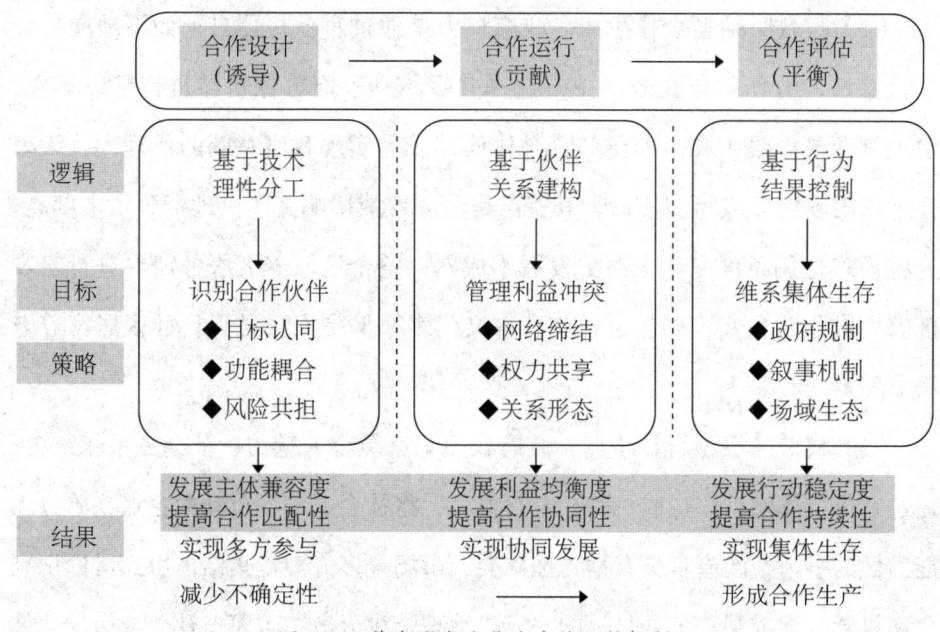

图 6-1 养老服务合作生产的运转机制

三、养老服务合作生产模式类型及其适用条件

Cashore（2002）按照治理权威的属性，将治理活动分为传统的国家治理、共享的公私合作治理和市场驱动型治理三种类型。本文案例分析中也能明显地看到国家权力对养老服务合作生产形成过程产生重要影响，借用 Cashore 提出的模式分类逻辑，可以把治理权威对集体行动的影响程度确定为养老服务合作生产模式分类的第一个维度。另一方面，从上述四个案例分析可以清晰地看到合作伙伴掌握的资源不同对其行动能力也会产生影响，资源越集中在某一类主体，其单边行动能力越强[1]，进而会对合作关系走向产生影响。所以，本文将治理资源的集中程度作为养老服务合作生产模式分类的第二个维度。这样，养老服务合作生产模式就存在四种类型（图6-2 所示）：

---

[1] 敬乂嘉.治理的中国品格和版图［J］.复旦公共行政评论，2011（1）：37.

（1）行政吸纳型合作生产。政府权力是通过官僚机器自上而下地向社会进行渗透，合作对象是政府单方选择并吸纳到政府官僚机器进行整体运作，治理资源高度集中在政府部门，合作伙伴成为实现政府意图的代理人，策略性地依附政府完成组织使命，其特点是治理权威影响高、治理资源集中度高。这种模式适用条件是养老服务发展不成熟，整个区域养老服务需要进行宏观部署，合作对象实力弱、选择少，本文代表案例是安吉县天目社区居家养老服务照料中心。

（2）权威感召型合作生产。政府权力与官员个人魅力、社会关系相结合，通过官员个体来行使变成一种社会召集力，将社会或市场行动的盲点或单方无能力做的事情经政府官员召集，把社会、市场等多方力量集结，协商讨论识别合作机会，促成某一公共目标的完成，治理资源分散在政府、社会或市场，彼此之间是在分工协作上完成共同任务，其特点是治理权威影响高、治理资源集中度低。这种模式适用条件是组织负责人社会网络关系发达、合作伙伴具有较强专业的服务运作实力，本文代表案例是上海光明村老年配餐中心。

（3）优势互补型合作生产。政府权力对养老服务合作生产的直接影响较少，政策引领作用明显，外在表现形式为政府与社会、或市场主体是通过公开招标缔结合作关系，双方法律地位平等，需要注意这并不意味着权力地位是平等的。政府权力变成一种平台搭建力，将适合平台价值创造的组织遴选进来，治理资源是分散在平台类的各种组织之间，不同组织是通过分工使治理资源在合作平台上转化为价值创造，其特点是治理权威影响度低、治理资源集中度低。这种模式适用条件是服务具有可以衡量的市场标准或具有可以比拟的市场标的物，服务费用结算具有可行性和可操作性，可以准确评估服务结果，合作伙伴具有很强的专业服务实力的情形，本文代表案例是上海长桥老年助餐中心。

（4）分享协助型合作生产。政府权力对养老服务合作生产的直接影响较少，政策引领作用明显，政治理资源高度集中在政府部门，政府部门通过行政权力运用将区域资源整合并与合作伙伴分享，催化新的服务诞生或服务升级。合作伙伴遵守资源使用规定，要履行政府委托的基本服务要求，同时还享有一定服务开发自由度，可以提供额外服务，只要合作伙伴不违反合约规定，政府对其持中立态度，这就是协助行为[①]。双方是在政府资源分享、给予协助下进行的协同行动，合作伙伴在服务发展过程中主体作用较强，其特点是治理权威影响度低、治理资源集中度高。这种模式适合养老服务发展到一定阶段，服务需要转型升级，合作伙伴有一定专业服务实力但缺乏关键资源的情形，本文代表案例是北京易来福养老服务驿站。

不过需要注意的是，养老服务合作生产模式并不是相互隔绝、一成不变的，正如前文所言，合作生产并不是一个时点活动，是一个连续活动，这意味着合作生产会随着外部环境的变化而产生变化，那么合作生产模式也就会根据客观条件的变化进行相互转化，符合组织管理理论组织对外部环境适应性的观点。

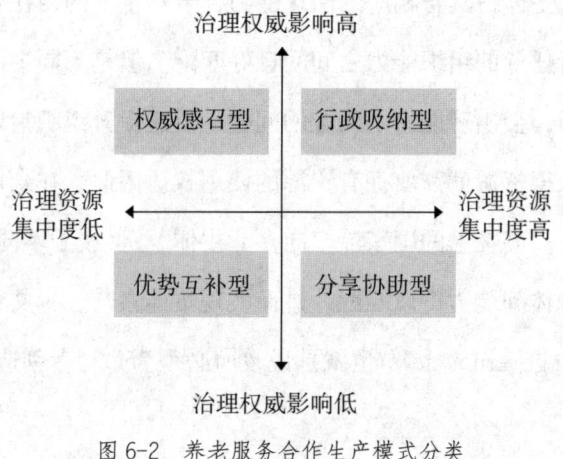

图 6-2 养老服务合作生产模式分类

---

① Najam A. The Four C's of Government Third Sector - Government Relations [J]. Nonprofit Management & Leadership, 2000, 10 (4): 375-396.

四、授能型政府：国家权力在养老服务合作生产中的作用

合作生产与国家治理能力现代化有重要联系，其中心议题是国家权力在多元主体合作生产公共服务中如何发挥作用。有些学者提出国家权力处于补缺地位，应适度淡出市场、社会的作用空间，还权给市场和公民社会，只有当市场失灵或社会失灵的时候，国家权力才及时跟进。与此相反，也有些学者认为国家权力应处于主导地位。从上述四个案例分析可以发现，国家权力主导地位在安吉县居家养老服务体系建设和北京市社区养老服务驿站建设过程中得到体现，国家权力补缺地位也在长桥助餐中心和易来福社区养老驿站案例中得到体现，都发挥了重要作用，所以，简单地讲国家权力补缺地位或主导地位并无太大意义。

那么，在养老服务合作生产中，国家权力究竟要起到什么作用？合作生产的目的是提供良好的养老服务，良好的养老服务至少具有五个基本属性，即高品质、有效率、回应性强、富有责任感、具有公平性。为了实现该目标，参与合作生产的多元主体得具备相应的治理能力，合作生产的内在要求是寻找任务特征与分配执行任务的组织能力之间的良好匹配。但是不同主体的治理能力先天就会产生差异，会出现能力不匹配的问题，要想提升组织治理能力就需要相应的资源，而获得资源就需要拥有资源的使用权。因此，在合作生产中，国家权力就是通过把高高在上的国家治权向多元主体下沉，授予不同主体行动能力，获取资源，使主体间能力得以匹配，进而实现集体参与，本文将其称为授能型政府[①]（enabling government）。也就是说政府必须为参与者创造一种授能环境，

---

① 授能理念是由魏伯乐、奥兰·扬、马赛厄斯·芬格在《私有化的局限》一书中提出，原意指政府必须为私营部门创造一种授能环境（enabling environment），以便其参与基础设施服务的提供，本文获得启发。详见魏伯乐，奥兰·扬，马赛厄斯·芬格. 私有化的局限[M]. 王小卫，周缨译. 上海：上海人民出版社，2006：490.

减少合作不确定性，以便社会力量参与社会福利的提供。

与授能型政府（enabling government）相近的概念是赋权型政府（empowering government），本文认为授能型政府与赋权型政府概念在假设前提和预期效果方面有着细微区别。从假设前提来看，赋权型政府假设政府、市场和社会享有平等治权，权力是结果，政府通过职能转移方式将政府部分治权交给非政府治理主体来行使；而授能型政府假设前提是市场、社会发育不足，三者并不具备天然的平等治权，权力是中介，政府并不是简单盲目地将政府治权赋予非政府主体来行使，而是审慎地将政府治权看作一种催化剂或中介物，政府有效使用治权创造市场、社会力量有序参与公共服务的制度环境，使任务特征与执行任务的组织能力之间良好匹配，培育多元主体协同治理能力。从预期效果来看，赋权型政府目标是增加非政府主体的自主权，发挥市场自发生产、社会志愿服务的优势，弥补政府官僚机器的僵化与效率低下的不足。但是组织社会学认为作为行动者的组织倾向于通过对不确定性的掌控来扩大自己的行动自主权，行动者通过自身拥有的控制权，既可以控制不确定性，也可以生产不确定性。这也意味着赋权并不一定会产生良好效果，可能还会因为赋权对象的机会主义行为放大合作生产的不确定性。而授能型政府是着力解决治理主体能力不匹配的问题，在数量和质量上改进公共服务供给，审慎的权力使用会减少不同治理主体生产不确定性的机会。时下中国，市场经济发展尚不成熟、社会组织发育不足，简单引入赋权型政府理念指导公共服务合作生产可能并不一定能达到改善公共服务的目标，而授能型政府理念更适合指导中国公共服务合作生产实践。

在养老服务合作生产过程中，国家权力的授能作用表现在三个方面：一是方向引领，责任共识；二是集体参与，合作生产；三是提升能力，创新发展。这三个作用是在地方分权、市场放权、社会赋权互动下得以实现（如图6-3所示）。

首先，地方分权使地方政府获得治理裁量权，激发其主动作为的能动性，提高官僚机器运转的灵活性。市场放权破除了养老服务市场准入障碍，引导资源有序流动。这样，养老服务合作生产就有了发展方向，地方政府和社会力量就明确了自己的责任担当。

其次，地方分权使基层政府能够搭建平台，集思广益，多方共商，识别潜在的合作机会；同时，基层政府权力增加使资源调动能力增强，在政策诱导方面更有所作为，有助于激发社会参与度，进而拓展了治理空间容纳能力。社会赋权让社会力量参与养老服务提供具有了主体合法性，便于得到社会认同，同时，地方政府的部分公共服务职能向其转移，形成分工，为集体参与打下坚实基础。

再次，市场放权是为了培育暂时不太成熟的养老服务市场，发挥市场在养老资源配置中的基础性作用，用市场竞争催化养老服务模式创新。社会赋权还可以培育社会组织的治理能力，提高其自我造血能力，降低对公共资源的依赖，进而增进政社主体间能力匹配度，弥补当前政府购买养老服务可供选择对象较少的不足。

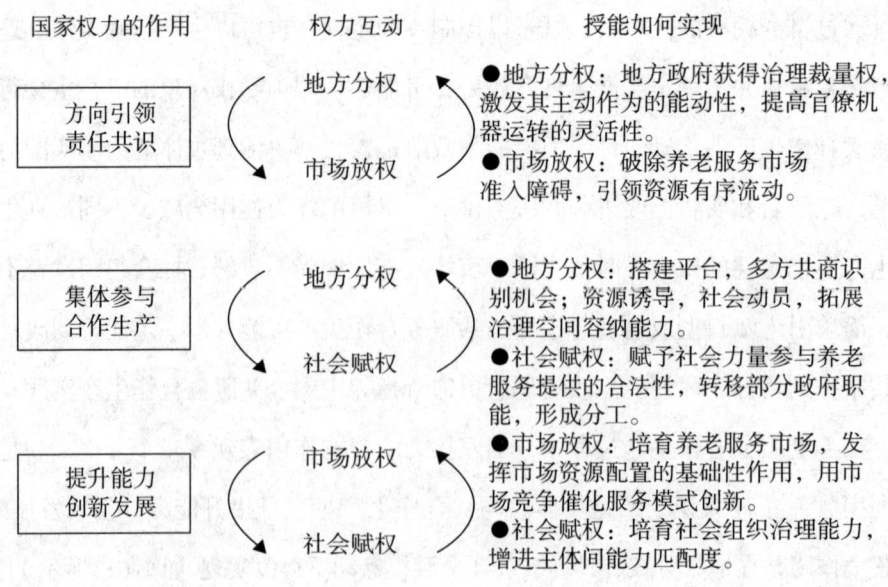

图 6-3 养老服务合作生产中国家权力的授能过程

五、研究不足与未来展望

本文尚有以下不足：一是在案例选择上，只观察了持续合作生产养老服务的案例，对中断合作或中断合作再次重新合作的案例没有观察，可能会遗漏某些关键因素，影响案例结论的内部效度。二是在数据搜集上，由于多种原因，部分访谈数据的利用价值不高，比如企业或社会组织负责人都委婉地回答了与政府官员合作交往的话题，获得的真实信息较少，很难从社会关系角度去探讨影响合作生产的因果机制。这导致本文对合作关系形态的描述只能在表面上进行归纳，无法深入到内部的关系结构，可能会影响案例结论的解释力。三是在模式划分上，本文只是从四个案例场景进行分类，模式分类是否具有普适性、可复制性，受本文写作计划和调研安排的限制，这个问题暂时还无法回答，养老服务合作生产模式分类的外部效度还有待进一步检验。四是在研究方法上，四个案例的地域差异性并没有在研究中予以充分关注，不同地域的政府行政理念、文化、特质等因素可能也会对养老服务合作生产产生影响，在一定程度上可能会削弱本文研究结论的内部效度。

面向未来，关于养老服务合作生产还可以在以下方面进行深入研究。

（1）把研究焦点转向社会组织，社会组织是否具有较强的实力关系到合作生产是否具备一个坚实的组织基础。同时，由于中国社会组织的成长环境与西方国家情形不同，政府培育对社会组织成长具有重要作用，所以，在合作生产中，政府如何培育社会组织，帮助其提高自身治理能力，社会组织如何抓住机遇进行内部管理建设，都是值得深入研究的问题。

（2）聚焦合作生产的结果评估，探讨第三方治理在中国语境下的适用性。在调研过程中，无论是企业或社会组织负责人还是部分政府官员，对第三方治理的独立性和客观性都持有部分怀疑态度，部分原因在于中国是关系社会，第三方评估机构多次评估同一项目，自然就会与被评估机构产生联系，两者会不会形成同谋很难说，而且第三方评估机构的工作又由谁来监管，也很难讲。第三方评估机构的介入，对政府监管成本是否会产生影响，也值得研究，这是决定是否要进行第三方评估的重要决策依据。

（3）除了上海长桥老年助餐中心，其他三个案例都有个共同现象，即丰裕餐饮负责人、天目社区老年协会会长、易来福创始人都与政府官员之间有千丝万缕的联系。按照社会网络理论的观点，社会关系网络可以提供私有信息，可以降低防范投机行为的成本，提高合作程度，那也就是说明网络可以促进合作生产发展。但是网络也有局限性，可能会造成依赖，限制人们的选择自由空间，而且随着网络空间的增加，自身就会产生网络维护成本，如果网络维护成本过大，也会破坏网络的稳定性。所以，养老服务合作生产中，社会关系网络如何影响合作生产的效率也是一个值得深入探讨的问题，可以从社会网络分析来研究这一问题。

参考文献

一、中文论著与论文

[1] 约翰·W. 克雷斯威尔. 研究设计与写作指导: 定性、定量与混合研究的路径 [M]. 崔延强, 译. 重庆: 重庆大学出版社, 2007.

[2] 潘善琳, 崔丽丽. SPS 案例研究方法: 流程、建模与范例 [M]. 北京: 北京大学出版社, 2016.

[3] 塔沙克里, 特德莱. 混合方法论: 定性方法和定量方法的结合 [M]. 唐海华, 译. 重庆: 重庆大学出版社, 2010.

[4] 大卫·希尔弗曼. 如何做质性研究 [M]. 李雪, 张劼颖, 译. 重庆: 重庆大学出版社, 2009.

[5] 乔纳森·R. 汤普金斯. 公共管理学说史: 组织理论与公共管理 [M]. 夏镇平, 译, 上海: 上海译文出版社, 2010.

[6] 朱利安·勒·格兰德. 另一只无形的手: 通过选择与竞争提升公共服务 [M]. 韩波, 译. 北京: 新华出版社, 2010.

[7] 萨拉蒙. 公共服务中的伙伴———现代福利国家中政府与非营利组织的关系 [M]. 田凯, 译. 北京: 商务印书馆, 2008.

[8] 唐纳德·凯特尔. 权力共享——公共治理与私人市场 [M]. 孙迎春, 译. 北京: 北京大学出版社, 2009.

[9] 霍华德·格伦内斯特. 英国社会政策论文集[M]. 苗正民, 译. 北京: 商务印书馆, 2003.

[10] E.S. 萨瓦斯. 民营化与公私部门的伙伴关系[M]. 周志忍, 译. 北京: 中国人民大学出版社, 2003.

[11] 埃莉诺·奥斯特罗姆. 共同合作集体行为、公共资源与实践中的多元方法[M]. 路蒙佳, 译. 北京: 中国人民大学出版社, 2011.

[12] 菲利普·库珀. 合同制治理——公共管理者面临的挑战与机遇[M]. 竺乾威, 译. 上海: 复旦大学出版社, 2007.

[13] 米切尔·黑尧. 现代国家的政策过程[M]. 赵成根, 译. 北京: 中国青年出版社, 2004.

[14] 罗伯特·古丁, 汉斯-迪特尔·克林格曼. 政治科学新手册[M]. 钟开斌, 等, 译. 北京: 生活·读书·新知三联书店, 2006.

[15] 小威廉·T. 格姆雷, 斯蒂芬·J. 马拉. 官僚机构与民主——责任与绩效[M]. 喻沂暄, 译. 上海: 复旦大学出版社, 2007.

[16] 乔芷娅·列文森·凯欧翰. 21世纪社会创业: 席卷非营利、私人和公共部门的革新[M]. 叶托, 译. 广东: 华南理工大学出版社, 2016.

[17] 詹姆斯·马奇, 赫伯特·西蒙. 组织[M]. 邵冲, 译. 北京: 机械工业出版社, 2013.

[18] 埃哈尔·费埃德伯格. 权力与规则——组织行动的动力[M]. 张月, 译. 上海: 上海人民出版社, 2005.

[19] 切斯特·巴纳德. 组织与管理[M]. 詹正茂, 译. 北京: 机械工业出版社, 2016.

[20] 詹姆斯·汤普森. 行动中的组织: 行政理论的社会科学基础[M]. 敬乂嘉, 译. 上海: 上海人民出版社, 2007.

[21] W. 理查德·斯科特. 组织理论（第4版）[M]. 邱泽奇，等，译. 北京：华夏出版社，2002.

[22] 乔恩·埃尔斯特. 社会粘合剂：社会秩序的研究[M]. 高鹏程，等，译. 北京：中国人民大学出版社，2009.

[23] 埃莉诺·奥斯特罗姆. 公共事务的治理之道：集体行动制度的演进[M]. 余逊达，陈旭东，译. 上海：译文出版社，2012.

[24] 文森特·奥斯特罗姆. 美国公共行政的思想危机[M]. 毛寿龙，译. 上海：上海三联书店，2000.

[25] 郑谦. 公共物品"多中心"供给研究——基于公共性价值实现的分析视角[M]. 北京：北京大学出版社，2012.

[26] 戴维·奥斯本，特德·盖布勒. 改革政府——企业家精神如何改革着公共部门[M]. 周敦仁，等，译. 上海：上海译文出版社，2013.

[27] 迈克尔·麦金尼斯. 多中心体制与地方公共经济[M]. 毛寿龙，李梅，译. 上海：上海三联书店，2000.

[28] 乔治·弗雷德里克森. 公共行政的精神[M]. 张成福，等，译. 北京：中国人民大学出版社，2003.

[29] 罗纳德·J. 奥克森. 治理地方公共经济[M]. 万鹏飞，译. 北京：北京大学出版社，2005.

[30] 彼得·什托姆普卡. 信任：一种社会学理论[M]. 程胜利，译. 北京：中华书局，2005.

[31] 莱斯特·M. 萨拉蒙. 政府工具——新治理指南[M]. 肖娜，等，译. 北京：北京大学出版社，2016.

[32] 德博拉·斯通. 政策悖论：政治决策中的艺术[M]. 顾建光，译. 北京：中国人民大学出版社，2006.

[33] B.盖伊·彼得斯,弗兰斯.K.M.冯尼斯潘.公共政策工具:对公共管理工具的评价[M].顾建光,译.北京:中国人民大学出版社,2007.

[34] 欧文·E.休斯.公共管理导论[M].张成福,等,译.北京:中国人民大学出版社,2001.

[35] 迈克尔·豪利特,M.拉米什.公共政策研究:政策循环与政策子系统[M].庞诗,等,译.北京:生活·读书·新知三联书店,2006.

[36] 曼纽尔·卡斯特.网络社会的崛起[M].夏铸九,等,译.北京:社会科学文献出版社,2003.

[37] 简·芳汀.构建虚拟政府:信息技术与制度创新[M].邵国松,译.北京:中国人民大学出版社,2004.

[38] 周雪光.组织社会学十讲[M].北京:社会科学文献出版社,2003.

[39] 马汀·奇达夫,蔡文彬.社会网络与组织[M].王凤彬,等,译.北京:中国人民大学出版社,2007.

[40] 斯蒂芬·戈德史密斯,威廉·D.埃格斯.网络化治理[M].孙迎春,译.北京:北京大学出版社,2008.

[41] 尤金·巴达赫.跨部门合作:管理"巧匠"的理论与实践[M].周志忍,张弦,译.北京:北京大学出版社,2011.

[42] 弗朗西斯·福山.大分裂:人类本性与社会秩序的重建[M].刘榜离,等,译.北京:中国社会科学出版社,2002.

[43] 尼克拉斯·卢曼.信任[M].瞿铁鹏,李强,译.上海:上海人民出版社,2005.

[44] 加布里埃尔·A.阿尔蒙德,等.比较政治学:体系、过程和政策[M].曹沛霖等,译.上海:东方出版社,2007.

[45] 克里斯托夫·鲍利特. 重要的公共管理者 [M]. 孙迎春译. 北京：北京大学出版社, 2011.

[46] 约翰·D. 多纳休, 理查德·J. 泽克豪泽. 合作——激变时代的合作治理 [M]. 徐维译. 北京：中国政法大学出版社, 2015.

[47] 安东尼·吉登斯. 第三条道路——社会民主主义的复兴 [M]. 郑戈, 译. 北京：北京大学出版社, 2000.

[48] 敬乂嘉. 合作治理：再造公共服务的逻辑 [M]. 天津：天津人民出版社, 2009.

[49] 张康之. 合作的社会及其治理 [M]. 上海：上海人民出版社, 2014.

[50] 陈振明等. 政府工具导论 [M]. 北京：北京大学出版社, 2009.

[51] 田进. 网络行政研究 [M]. 湖北：武汉大学出版社, 2012.

[52] 王名. 中国民间组织30年——走向公民社会 [M]. 北京：社会科学文献出版社, 2008.

[53] 孔繁斌. 公共性的再生产——多中心治理的合作机制建构 [M]. 江苏：江苏人民出版社, 2008.

[54] 姜向群, 杜鹏. 中国人口老龄化和老龄事业发展报告2014 [M]. 北京：中国人民大学出版社, 2015.

[55] 杨贞贞. 医养结合：中国社会养老服务筹资模式构建与实证研究 [M]. 北京：北京大学出版社, 2016.

[56] 敬乂嘉. 治理的中国品格和版图 [J]. 复旦公共行政评论, 2011 (1)：37.

[57] 聂倩, 齐立云. 中国流动家庭类型分析 [J]. 未来与发展, 2016 (1)：44.

[58] 莱斯特·萨拉蒙. 非营利部门的崛起 [J]. 谭静, 译. 马克思主义与现实, 2002 (3)：57.

[59] 张迺英, 王辰尧. 我国政府购买机构养老服务的政策分析 [J]. 经济体制改革, 2012 (2): 22.

[60] 杨永年. 警察与消防组织间合作之研究 [J]. 复旦公共行政评论, 2009 (5): 190-205.

[61] 玛利亚弗兰西丝卡·西西莉亚, 等. 多层治理背景下的公共服务管理和合作生产 [J]. 刘星, 译. 国际行政科学评论, 2016 (3): 7-25.

[62] 芬姆克·D. 威尼可, 等. 医疗保健中的合作生产: 说辞与实践 [J]. 闫佳馨, 译. 国际行政科学评论, 2016, (1): 147.

[63] 托尼·博维尔德, 等. 激活公共服务的集体合作生产: 英国影响公民参与复杂治理的机制 [J]. 孙春晖, 译. 国际行政科学评论, 2016 (3): 45-65.

[64] 约斯特·弗雷德里斯, 马利斯·霍宁. 再就业促进服务合作生产的动因: 动机和信任的必要性———一项对荷兰某市再就业促进项目中选择偏倚的调查 [J]. 张敏, 译. 国际行政科学评论, 2016 (3): 66-85.

[65] 彼得·蒂森, 沃特·范·多伦. 你是谁/住在哪里: 居住小区的特征能解释合作生产吗? [J]. 王东芳, 译. 国际行政科学评论, 2016 (3): 86-107.

[66] 芬姆克·D. 威尼克, 等. 医疗保健中的合作生产: 说辞与实践 [J]. 闫佳馨, 译. 国际行政科学评论, 2016 (3): 145-162.

[67] 卡罗拉·范·艾克, 特鲁·斯蒂恩. 为什么参与公共服务的合作生产? 理论与经验证据的结合 [J]. 崔玲, 译. 国际行政科学评论, 2016 (3): 27.

[68] 布莱恩·N. 威廉姆斯, 等. 校园安保服务合作生产: 佐治亚大学案例研究 [J]. 奉莹, 译. 国际行政科学评论, 2016 (3): 108-127.

[69] 玛丽·特奥皮斯塔·温纳, 等. 乌干达公务员对公共服务供给中公民角色的认知 [J]. 孙彩虹, 译. 国际行政科学评论, 2016 (3): 163-183.

［70］戴维·H. 罗森布鲁姆，公婷."合作生产"与廉政建设：合作治理逻辑的延伸［J］. 广州大学学报（社会科学版），2014，13（1）：5-11.

［71］桑娜·图拉斯，等. 合作生产对一线问责的影响：调解服务的案例［J］. 孙宏伟，译. 国际行政科学评论，2016（3）：128-144.

［72］丁建定，李薇. 论中国居家养老服务体系建设中的核心问题［J］. 探索，2014（5）：138-143.

［73］金判锡. 公共行政演进时代中对于公共能力的挑战：朝向合作的公共管理［J］. 复旦公共行政评论，2009（5）：114-131.

［74］李文钊. 论合作型政府：一个政府改革的新理论［J］. 河南社会科学，2017，25（1）：65-73.

［75］张强，张伟琪. 多中心治理框架下的社区养老服务：美国经验及启示［J］. 国家行政学院学报，2014（4）：122-127.

［76］刘涛. 福利"利维坦"的结构：迈向综合福利社会网络模式［A］. 赵德余. 聚焦民众福祉的公共政策［C］. 上海：上海人民出版社，2017：22-38.

［77］屈群苹. 复合治理视域下的城市社区养老服务供给［J］. 中南大学学报（社会科学版），2015，21（5）：105-110.

［78］刘志铭. 公共物品的私人提供与合作生产：理论的扩展［J］. 生产力研究，2004（3）：24-28.

［79］夏志强，付亚南. 公共服务多元主体合作供给模式的缺陷与治理［J］. 上海行政学院学报，2013，14（4）：39-45.

［80］同春芬，王珊珊. 社区卫生服务中心与养老机构合作路径探析——以朴素式创新和伙伴关系理论为视角［J］. 学术界，2017（6）：78-87.

［81］付诚，王一. 政府与市场的双向增权——社会化养老服务的合作逻辑［J］. 吉林大学社会科学学报，2010，50（5）：24-29.

[82] 汪锦军. 合作治理的构建：政府与社会良性互动的生成机制[J]. 政治学研究, 2015（4）：98-105.

[83] 詹国彬. 需求方缺陷、供给方缺陷与精明买家——政府购买公共服务的困境与破解之道[J]. 经济社会体制比较, 2013（5）：142-150.

[84] 唐辉. 政府与社会组织合作养老机制的标本分析[J]. 行政管理改革, 2015（5）：34-37.

[85] 李长远. 社会组织参与居家养老服务的困境及政策支持——基于资源依赖的视角[J]. 内蒙古社会科学（汉文版）, 2015, 36（4）：166-170.

[86] 何寿奎. 社会组织参与养老服务供给困境成因与治理对策研究[J]. 现代经济探讨, 2016（8）：5-9.

[87] 宋程成, 蔡宁, 王诗宗. 跨部门协同中非营利组织自主性的形成机制——来自政治关联的解释[J]. 公共管理学报, 2013, 10（4）：1-11.

[88] 敬乂嘉, 陈若静. 从协作角度看我国居家养老服务体系的发展与管理创新[J]. 复旦学报（社会科学版）, 2009（5）：133-140.

[89] 朱浩. 城市社区养老服务的递送机制研究——以杭州市为例[D]. 杭州：浙江大学, 2015.

[90] 李兆友, 郑吉友. 我国农村社区居家养老服务协同供给探析[J]. 东北大学学报（社会科学版）, 2016, 18（6）：616-621.

[91] 纪晓岚, 刘晓梅. 网络治理视阈下的社会化养老服务研究——基于上海市WF街道的实证分析[J]. 华东理工大学学报（社会科学版）, 2016（4）：114-123.

[92] 高祖林. 政策网络视域下社会化养老服务体系建设研究——以苏州市虚拟养老院为例[J]. 江海学刊, 2013（3）：201-207.

［93］黄俊辉．公共服务供给中的网络治理困境——基于南京市鼓楼区居家养老服务网的案例分析［J］．南京人口管理干部学院学报，2012，28（1）：69-73．

［94］谢新水．网约车治理政策的制定过程分析：冲击、支持与合作思维［J］．理论与改革，2017（4）：136-145．

［95］蔡小慎，田宇晶．基于行为人模型的智慧养老模式合作机制分析［J］．理论导刊，2017（5）：13-19．

［96］王名，乐园．中国民间组织参与公共服务购买的模式分析［J］．中共浙江省委党校学报，2008（4）：5-13．

［97］常敏，朱明芬．政府购买公共服务的机制比较及其优化研究——以长三角城市居家养老服务为例［J］．上海行政学院学报，2013（6）：53-62．

［98］刘红芹，包国宪．政府购买居家养老服务的管理机制研究——以兰州市城关区"虚拟养老院"为例［J］．理论与改革，2012（1）：67-70．

［99］杨继瑞，薛晓．社区居家养老的社会协同机制探讨［J］．经济理论与经济管理，2015（6）：106-112．

［100］邓伟志，陆春萍．合作主义模式下民间组织的培育和发展［J］．南京社会科学，2006（11）：126-130．

［101］张旭升，牟来娣．民政部门居家养老服务供给制创新研究——以南京市Y区为例［J］．武汉理工大学学报（社会科学版），2013，26（3）：425-431．

［102］施巍巍，罗新录．我国养老服务政策的演变与国家角色的定位——福利多元主义视角［J］．理论探讨，2014（2）：169-172．

［103］吴飞．社会化居家养老模式建构与政府能促型角色［J］．河南师范大学学报（哲学社会科学版），2015，42（3）：28-32．

［104］同春芬，汪连杰．福利多元主义视角下我国居家养老服务的政府责任体系构建［J］．西北人口，2015（1）：73-78．

[105] 丛春霞, 曹光源. 治理视角下社区居家养老的政府责任研究 [J]. 大连海事大学学报（社会科学版）, 2017, 16（2）: 67-73.

[106] 周湘莲. 居家养老服务中的政府责任 [J]. 学海, 2011（6）: 96-100.

[107] 秦艳艳, 邬沧萍. 我国城市社区居家养老服务体系中政府职能分析 [J]. 兰州学刊, 2012（1）: 123-127.

[108] 钟慧澜. 技术融合、网络赋权与组织变革: 走向多中心的公司治理——第四次工业革命的启示 [J]. 沿海企业与科技, 2017（1）: 3.

[109] 陈建国. 合作生产理论与公共服务治理的思维转换 [J]. 天津行政学院学报, 2012, 14（2）: 63-67.

[110] 潘鸿雁. 公共服务社会化的三方合作研究——以上海市徐汇区养老服务社会化为例 [J]. 中共中央党校学报, 2010, 14（1）: 95-98.

[111] 汪锦军. 公共服务中的政府与非营利组织合作: 三种模式分析 [J]. 中国行政管理, 2009（10）: 77-80.

[112] 秦勃. 中国非政府组织政策参与及其正向效应分析——以宁波市海曙区政府购买居家养老服务为例 [J]. 北京邮电大学学报（社会科学版）, 2009, 11（6）: 75-79.

[113] 祁峰. 非营利组织参与居家养老的角色、优势及对策 [J]. 中国行政管理, 2011（10）: 75-78.

[114] 詹少青, 胡介埙. 西方政府——非营利组织关系理论综述 [J]. 外国经济与管理, 2005, 27（9）: 24-31.

[115] 严炜, 刘悦斋. 平等合作与积极竞争: 公共服务领域中的政府与非营利组织 [J]. 当代世界与社会主义, 2004（5）: 80-84.

[116] 曾祥炎. 基于合作生产视角的政府与市场关系在定义 [J]. 中国特色社会主义研究, 2015（5）: 42-47.

[117] 郁建兴,瞿志远. 公私合作伙伴中的主体间关系[J]. 经济社会体制比较, 2011（4）: 109-117.

[118] 吉鹏. 社会养老服务供给主体间关系解析——基于委托代理理论的视角[J]. 社会科学战线, 2013（6）: 184-189.

[119] 敬义嘉. 社会服务中的公共非营利合作关系研究——一个基于地方改革实践的分析[J]. 公共行政评论, 2011（5）: 5-25.

[120] 任勤,何泱泱. 社会养老服务供给主体间的职能与合作[J]. 四川大学学报（哲学社会科学版）, 2016（3）: 116-122.

[121] 雷玉明,曹博,李静. 公共服务型政府视野中城市社区养老合作共治模式——以南京市玄武区为例[J]. 华中农业大学学报（社会科学版）, 2013（4）: 113-118.

[122] 肖夏璐. 社区为老服务"三社联动"模式探析[A]. 赵德余. 聚焦民众福祉的公共政策[C]. 上海: 上海人民出版社, 2017: 116-125.

[123] 张俊良,曾祥旭. 市场化和协同化目标约束下的养老模式创新——以市场人口学为分析视角[J]. 人口学刊, 2010（3）: 48-53.

[124] 柯文娟. 政府部门与非营利组织合伙模式之建构：以台北市照护老年心智障碍为例[J]. 中国行政评论, 2004, 14（1）: 81-116.

[125] 李学斌. 福利多元主义视角下的城市社区养老服务模式研究——以南京市为例[D]. 南京: 南京大学, 2012.

[126] 汪大海,张建伟. 福利多元主义视角下社会组织参与养老服务问题——"鹤童模式"的经验与瓶颈[J]. 华东经济管理, 2013（2）: 118-122.

[127] 章晓懿. 政府购买养老服务模式研究：基于与民间组织合作的视角[J]. 中国行政管理, 2012（12）: 48-51.

[128] 吕普生. 政府与公民社会组织在养老服务供给中的合作模式研究——基于北京市宣武区三种合作方式的分析 [J]. 科学决策, 2009（12）：1-23.

[129] 伏威. 政府与公益性社会组织合作供给城市养老服务研究 [D]. 长春：吉林大学博士学位论文, 2014.

[130] 敬义嘉. 从购买服务到合作治理——政社合作的形态与发展 [J]. 中国行政管理, 2014（7）：54-59.

[131] 李灵芝, 张建坤, 石德华, 等. 社会组织参与社区居家养老服务的模式构建研究 [J]. 现代城市研究, 2014（9）：2-7.

[132] 宋雪飞, 周军, 李放. 非营利组织居家养老服务供给：模式、效用及策略——基于南京市的案例分析 [J]. 南京大学学报（哲学·人文科学·社会科学）, 2017（2）：145-159.

[133] 吴迪. 中国城市社区居家养老服务模式比较研究——基于南京、大连、宁波、上海和兰州的分析 [J]. 陕西行政学院学报, 2014, 28（2）：120-125.

[134] 汪忠杰, 何珊珊. 社区居家养老服务模式探析——以武汉市为例 [J]. 武汉大学学报(哲学社会科学版), 2014, 67（4）：124-128.

[135] 陈际华, 黄健元, 宋冬梅. 社会养老服务体制：内涵、模式与发展——基于江苏三县（市）的调查 [J]. 江苏社会科学, 2015（6）：102-108.

[136] 钟慧澜, 章晓懿. 激励相容与共同创业：养老服务中政府与社会企业合作供给模式研究 [J]. 上海行政学院学报, 2015, 16（5）：31-40.

[137] 王培培, 李文. PPP 模式下社会养老服务体系建设的创新与重构 [J]. 理论月刊, 2016（8）：135-140.

[138] 李春, 王千. 政府购买养老服务过程中的第三方评估制度探讨 [J]. 中国行政管理, 2014, 12：38-42.

［139］刘红芹，刘强．居家养老服务的制度安排与政府角色担当［J］．改革，2012（3）：66-71.

［140］周晨虹．合作生产、社会资本与政府公共服务绩效［J］．公共管理与政策评论，2016，5（3）：5-12.

［141］王力立，刘波，王莉．地方政府网络治理价值及其影响因素实证研究——以深圳居家养老服务为例［J］．华东经济管理，2017，31（1）：176-184.

［142］夏志强，付亚南．公共服务多元主体合作供给模式的缺陷与治理［J］．上海行政学院学报，2013，14（4）：39-45.

［143］冯杰，吴文强．创新视域下社区合作养老模式的构建探析［J］．海南大学学报（人文社会科学版），2014，32（6）：20-26.

［144］张举国．"一核多元"：元治理视阈下农村养老服务供给侧结构性改革［J］．求实，2016（11）：80-88.

［145］敬乂嘉．合作治理：历史与现实的路径［J］．南京社会科学，2015（5）：1-9.

［146］胡宏伟，汪钰，王晓俊，张澜．"嵌入式"养老模式现状、评估与改进路径［J］．社会保障研究，2015（2）：10-17.

［147］李丽君．养老服务社会化建设地方实践与路径研究——基于沧浪虚拟养老院和城关虚拟养老院的案例比较［J］．甘肃行政学院学报，2016（4）：84-89.

［148］彭华民、黄叶青．福利多元主义：福利提供从国家到多元部门的转型［J］．南开学报（哲学社会科学版），2006（6）：40.

［149］林闽钢．福利多元主义的兴起及其政策实践［J］．社会，2002（7）：36-37.

［150］约翰·斯图尔特．历史情境中的福利混合经济［A］．马丁·鲍威尔．理解福利混合经济［C］．北京：北京大学出版社，2011：28-44.

[151] 敬乂嘉. 政府与社会组织公共服务合作机制研究——以上海市的实践为例 [J]. 江西社会科学, 2013（4）: 165-170.

[152] 金华宝. 社区互助养老: 解决我国城乡养老问题的理性选择 [J]. 东岳论丛, 2014（11）: 123-127.

[153] 朱春奎, 易雯. 公共服务合作生产研究进展与展望 [J]. 公共行政评论, 2017（5）: 188-198.

二、英文论著与论文

[1] Polanyi, M. The Logic of Liberty: Reflections and Rejoinders [M]. Chicago: University of Chicago Press, 1951.

[2] Rose, R. Common Goals but Different Roles: The State's Contribution to the Welfare Mix [M]. Oxford: Oxford University Press, 1986.

[3] Finlayson G. Citizen, state, and social welfare in Britain 1830-1990 [M]. Oxford: Clarendon Press, 1994.

[4] Johnson N. Mixed Economies of Welfare [M]. London: Prentice Hall Europe, 1999.

[5] Shafritz JM. The HarperCollins Dictionary of Amecican Government and Politics [M]. New York: HarperCollins, 1992.

[6] Kearns KP. Management for Accountability: Preserving the Public Trust in Public and Nonprofit Organizations [M]. San Francisco: Jossey-Bass, 1996.

[7] Shan L. Pan and Barney Tan. Demystifying case research: A structured-pragmatic-situational (SPS) approach to conducting case studies [J]. Information and Organization, 2011, （21）: 161-176.

[8] Klein and Myers. A Set of Principles for Conducting and Evaluating Interpritive Field Studies in Information Systems [J]. MIS Quarterly, 1999, 23 (11): 67-93.

[9] Ostrom E. Crossing the Great Divide: Coproduction, Synergy, and Development [J]. World Development, 1996, 24 (6): 1073-1087.

[10] Osborne S. Editorial: The New Public Governance? [J]. Public Administration Review, 2006, 61 (2): 172-175.

[11] Osborne S. Delivering Public Services: Time for a New Theory? [J]. Public Management Review, 2010, 12 (1): 1-10.

[12] Aldrich HE and Pfeffer J. Environments of Organizations [J]. Annual Review of Sociology, 1976, (2): 79-105.

[13] Kettl D. Managing Boundaries in Administration: The Collaboration Imperative [J]. Public Administration Review, 2006, 66 (9): 10-19.

[14] Brudney JL. The Evaluation of Coproduction Programs [J]. Policy Studies Journal, 1983, 12 (2): 376-385.

[15] Bovaird and Loffler. From Engagement to Co-production: The Contribution of Users and Communities to Outcomes and Public Value [J]. VOLUNTAS: International Journal of Voluntary and Nonprofit Organizations, 2012, 23 (4): 1119-1138.

[16] Bovaird T. Beyond Engagement and Participation: User and Community Coproduction of Public Services [J]. Public Administration Review, 2007, 67(5): 846-860.

[17] Levine CH and Fisher G. Citizenship and Service Delivery: The Promise of Coproduction [J]. Public Administration Review, 1984, 44 (1): 178-189.

[18] Eisenhardt KM. Building Theories From Case Study Research [J]. Acadamy of Management Review, 1989, 14 (4): 532-550.

[19] Pestoff V. Citizens and Co-Production of Welfare Services: Childcare in Eight European Countries [J]. Public Management Review, 2006, 8 (4): 503-519.

[20] Torfing J and Triantafillou P. What's in a Name? Grasping New Public Governance as a Political-Administrative System [J]. International Review of Public Administration, 2013, 18 (2): 9-25.

[21] Fotaki M. Co-Production Under the Financial Crisis and Austerity: A Means of Democratizing Public Services or a Race to the Bottom? [J]. Journal of Management Inquiry, 2015, 24(4): 433-438.

[22] Verschuere B, Brandsen T and Pestoff V. Co-production: The State of the Art in Research and the Future Agenda [J]. Voluntas, 2012, 23 (4): 1083-1101.

[23] Farr MC. Understanding Participation and Power within Collaborative Processes: Jointly Involving Staff and Citizens in Changing Public Services [D]. University of Bath, UK, 2012.

[24] Lindsay C, Osborne SP and Bond S. The New Public Governance and Employability Services in an Era of Crisis: Challenges for Third Sector Organizations in Scotland [J]. Public Administration, 2014, 92 (1): 192-207.

[25] Fischbacher U, Gächter S and Fehr E. Are People Conditionally Cooperative? Evidence from a Public Good Experiment [J]. Economics Letters, 2001, 71 (3): 397-404.

[26] Thomas JC. Citizen, Customer, Partner: Rethinking the Place of the Public in Public Management [J]. Public Administration Review, 2013, 73 (6): 786-796.

[27] OECD. 2001 Engaging Citizens in Policy-making: Information, Consultation and Public Participation [EB/OL]. http://www.sigmaweb.org/publicationsdocuments/35063274.pdf.

[28] Najam A. The Four C's of Government Third Sector-Government Relations [J]. Nonprofit Management and Leadership, 2000, 10 (4): 375-396.

[29] Kettner PM, Martin L. Purchase of service contracting: Two models [J]. Administration in Social Work, 1990, 14 (1):15-30.

[30] Romzek, BS and Dubnick, MJ. Accountability in the Public Sector: Lessons from the Challenger Tragedy [J]. Public Administration Review, 1987, 47 (3): 227-238.

[31] Kearns KP. Institutional Accountability In Higher Education: A Strategic Approach [J]. Public Productivity and Management Review, 1998, 22 (2): 140-156.

[32] Miller C. Partners in Regeneration: constructing a local regime for urban management? [J]. Policy and Politics, 1999, 27 (27): 343-358.

[33] Levine S and White PE. Exchange as a Conceptual Framework for the Study of Interorganizational Relationships [J]. Administration Science Quarterly, 1961, 5 (3): 583-601.

[34] Coston JM. A Model and Typology of Government-NGO Relationships [J]. Nonprofit and Voluntary Sector Quarterly, 1998, 27 (3): 358-382.

[35] Lorraine M. McDonnell and Richard F. Elmore. Getting the Job Done: Alternative Policy Instruments [J]. Educational Evaluation and Policy Analysis, 1987, 9 (2): 133-152.

[36] Anne Schneider and Helen Ingram. Behavioral Assumptions of Policy Tools [J] . Journal of Publics, 1990, 52（2）: 510-529.

[37] Laurence J. O' Toole. Treating networks seriously: Practical and research-based agendas in public administration[J]. Public Administration Review, 1997, 57(1): 45-52.

[38] Meier and O' Toole. Public Management and Educational Performance: the Impact of Managerial Networking [J] . Public Administration Review, 2003, 63（6）: 689-699.

[39] Renate Mayntz. Modernization and the logic of interorganizational networks [J] . Knowledge and Policy, 1993, 6（1）: 3-16.

[40] Robert Agranoff and Michael McGuire. Big Questions in Public Network Management Research [J] . Journal of Public Administration Research and Theory, 2001, 11（3）: 295-326.

[41] McGuire M. Managing Networks: Propositions on What Managers Do and Why They Do It [J] . Public Administration Review , 2002, 44（1）: 49-55.

[42] Erik-hans Klijn, Bram Steijn and Jurian Edelenbos. The Impact of Network Management on Outcomes in Governance Networks [J] . Public Administration, 2010, 88（4）: 1063-1082.

[43] Jeffrey L. Brudney and Robert E. England. Toward a Definition of the Coproduction Concept [J] . Public Administration Review, 1983, 43（1）: 59-65.

[44] Taco Brandsen and Marlies Honingh. Distinguishing Different Types of Coproduction: A Conceptual Analysis Based on the Classical Definitions [J] . Public Administration Review, 2016 , 76 (3) : 427-435.

[45] Silvestre HC, Catarino JR. Evidence of co-production in public service provision: the case of the administrative arbitration centre in Portugal [J]. Revista De Administração, 2016, 51 (4) : 355-365.

[46] Taco Brandsen and Victor Pestoff. Co-production, the third sector and the delivery of public services [J]. Public Management Review, 2006, 8 (4): 493-501.

[47] Evers A. Mixed Welfare Systems and Hybrid Organizations: Changes in the Governance and Provision of Social Services [J]. International Journal of Public Administration, 2005, 28 (9-10) : 737-748.

[48] Brudney JL, England RE. Toward a Definition of the Coproduction Concept [J]. Public Administration Review, 1983, 43 (1): 59-65.

[49] Rich RC. Interaction of the Voluntary and Governmental Sectors: Toward an Understanding of the Coproduction of Municipal Services. [J]. Administration & Society, 1981, 13(13): 59-76.

[50] Voorberg WH, Bekkers VJJM, Tummers LG. A Systematic Review of Co-Creation and Co-Production: Embarking on the social innovation journey [J]. Public Management Review, 2015, 17(9): 1333-1357.

[51] Wipf E, Ohl F, Groeneveld M. Managing natural Locations For Outdoor Recreation [J]. Public Management Review, 2009, 11(4): 515-537.

[52] Benari E. A Bureaucrat in Every Japanese Kitchen? On Cultural Assumptions and Coproduction [J]. Administration & Society, 1990, 21(4): 472-492.

[53] Rossi U. The Multiplex City: The Process of Urban Change in the Historic Centre of Naples [J]. European Urban & Regional Studies, 2004,11(2): 156-169.

[54] Alford J. Why Do Public-Sector Clients Coproduce？: Toward a Contingency Theory [J]. Administration & Society, 2002, 34(1): 32-56.

[55] Bovaird T. Beyond Engagement and Participation: User and Community Coproduction of Public Services[J]. Public Administration Review, 2007, 67 (5):846-860.

[56] Farr M. Co-Production and Value Co-Creation in Outcome-Based Contracting in Public Services [J]. Public Management Review, 2016, 18(5): 654-672.

附 录

一、访谈一览表

案例	受访者类型	
	半结构化访谈	焦点小组
光明村老年配餐中心	市民政局福利处主任科员 R 配餐中心总经理 Z	街道工作人员 配餐中心工作人员
长桥助餐中心	市社区服务中心主任 K 助餐中心负责人 Z	助餐中心工作人员
天目社区 居家养老服务中心	县社会发展局局长 Y 社区老年协会会长 L	社区居委会工作人员 居家养老服务中心工作人员
易来福居家养老服务中心	区人社局副主任科员 Z 区社工委副主任 L 石园街道工作人员 L 易来福总经理 W	易来福胜利社区 养老驿站工作人员

二、二手资料清单

［1］光明村老年配餐中心值班记录表

［2］光明村老年配餐中心工作业务总结（2015年、2016年）

［3］光明村老年配餐中心采购记录表及日常运营收支记录

［4］黄浦区民政局工作总结（2015年、2016年）

［5］黄浦区老龄事业发展"十二五""十三五"规划

［6］黄浦区养老设施布局专项规划

［7］长桥助餐服务中心年度工作报告（2015年、2016年）

［8］长桥助餐服务中心工作记录表

［9］长桥助餐服务中心食品采购记录表

［10］长桥助餐服务中心收支记录表

［11］长桥街道工作报告《深入推进无缝隙治理 努力建设乐居长桥社区》（2016）

［12］徐汇区养老服务体系建设"十二五""十三五"规划

［13］徐汇区老年人助餐服务点建设和管理的指导意见（暂行）

［14］徐汇区社区助老餐工作业务考核办法

［15］徐汇区老年人助餐服务点业务考核方案（2016年和2017年）

［16］上海市徐汇区食品药品监督所工作报告涉老助餐服务状况和监管对策

［17］徐汇区审计局关于区老年人日间服务机构和老年人助餐服务点绩效情况的专项审计调查结果公告

［18］上海老龄事业发展报告（2015年、2016年、2017年）

［19］上海市老龄事业发展"十三五"规划

［20］上海市社区综合为老服务中心评估标准（2016年试行）

［21］上海市民政局关于鼓励社区设立老年人助餐服务点的通知

［22］上海市政府实事项目申请表和验收表（社区老年人助餐服务点）

［23］上海市综合为老服务平台：社区老年人助餐服务点建设项目数据（2008—2015年）

［24］上海市综合为老服务平台：上海市老年人口和老龄事业监测统计信息（2010—2017年）

［25］上海市综合为老服务平台：养老服务业企业登记指南

［26］上海市社区居家养老服务规范实施细则（试行）

［27］天目社区老年食堂菜谱记录（2017年1月—7月）

［28］天目社区老年食堂采购清单（2017年1月—7月）

［29］天目社区居家养老照料中心工作人员值班记录表（包括食堂采购记录、食堂供应记录、安全检查记录、卫生巡查记录、情况反馈记录）

［30］天目社区老年食堂核算公告（2017年1月—6月）

［31］天目社区居家养老照料中心工作总结（2016年）

［32］安吉县加快推进城乡社区居家养老服务照料中心建设实施方案（包括建设项目考核申报表、建设项目考核评价表、运行考核评价表）

［33］安吉县城乡社区一体化居家养老政府购买服务二类对象县财政拨款清单（2016年）

［34］安吉县国民经济和社会发展统计公报（2016年、2017年）

［35］安吉县人民政府关于加快发展养老服务业的实施意见

［36］安吉县养老（居家养老）服务补贴申请表和身体健康评估表

［37］安吉县养老（居家养老）服务补贴实施细则

［38］安吉县城镇社区居家养老服务实施办法

［39］安吉县实现城乡一体化居家养老服务全覆盖（工作通报）

［40］安吉县居家养老政府购买服务人数汇总（2014年—2016年）

［41］易来福居家养老服务中心宣传手册及官网（http://www.elifeland.com/）

［42］易来福微信公众号：yilaifuyanglao

［43］易来福胜利社区养老服务驿站运营合同文本

［44］易来福社区养老服务驿站服务质量评分表

［45］易来福E-life智慧养老管理系统（服务数据实时更新）

［46］易来福胜利社区养老服务驿站业务操作标准与管理规范

［47］易来福年度工作总结（2016 年）

［48］顺义区国民经济和社会发展统计公报（2016 年、2017 年）

［49］顺义区"十二五""十三五"时期民政事业发展规划

［50］顺义区 2017 年民政工作会议发言稿《深入贯彻党的十八届六中全会精神 以四化改革推进民政事业创新发展》

［51］顺义区民政局全面推进社区养老服务驿站建设（工作通报）

［52］顺义区社会组织发展基本情况（2016 年）

［53］北京市关于开展社区养老服务驿站建设的意见

［54］北京市社区养老服务驿站设施设计和服务标准（试行）及政策解读

［55］北京市社区养老服务驿站建设规划（2016—2020 年）

［56］北京市关于开展 2016 年社区养老服务驿站试点建设项目评审工作的通知

［57］北京市关于在全市统一使用"北京养老"服务标志的通知

［58］北京市关于全面放开养老服务市场进一步促进养老服务业发展的实施意见

［59］北京市老年人能力综合评估实施办法（试行）

［60］北京市社区养老服务驿站运营扶持办法（征求意见稿）

后 记

2014年3月当我收到上海交通大学博士录取通知书时,一时百感交集。一方面,过去在检察院工作使我对检察事业有了深厚感情,"忠诚、为民、务实、廉洁"的检察职业精神依然熟稔于心,即将离开这个队伍,心中难免有些不舍;另一方面,能够去百年交大继续深造,挑战自己的潜能,令人无比憧憬,但也有一丝不安,阔别校园三年,唯恐自己不能胜任学术研究重任。可是,当我真正踏入交大思源门那一刻,我深深感受到了百年知名学府所蕴含的大气内敛、催人奋进的大学精神。这一刻,我暗暗地告诉自己:放舟学海,静心钻研,做出成果,不负最后一次宝贵的在校学习机会,让今天的自己不断超越昨天的影子。

如今,四年博士学习生活即将结束,这四年既没本科学习时初入大学校园的憧憬和兴奋,也没道听途说中的苦闷和乏力。相反,博士学习生活就像金庸武侠小说《侠客行》中各大门派武林高手齐聚侠客岛参研武功秘籍一样,既有相互切磋的喧嚣,也有独自思考的孤寂,既有突获灵感时的希望感,又有陷入迷思的困顿感,虽然不知道练就每一层神功会遇到什么样的走火入魔,但是每个人都无惧无畏地在这条不归路上前行。撰写博士论文亦是如此,写作进度既有旷日持久的停滞不前,也有偶然顿悟的突飞猛进。虽然有了选题方向,有了理论视角,但是依然不知道自己最终可以获得多少真知灼见,即便如此,你依然要坚定不移地走下去,不能轻言放弃。四年的学术历练,不仅增加了自己的思想厚度、培养了学术研究能力，而且还增长了人生阅历，因为做学术要耐得住寂寞、受得住诱惑、忍得住心气、写得出珠玑，这是一次厚积薄发、苦尽甘来的人生短途旅行，也是一段难得的生命成长体验。在这趟学术旅行即将到达终点站之际，有很多师长亲朋需要感谢，正是因为有了你们的大力支持和温暖关怀，才使我在困惑灰心之际没有停下自己的脚步，在失落彷徨之际没有放弃自己的梦想。

首先，要特别感谢我的导师章晓懿教授。四年前，正是承蒙章老师的青睐，把宝贵的入学机会给我，才能加入"社保一家门"。章老师不仅学识渊博，文理交叉的专业学习背景经常能帮助我深刻领会前沿理论和复杂现象背后的逻辑，带来问题思考的新角度，而且治学严谨，富有想象力的启发性教育，既让我体会到学术研究的严肃性，也让我感受到学术研究的活泼性，学术研究不再那么枯燥乏味。同时，章老师为人谦和、处世大气，关心学生生活与疾苦，经常组织师门研讨和聚餐，搭建平台，共享学术智慧，增进同门感情，让我在冷萧的学术世界不再有漂泊感。从第一篇 C 刊论文发表到博士论文选题、写作指导，都离不开章老师的学术智慧滋育，章老师的"高山仰止，景行行止"学术前辈形象让我无限崇敬，催人奋进；从参与民政部低收入调查等课题研究再到上海位盟企业实习锻炼，都离不开章老师每一次用心良苦的安排和悉心指导，章老师的"亲切和润，宽厚仁和"的师长形象让我倍感温暖，鼓舞人心。再多的千言万语也难以表达学生对章老师的感激之情，在此，学生衷心地向您道一声："章老师，您辛苦了！今后无论身在何方，四年光阴凝结而来的师生情谊都将伴我毅然前行。"

感谢北京市朝阳区社工委李永海主任、北京市顺义区人力资源和社会保障局赵振兴科长、上海市民政局任泽涛博士、浙江省安吉县高新区国土资源局赵局长及社会发展局叶局长、荆门市人民检察院反贪污贿赂局蒋永斌局长等领导和基层政府工作人员，正是因为有了你们的大力支持，我才能深入每一个案例场景，了解养老服务实践的来龙去脉；感谢丰裕餐饮、天目社区老年协会、易来福等企业或社会组织负责人和工作人员，正是因为你们在百忙中抽出时间接受访谈，本文才获得了丰富的调研数据和写作素材。

感谢国际与公共事务学院徐家良老师、彭勃老师、胡伟老师、陈映芳老师、郭俊华老师、刘帮成老师、陈慧荣老师、张录法老师、侯志伟博士后等多位师长，他们的课堂、演讲、讨论开阔了我的学术视野，并让我在积极上进、严谨和谐的环境中学习。感谢复旦大学敬乂嘉教授在论文预答辩环节提出的宝贵建议，为完善本文指引了重要方向。感谢北京师范大学马振涛博士，从论文写作到发表，都得到了振涛君的无私帮助。感谢和我一起在学术研究之路携手前行的2014级博士同学们，中共一大会址、野生动物园、鑫海汇、辛香汇、五月罗马等地都留下我们难忘的记忆，为四年生活增添了不少乐趣，学号以01413开头就注定我们的同窗情谊将会是一生一世！

感谢"荆门学会""五谷丰登""四驱兄弟""京冀鲁鄂根据地"等微信群，与诸位好友的线上互动，让我触摸到超时空的友情温度，求学路上不再感到孤单。感谢西41栋楼管阿姨，四年来，寒来暑往，天气变化都会及时送上一句热心的叮咛，因故晚归时，楼管阿姨都会帮忙及时将晾晒的被褥收进去。还有西41楼的小黄，刚出生不久就流浪到宿舍楼前，此后在西41楼安家，成为我们的伙伴，小黄的乖巧和讨喜为单调的博士生活注入新的颜色。

还要特别感谢父母和姐姐，血浓于水的亲情是我听从内心、无问西东、向上求索的精神动力。父亲从体制内到体制外走南闯北，努力为我们三姐弟创造良好的学习和生活条件，默默支持我们分别完成大学学业，其敢于接受挑战的勇气、执着心仪事业发展的毅力，塑造了我乐观坚强的人生品格；母亲从小就常常教育我要常怀感恩之心，向善处世，遇事从容应对，待人宽厚平和，造就了我乐群恬淡的生活态度。如今，我已长大，他们却已老去，步入花甲之年，而我却未能及时尽孝，深感愧疚。今后，我会拿出更多时间好好地陪伴他们，安享晚年，报答养育之恩。大姐从小就是家中榜样，从荆门一中到武汉理工大学，都在我脑海里留下她乐于学习、自律勤为的印迹，其果敢、担当、豁达的气质依然感染着我，大学毕业后，大姐和姐夫就成了家里顶梁柱，为我们的大家和我的学业无私奉献；二姐和姐夫在北京一直支持我本科、硕士、博士的学习，正是姐姐的榜样力量和亲情支持，让我在漫漫求学之路坚定地追寻着自己的梦想。

一路走来，要感谢的人还有很多，难以尽述。随着博士论文撰写即将结束，我的前三十年也将随即画上一个句号。回望过去的三十年，从1992年喜欢上动漫《圣斗士星矢》，梦想成为像紫龙那样的圣斗士与其他雅典娜的少年为正义战斗，到千禧之年成长为实现心中大学梦而努力奋斗的懵懂学子，再到万物互联时代走上学术研究之路，怀揣童年梦想的少年已经成长为而立之年负重前行的大叔。岁月荏苒，芳华易逝，谨以下文纪念那段难忘的青葱岁月，感恩曾经坚守初心而不懈奋斗的自己。

在这个推崇快乐、渴望成功的时代，

随大流很容易，但是做出自己的选择很不容易，

羡慕他人光鲜的外表很容易，但是倾听内心的心灵独白很不容易。

涉世之初，我一直在努力创造属于自己的可能，

而这一切始于每一次慎思后的艰难抉择。

从体制内深井般的循规蹈矩，到体制外江湖般的快意人生，

使我年轻的生命，

在大学任教中有了深度，在反贪事业中有了韧度，在商界竞争中有了宽度。

自己曾经定义的可能有了答案，

那就是，从人生最底层出发，发展特质，和而不同，追求成为一个更好的、更具精神和灵气的自己。

本著作是基于本人博士论文基础修改而来。

钟慧澜

2021 年 12 月